国家自然科学基金资助项目

中国经济可持续发展研究：
绿色核算与实证分析

Economic Sustainability in China:
Green Accounting and Empirical Research

唐绍祥 郭 志 周新苗 著

上海交通大學出版社
SHANGHAI JIAO TONG UNIVERSITY PRESS

内容提要

本书在设计污染治理活动账户、污染治理商品账户、污染物实物核算账户的基础上构建了绿色GDP宏观社会核算矩阵，并基于此构建CGE模型，运用CGE模型对我国能源、环境、科研政策进行模拟分析，同时使用计量方法展开与之对应的实证分析，为政策制定者及相关领域关注者提供了可持续发展战略的有益建议。

本书可作为高等院校、科研院所相关领域的科研人员、学者及统计决策部门有关研究人员的参考书籍。

图书在版编目(CIP)数据

中国经济可持续发展研究：绿色核算与实证分析／唐绍祥，郭志，周新苗著．—上海：上海交通大学出版社，2016
ISBN 978-7-313-14268-9

Ⅰ．①中… Ⅱ．①唐… ②郭… ③周… Ⅲ．①中国经济—经济可持续发展—研究 Ⅳ．①F124

中国版本图书馆CIP数据核字(2015)第309144号

中国经济可持续发展研究：绿色核算与实证分析

著　　者：唐绍祥　郭　志　周新苗
出版发行：上海交通大学出版社　　地　　址：上海市番禺路951号
邮政编码：200030　　电　　话：021-64071208
出 版 人：韩建民
印　　制：昆山市亭林印刷责任有限公司　　经　　销：全国新华书店
开　　本：710mm×1000mm　1/16　　印　　张：16.25
字　　数：265千字
版　　次：2016年1月第1版　　印　　次：2016年1月第1次印刷
书　　号：ISBN 978-7-313-14268-9/F
定　　价：49.00元

国家自然科学基金
《基于可持续发展的中国绿色核算体系研究》
(71173122)成果

作者简介

唐绍祥，教授，博士生导师，经济学博士。现任宁波大学校党委副书记，宁波大学数量经济研究所所长。学术兼职：中国数量经济学会副理事长，浙江省经济学会常务理事；宁波市数量经济学重点学科负责人。近年来，主持国家级项目4项，省部级课题多项，获市级以上科研成果奖7次，包括浙江省高校科研成果一等奖。在权威杂志发表学术论文数余篇，在数量经济分析、经济可持续发展及国际经济研究方面有深厚的积累，具备扎实的数量经济学理论及方法应用功底。

郭志，泉州师范学院教师，数量经济学博士。近几年参与国家级课题、省部级课题多项；在核心刊物上发表学术论文数篇，在数量经济分析、经济可持续发展及金融分析方面具有一定的积累。

周新苗，宁波大学商学院教授，硕士研究生导师，英国诺丁汉大学应用经济学博士后、上海财经大学数量经济学博士。浙江省“之江青年”社科学者，浙江省中青年学科带头人，浙江省151人才工程入选者，宁波市领军和拔尖人才工程入选者，宁波市哲学社会科学学科带头人。近5年来，主持国家自然基金课题两项，省部级及市厅级课题多项，在权威杂志发表学术论文数余篇，并出版学术著作两部，在国际经济发展，产业安全，经济转型等研究方面做了大量工作，具备扎实的国际贸易、数量经济学理论功底。

序言 | PREFACE

近20多年来，中国经济持续以年平均9%的增长率高速增长，2012年GDP增加到51.9万亿元，总产值跃升到世界第二位。但是中国经济的增长方式却是以环境的不断恶化和资源的巨大消耗为代价的粗放式经济增长，这种粗放型经济增长方式效率低下，难以持久。

几十年高速增长所产生的环境问题现被视作阻碍经济强劲发展的潜在障碍。越来越多的环保人士、经济学家、社会团体开始关注经济与环境的和谐发展，各国政府均开始实施一些措施实行经济的可持续发展。例如采用加快调整经济结构和布局、采取切实的防治污染措施、促进生产方式和生活方式的转变等方式来解决突出的环境污染问题，改善环境质量。本书正是基于这样的现实背景展开的。

始于可持续发展的一国绿色投入产出表和绿色GDP社会核算矩阵是解决经济长期稳定发展问题的基础。全球资源短缺、生态环境恶化给人类生存带来一系列的影响与挑战，保护环境、合理利用资源、发展绿色经济的可持续发展观点被越来越多的经济学者提出并认可，越来越多的经济学家也开始意识到使用GDP来表达一个国家和地区的经济与社会增长和发展存在着明显的缺陷。我国正处于快速工业化和城市化的发展阶段，市场需求虽然呈现多元化趋势，但仍以资源和能源消耗密集度高、污染排放强度大的重化工产业为基础。虽然各级政府都已经把生态建设和环境保护作为执政的重要目标之一，但由于要办的事情多，财政能力有限，对环境保护的投入力度在规模上仍显不足。

解决资源供给不足和环境污染问题的难度仍然很大。因此，实现经济高速增长与环境保护的平衡必须另辟蹊径。从可持续的角度看，传统的GDP不能完全评估经济增长与经济状况。人们普遍意识到需要对传统的国民经济核算体系进行修正，力图从传统意义GDP中扣除不属于真正财富积累的虚假部分，从而再现一个真实的、可行的、科学的指标，也就是"绿色GDP"，以此来衡量一个国家和地区真实的发展与进步水平，并确切地说明增长与发展的数量表达和质量表达的对应关系。里约地球峰会在其《21世纪议程》中确认了这一方案："……环境与经济综合核算体系……需要在所有国家建立，在最初阶段应被视为对传统国民核算的补充，而不是替代。"绿色国民经济核算能够为可持续发展提供一个可测度的指标，将可持续发展这一概念转变成为一个可广泛接受的经济变量，为整合生态环境与经济的协调发展提供了一个统一的框架。

对中国目前环境经济核算体系抑或绿色GDP指标的系统的科学核算已成为我国经济发展的一种基础需要，始于可持续发展的一国绿色经济核算体系研究是解决经济长期稳定发展的基础。

其次，在绿色GDP社会核算矩阵基础上构建CGE模型，运用CGE模型对我国能源、环境、科研政策进行模拟分析，并通过计量经济学的方法展开与之对应的实证分析，对政策制定者寻求和验证相关可持续发展战略并保证政策的有效性至关重要。目前，中国经济正处于高速增长期，同时伴随着能源的高消耗和环境的巨大破坏。这种经济增长带来的负面效应开始使政府决策者、专家学者们认识到：以传统GDP衡量一国经济增长的方式已经行不通；现有的经济增长方式不能实现中国经济长期的可持续发展；怎样才能使中国的经济增长实现可持续性？为此，政府出台了一系列的环境、能源政策，经济结构调整政策，试图改变目前的经济增长方式；并于2004年尝试编制了绿色国民经济核算表，以绿色GDP作为考核地方政府政绩的指标。

利用合适的模型对政策评价，会起到事半功倍的效果，有利于国家在政策和计划层面更有效地统筹推进各项改革。CGE模型由于自身的优势，是政策模拟的有效工具，因此，现阶段很多学者选择该模型对我国政策有效性进行分析。如Xie J.(1996)利用静态CGE模型分析了中国污染控制政策的环境效应和经济影响；翟凡等(1998)利用递推动态CGE模型分析了中国产业结构变动与污染排放的关系和相关政策的影响；Diao(2003)建立了中国区域CGE模型，并用其分析了贸易政策对农民收入的影响等。本书的研究架构也正是基于 CGE 模型展开的。

中国经济持续快速增长的宏观基础和条件并没有因国际金融危机而发生根本变化。未来一段时间，中国经济仍然会在快速增长的轨道上运行，所面临的生态环境压力也没有因为国际经济危机引起的增长速度放慢而消失。实践科学发展观，走可持续发展之路，是中国长期的选择和坚持。本书的研究于国际金融危机影响开始减弱，经济增长从低谷向新的繁荣期过渡之时开始，可谓恰逢其时。

本书的主要内容如下：

第 1 章引言部分主要介绍了研究背景和意义。提出了分析问题的角度和目的。

第 2 章从国内、国外两个方面，多个角度对可持续发展思想的理论、实证等研究成果进行了综述。

第 3 章至第 5 章是基础研究框架的搭建。其中第 3 章为社会核算矩阵与 CGE 模型的基础理论介绍。第 4 章在 2007 年投入产出表的基础上，根据研究需要构建了 2007 年宏微观“绿色 GDP”社会核算矩阵，为建立 CGE 模型奠定了数据库基础。第 5 章在此数据库上，确定了研究框架以微观个体的最优行为理论：厂商行为理论、消费者行为理论等为基础构建了 CGE 模型核心方程组；根据中国的实际情况，结合相关的宏观经济理论选择了宏观闭合规则；参考相关文献的经验做法确定了弹性参数；基本模型中将虚拟的污染治理活动和商品部门纳入了一般均衡的框架。

第 6 章至第 8 章是本书的重点。主要是通过引入现实数据进行具体分析，是对基本模型的扩展研究和实证分析。第 6 章在基本模型的基础上增加了环境系统和经济系统之间相互关联的方程组，在此模型基础上模拟分析征收排污税、对污染治理活动部门进行财政补贴等的情景变化。第 7 章从动态角度对可持续增长视角下生产路径的最优化进行模拟，并引入经验数据证明了我们的理论模拟。第 8 章是环境质量重要参数的估算及 EKC 曲线的实证分析。在本章中选取了详细的代表环境质量的不同指标，进行了不同地区的环境库兹涅茨曲线的绘制与分析，同时就曲线的细节也进行了门槛效应的探讨，对我国目前可持续发展条件下的环境压力进行了更为精细的解读。

第 9 章和第 10 章是为完善绿色经济框架下的 CGE 模型进行的能源与科研要素的添加。第 9 章主要在第 6 章模型的基础上引入能源税、能源效率等政策变量，模拟分析能源税、能源效率增加对经济、环境、能源消耗的影响。第10章在绿色GDP社会核算矩阵的基础上引入了虚拟的科技研发部门和技术专利生产要素，并以此数据库为基础在第6章的CGE模型中引入了技术专利生产要素和科技研发部门，模拟分析了科研补贴政策对经济、环境和能源消耗的影响。同时在这两章的分析中附加了相关实证分析，并讨论了我国目前能源消费及科研发展的情况对于环境及整个经济可持续性的影响。

第11章是对全书研究的总结，讨论了经济可持续发展的相关战略，给出了可持续发展的主要内容、核心要点及建设性建议，同时在最后部分也提出了研究展望。

本书对中国经济可持续发展问题的研究属于实证与理论相结合的研究。我们综合运用了统计学、计量经济学、一般均衡理论、CGE模型等现代经济学科中的理论观点和研究方法，具体来说，在2007年传统投入产出表的基础上，结合现有的环境污染治理和排放数据编制绿色社会核算矩阵，对我国绿色GDP进行核算，运用RAS法对社会核算矩阵进行平衡；并在绿色SAM数据库的基础上，根据一般均衡理论的思想建立CGE模型；根据古典经济理论和凯恩斯经济理论的思想选择CGE模型的闭合规则，将统计计量方法和参数校准方法相结合对CGE模型中的参数进行确定。

此外，对经典环境EKC曲线进行中国证据的刻画，包括了不同指标不同区域的分别刻画，并引入门槛回归进行细节分析，本研究从规范的角度，为我国未来可持续发展战略提出建设性实施策略与建议。

本书的学术创新与学术价值主要体现在以下几点：

(1) 构建了中国经济发展与能源、环境、技术研发部门结合在一起的综合绿色社会核算矩阵，前沿性强。本书在已有的绿色投入产出和绿色社会核算矩阵的研究基础上，通过对绿色投入产出表和绿色社会核算矩阵的扩展及模型的再修正，测度我国经济发展所直接导致的能源消耗、污染排放量，从而实现与其带来的收益的比较，以利于从绿色角度出发，更为全面地认识经济发展的环境影响问题。在此基础上对能源环境影响因素及其构成进行系统分析与综合研究，并从不同的角度对研究成果进行深入研究与扩展，扩大了经济与环境的研究范畴，有较强的系统性和前沿性。本书在问题深入和细节方面的研究也是同类研究较少涉及的。

(2) 实现多学科知识与能源、环境问题研究的综合应用，理论创新性强。在当代可持续发展理念和基本方法论的支持下，本研究系统地综合经济学、环境经济、统计学和计量经济的基本理论、知识与方法，实现多学科的综合应用，理论创新性强。

(3) 理论分析与实证研究（绿色 GDP 在中国的实证证据）的紧密结合，兼具理论性和实用性。在本书的撰写过程中，感谢我曾经的两位最优秀的研究生，现在研究团队中最得力的工作伙伴，也是本书的合作者郭志和周新苗，他们为本书的模型设计、数据模拟及实证分析付出了艰辛的努力。此外，还要感谢我们的研究生：许小莉、张锡、符栋栋，谢谢他们为本书的数据处理所做的大量工作，以及为文稿最终修订所付出的努力。最后感谢国家自然科学基金委员会为本书提供的宽松和人性化的资助。

当然，书中可能存在不足之处，恳请使用本书的各位同仁、学生和读者提供宝贵的意见和建议，以使本书能够尽快修改并充实。

唐绍祥

2015 年 8 月 27 日于宁波大学

目录 | CONTENTS

第 1 章　引言

近年来，随着全球气候变暖和人类生存环境的恶化，“绿色”、“低碳”、“可持续发展”成为全球舆论中的热门词汇。以经济与环境的和谐为目的而发展起来的绿色经济也再次成为各方关注的焦点。当前在世界经济格局出现新变化，科技创新孕育新突破的大背景下，发展绿色经济，不仅是经济增长的要求，对于参与下一轮全球竞争和实现可持续发展也是极其重要的。我国经济连续多年高速发展，资源环境约束也随之加大，我国“十二五”规划已经把“生态文明”作为和谐社会建设的新要求，政府为实现可持续发展做出了积极而务实的努力。

工业革命前，虽然人口稀少，生产力水平低下，但是人类与自然的关系融洽：青山绿水，万物生息，自然祥和。但是，工业革命破坏了农业经济时代人类与自然之间和谐的关系。技术进步使人类制造财富的能力达到了令人惊叹的程度，为满足不断膨胀的欲望，人类大量开采自然资源，砍伐树木，大量制造、消费产品。在人类看似不断取得巨大发展的同时，天空不再蔚蓝，草原变成了沙漠，河水散发着恶臭，地球已经不再是那个洁净而美丽的地球了，而被糟蹋得面目全非。

人类必须找到一种使经济增长与资源供给、环境保护相适应的可持续发展模式，改变人类与自然对立的关系。中国正处于工业化和城市化快速发展的阶段，经济增长与资源供给和环境保护的矛盾日益尖锐。尽管国际金融危机引起的经济增长滑坡暂时掩盖了资源与环境的矛盾，但并没有从根本上解决这些矛盾。寻求经济、资源、环境平衡的可持续发展之路，是中国未来发展的重要任务。党的十八大报告中提出了建设“美丽中国”的概念，要求“把生态文明建设放在突出地位，融入经济建设、政治建设、文化建设、社会建设各方面和全过程”。

长久以来，美国一直是地球上发展中国家追赶的目标。2008 年，近百年来最严重的全球金融危机率先在美国爆发，并迅速波及全球，经济增长速度急速下滑，企业大量破产、大量劳动力失业，全球经济陷入了一片恐慌当中。面对经济危机，美、日和欧洲一些发达国家几乎无一例外地大量增加政府投资以便刺激需求。这些人均收入超过中国数倍甚至十几倍的国家，仍然需要政府大力刺激消费以拉动经济进一步的增长。中国该怎么办？怎样才能使财富更多生产并一直以不断增长的规模生产下去以解决经济危机？显然，即使这些发达国家的经济水平仍不是全球经济发展的终极目标。问题是，我们需要多少资源来支撑全世界各国都达到发达国家现有的甚至更高的发展水平？环境能够承受吗？我们发展的终极目标到底是什么？

著名经济学家萨缪尔森（Paul A. Samuelson）和诺德豪斯（William D. Nordhaus）在他们所著的《经济学》教科书中认为：GDP 是 20 世纪最伟大的发明。到目前为止，各国都在用这个体系进行经济核算，GDP 成为衡量各国经济发展或财富流动的主要指标，但 GDP 没有考虑污染的问题。当人类制造的污染超过环境的承受能力时，污染排放就会使环境质量下降，从而影响人类的健康，降低社会福利。这就意味着，如果不改变原来的生产和生活方式，建立在产生更多污染基础上的幸福生活是不可持续的，这时核算社会福利就应该考虑污染带来的社会福利损失。

国际金融危机对我国的影响表明，在目前阶段，仅有 GDP 快速增长不能解决我们面临的所有问题，但没有 GDP 的快速增长就不能解决我们面临的主要问题。正如多数学者的质疑一样，环境库兹涅茨曲线假说并非在所有国家都能得到验证，也许自然界的自我疗法并不适合中国，也不适合这个在人类眼中已并不浩瀚的地球。经济发展处于工业化阶段时的污染排放量上升已成为中国目前不争的事实。

最近 20 多年，中国经济持续地以年平均 9%的增长率高速增长，2012 年 GDP 增加到 51.9 万亿元，总产值跃升到世界第二位。但是中国的经济增长方式却是以环境的不断恶化和资源的巨大消耗为代价的粗放式经济增长，这种粗放型经济增长方式效率低下，难以持久。

中国主要污染物排放量位居世界前列。通过图 1.1 可知碳排放总量随着经济的快速发展而高速增长，全国大气污染物排放总量多年来一直居高不下，城市空气污染普遍较重，大气环境符合国家二级标准的城市只有 1/3，大气环境质量达到国家一级标准的城市不到 1%，一些大城市的颗粒物和二氧化硫浓度已经超过国家及世界卫生组织标准的 2～5 倍，酸雨面积已占国土面积的 1/3；被监测的 343 个中国城市中，近 3/4 的城市居民不能呼吸到清洁的空气；全球污染最严重的 10 个城市中，中国占了一半。

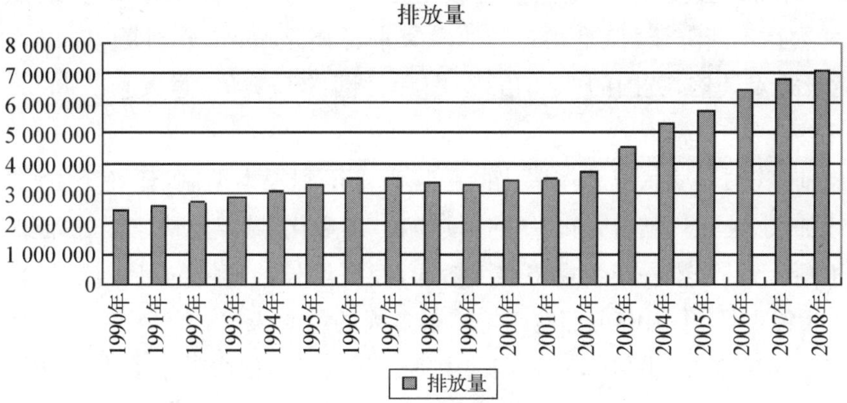

图 1.1　中国二氧化碳排放量[①](单位：千吨)

中国的化学耗氧物排放量位居世界第一，超过环境容量的 33%(见图 1.2)。目前，中国的年废水排放总量已达到 439.5 亿吨，日排污水量 1.3 亿吨左右，超

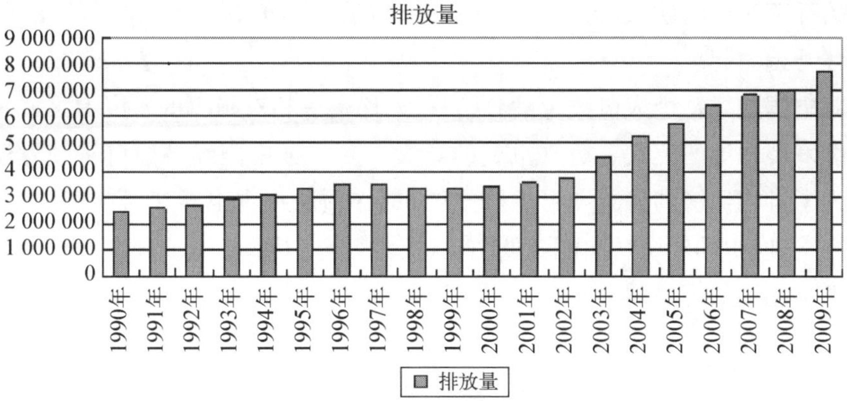

图 1.2　化学耗氧物排放量(单位：吨)

---

① 数据来源千年发展目标网站。

过环境容量的82%；城市河段90%以上遭受严重污染；75%的湖泊出现不同程度的富营养化；七大水系近一半河段被严重污染，五类劣质水占40.9%，海河、辽河和淮河的有机污染已经不亚于英国污染最为严重时期的泰晤士河。近岸海域水质恶化，赤潮频繁发生。我国平均每立方水实现国内生产总值(GDP)仅为世界水平的1/5。

据估计，目前我国能源消耗系数比发达国家高4～8倍，能源的使用效率仅为30%，而发达国家的能源使用效率则为50%。中国单位GDP的能源消耗量虽然在不断降低，但是相对其他国家来说还是偏高，分别是加拿大的3.3倍，美国的4.3倍，英国的5.3倍，法国和德国的7.7倍，意大利的8.6倍，日本的11.5倍。

当前，我国环境状况总体恶化的趋势尚未得到根本遏制，环境矛盾凸显，压力继续加大。同时，随着人口总量持续增长，工业化、城镇化快速推进，能源消费总量不断上升，污染物产生量将继续增加，经济增长的环境约束日趋强化①。例如，2013年1月，中国中东部地区持续了多天的雾霾天气，空气中有毒物质的含量超过安全标准20多倍②，对人们的生活、工作、身体健康带来了严重的影响③。

作为几十年高速增长的后果，中国的环境问题现在被视为阻碍经济强劲发展的潜在障碍。越来越多的环保人士、经济学家、社会团体开始关注经济与环境的和谐发展，开始实施一些措施实行经济的可持续发展。例如，加快调整经济结构和布局，采取切实的防治污染措施，促进生产方式和生活方式的转变等来解决突出的环境污染问题，改善环境质量。我们的研究即从分析中国经济发展的可持续性开始做起。

对中国这样一个人口数量世界第一、人均资源相对稀少的发展中国家来说，可持续发展理论研究具有极其重要的意义。要保证中国经济的可持续发展，甚至是为了世界经济的健康和可持续发展，都必须从根本上转变目前中国的经济增长方式，使中国经济转向能源低消耗、资源循环利用、不造成环境恶化，最终依靠可再生能源的道路。

---

① http://gcs.mep.gov.cn/hjgh/shierwu/201112/t20111221_221592.htm，国家环境保护“十二五”规划概述中对环境形势的分析。

② 美国大使馆公布的数据显示，最有害的污染物之一PM2.5的浓度为微克/立方米，比世卫组织规定的24小时安全水平高20多倍。

③ 新华社2013年1月29日报道说，北京市区一家儿科医院本月接诊了9 000名儿童，数量创下纪录，其中大多是因流感、肺炎、气管炎、支气管炎和哮喘而就医。

但是,就在欧美国家考虑改变其过去200年耗费资源和污染环境的增长方式,以便使目前的经济增长变为可以持续时,发展中国家却正在按照欧美国家已经走过的道路来谋求经济发展,而这样的国家占当今世界人口的大多数。这就使当今的世界经济面临着空前严重的资源和环境问题。

本书正是基于这样的现实背景展开相关研究。中国经济持续快速增长的宏观基础和条件并没有因国际金融危机而发生根本变化。未来一段时间,中国经济仍然会在快速增长的轨道上运行,所面临的生态环境压力也没有因为国际经济危机引起的增长速度放慢而消失。实践科学发展观,走可持续发展之路,是中国长期的选择和坚持。本书的研究期望为新一轮经济复苏与增长周期内制定恰当的战略和政策提供有益的思路。

第2章　中国可持续发展问题的研究经验

关于可持续发展的思想最早出现于Malthus(1789)《人口原理》一书，书中指出：地球上的资源是有限的，人口具有迅速繁殖的倾向，因此持续的不受限制的增长是不适当的。后来Darwin(1859)在《物种起源》一书中从生物进化的角度阐述了可持续发展的思想，认为环境会对生物的发展形成限制。

关于“可持续发展”的正式提法最早出现于1980年，此后迅速引起关注。Meadows(1984)在《增长的极限》一书中指出：人类社会的增长受到5种相互影响、相互制约的因素的限制，这5种因素分别是：人口剧增、加速发展的工业化、不可再生资源枯竭、粮食私有制、生态环境恶化，这5种因素均以指数形式增长。它们的增长会受到地球资源有限性的限制，如果它们的增长突破了增长的极限，将可能导致人类社会的瓦解。科技的进步不能阻止危机的到来，只能延迟危机的到来。人类社会实现可持续发展唯一的出路就是：人类自我限制增长，实现协调、可持续的发展。

1987年，联合国环境与发展委员会将可持续发展的概念作为关键概念使用在其报告《我们共同的未来》中。将可持续发展的概念提到“全人类共同的发展战略”的高度是在1992年里约的“环境与发展峰会”上。会上提出：可持续发展最核心的理论是变过去人与自然的对立为和谐关系，强调经济、社会的发展必须同资源开发利用和环境保护相协调，在满足当代人需要的同时，不危及后代人生存。

可持续发展整合了环境、经济、社会和种族问题，考虑了当代人和后代人的福利。然而,如何将可持续发展的思想实践到现实当中去,又存在大量令人困惑的问题。

2.1 可持续发展的经济理论综述

对于经济增长是否具有可持续性,在经济理论界有两种截然不同的答案:一种观点认为经济的可持续增长是不可行的(Daly,1991);另一种观点则截然相反,认为可持续增长是发展的必要条件(Boutros-Ghali,1995),经济增长具有可持续性。

传统的经济学理论将经济过程视为自由规律独立支配的封闭系统,把自然视为一个不变的客观存在,按照传统经济学的发展模式,经济发展将受到环境、自然资源的限制,经济的长期增长是不可持续的。

可持续发展观以一种崭新的发展理念调整传统观念,强调经济学应当在保持自然资源的质量及其所提供服务的前提下,使经济发展的净利润最大化。在经济发展中考虑环境,考虑自然资源,探索出一条可持续经济发展模式,是现代经济实现自身发展突破的一个重要方向。面对现代经济发展过程中如此多的问题和困惑,探索出一个可行的发展模式是现代经济学发展的一个重要内容。

大量关于经济发展的环境影响讨论都没有确切的门派之分或具体的思想脉络。环境污染带来外部性问题超出了传统经济理论分析的能力,能否有效地将环境污染问题内部化到居民和企业的预算中(Martinez-Alier,1987)? 许多"绿色"经济学派都试图解决这些问题,例如,新古典环境经济学更倾向于环境主义的生态经济学等。更是有许多经济学和生态学的学者们试图在自然科学和社会科学的鸿沟之间架起一座桥梁,粗略的关系描述如图 2.1 所示。

新古典经济学家通过最优(最大)化经济增长模型考察与环境保护支出和环境退化相关的福利。在考虑环境限制和环境污染带来福利损失的前提下,以非下降的福利实现代际公平(Pezzey, 1989)。索罗(Solow,1992)建议把测度可再生性自然资源和环境资产折旧作为一项"通过可持续性的实践措施",因为"保持广义的社会资本存量的完整性"确实是绿化国民账户的根本原理。Hartwick (1977)要求总资本存量价值保持完整性,从而达到长期内恒定消费的目标,并提出将来自可耗竭资源的净收益再投资于再生产性资本的著名法则。

对可持续经济增长理论的研究主要有 3 种观点:第一种观点将科技进步作

为影响经济增长的主要因素，将其内生于经济增长模型（罗默、卢卡斯）之中；第二种观点是将资源和环境因素作为影响经济增长的重要因素（巴伯、达斯古普塔等）；第三种观点是将环境和人力资本因素相结合并内生于经济增长模型之中（艾克赛帕德等）。

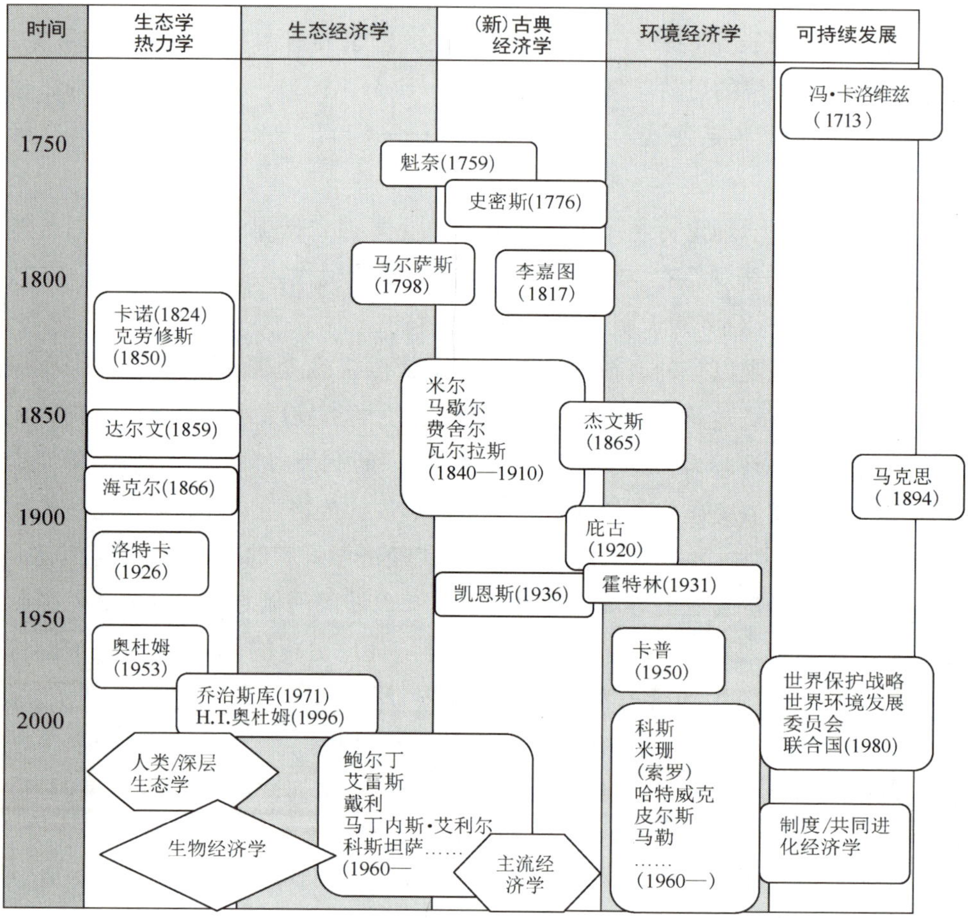

图 2.1　生态经济学的历史视角

将自然资源存量、人力资本与知识 3 个因素相结合建立可持续经济增长模型，在西方环境经济学和增长经济学中迅速流行起来，并逐渐成为主流。艾克赛帕德、波文伯格、密切尔（Miehel P）、斯玛德（Smulders S）、艾格列斯（Agres R V）等人在这方面取得了不少研究成果。

自然资源的开采是迅速开采、慢慢开采还是不开采？主要取决于贴现率。

贴现率反映了不同投资(包括金融投资)的长期盈利性。这样,可持续目标便可以通过为环境资产制定“社会”贴现率而引入投资决策。而社会贴现率通常低于经济贴现率以确保后人有可用的自然资源。然而,贴现率的确定是困难的,而且它给环境带来负面的影响(Pearce et al. , 1990;Pearce & Ulph, 1995)。

2.2　可持续发展的绿色经济综合核算体系综述

在经济、环境和社会三大领域有国民经济核算体系、环境统计开发框架、社会与人口统计体系三大核算体系,这三大核算之间最初是各自独立的,经过多年的发展,这三大核算体系之间出现了交叉,形成了综合性的核算体系。

国民经济核算体系(SNA)(United Nations,1993)诞生于二战期间,主要关注经济活动方面。联合国在2002年出版的《国家核算体系手册》包括了绿色国民经济核算体系(United Nations, 2002)。联合国在2004年对有关国民经济核算体系的庞杂文献进行了简要介绍,使数据用户和新核算师能够轻松使用(United Nations,2004)。

与国民经济核算体系类似,社会与人口统计体系(SSDS)(United Nations,1975)在其核算系统里展示了个体和社会群体的存量和流量数据及其经济和社会活动。由于社会与人口统计体系缺乏统一的计量单位和理论,联合国统计署开发了一个社会指标框架。

环境领域也缺乏统一的计量单位和理论,为此,联合国在1984年建立了环境统计开发框架(FDES)(United Nations,1984)。该框架由四个部分组成,其中的“生态途径”是统计分析的一个特殊领域,经常被称为生态统计学或统计生态学。

经济、社会和环境领域的三大核算体系之间存在着相互交叉的领域,环境和经济核算体系之间的交叉核算体系除了物质流核算(MFA)和环境经济核算体系(SEEA)这两种环境经济核算体系,还有反映社会核算体系与经济核算体系交叉领域的社会核算系统(social accounting matrix,SAM)。社会核算系统扩展了国民经济核算系统,能够反映收入分配与劳动力市场的关系(United Nations,1993)。

20世纪70年代初,Ehrlich和Holdren(1971)提出了一个恒等式。Harrison和Pearce(2000)以该方程为基础,研究了人口与环境之间的关系;Waggoner和Ausubel(2002)运用 $I = PAT$ 对“可持续性科学”进行了系统的探索。在三大核算体系的交叉领域，环境核算体系和社会体系交叉领域之间反映环境与人口之间关系的统计系统是最不发达的。

联合国人口司（2005）开发了人口、资源、环境与发展数据库（PRED），其目的是为了探讨这几个领域之间的相互关系。

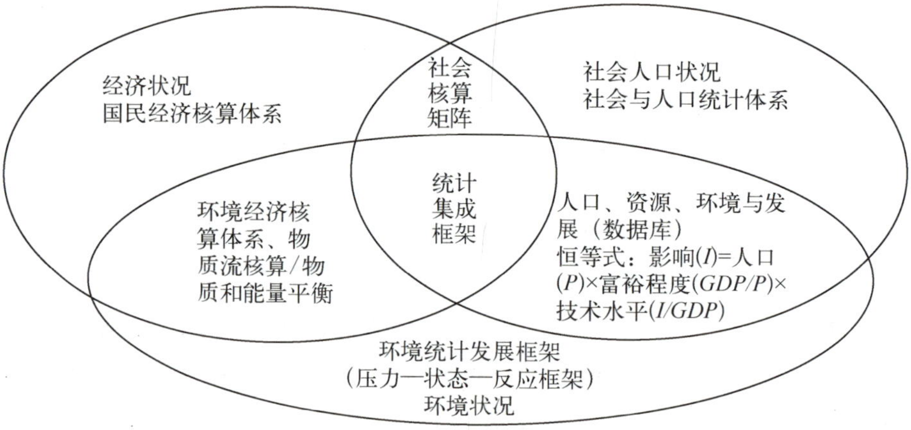

图 2.2　国际统计体系之间的重叠与相互作用

图 2.2 以维恩图（Venn diagram）的形式显示了经济、社会和环境领域的三大核算体系之间存在着相互交叉的领域，以及由此形成的跨学科统计框架。

压力—状态—反应框架及其衍生工具最初被用于环境核算体系中，经过多年的发展，该框架在识别、定义和编制可持续发展指标方面得到广泛运用。由于该框架包含了可持续发展的不同方面，以此为基础开发的指标存在着较大的差异，例如：各种特殊“主题”（Adriaanse，1993；United Nations，2001，Eurostat①）、“问题”（Kerr，1997，加拿大环境部；OECD，2003）、“症状”（Lüdeke & Petschel，1997）、“分系统”（Bossel，1999）和“政策领域”（Guinomet，1997）。Moldan（1997）对开发可持续发展指标所做的各种努力进行了全面论述。

目前使用的可持续发展指标（United Nations，2001）或其修订版②能否成为评估可持续发展的标准工具，还有待时间的进一步检验。国际可持续发展研究所（IISD）主办的网站允许指标开发者进入“可持续发展指标行动”平台。截至

① http：//epp. eurostat. cec. eu. int/portal/page? _pageid=1998，47433161，1998—47437052&_dad=portal & schema=PORTAL。

② http：//www. un. org /esa/sustdev/natlinfo/indicators/isd. htm。

2004年3月，该平台已发布来自个人、政府、非政府组织和国际组织的600多个原创指标[①]。例如，测算环境资源压力和经济增长之间关系的“生态需求指标”（麻省理工学院）、净经济福利指标（托宾和诺德豪斯）、净国内生产指标（卢佩托，1989）、可持续经济福利指标（戴利、科布）等。在众多有关可持续发展的指标中，联合国千年发展目标[②]所提出的各项指标似乎更受欢迎，但在可持续发展方面仍有一定的局限性。

社会指标和环境指标的发展是相互独立的。20世纪70年代的社会指标运动的主旨是在经济指标之外开发出一套测量人类生活质量的统计指标（Drewnowsky，1970，1974；OECD，1973，1976）。然而，由于在概念和统计方法上没有达成一致，生活质量核算和社会指标运动以失败告终（Hankiss，1983）。联合国会议召开后，在全球范围内人类生活质量指标中只有儿童、人口和发展、社会发展和妇女等方面的很少一些指标得以存续下来。今后能否重新恢复生活质量统计（Fergany，1994； Henderson et al. ，2000），能否在官方统计体系成功地纳入生活质量统计，需要拭目以待。

许多国家的环境保护机构编纂环境指标时，将环境指标作为环境报告的一部分或独立于报告之外。在国际层面上，经合组织定期编制“核心”、“关键”和“部门”环境指标（OECD，2003）。欧洲环境局公布了“环境问题指标”、“环境标题指标”和“环境信号报告[③]”。

2.3　CGE模型与经济可持续发展研究

1. 国外相关研究

经济学家考虑可持续发展时，有几个方面是很重要的（Faucheuxetal，1997）：① 环境政策对宏观经济将产生怎样的影响；② 经济系统中各个不同的经济部门受到怎样的影响；③ 各个不同部门之间的相互影响；④ 政策的变化对长期经济增长率将产生怎样的影响。投入产出模型和可计算一般均衡模型能很好地解决上述问题，在国外被广泛地用来分析经济增长的可持续性。

我们都知道，在完善的市场“理性”选择条件下，经济主体将带来瓦尔拉斯

① http：//www. iisd. org/publications/pub. aspx? id= 607。
② http：//millenniumindicators. un. org/unsd /mi/mi_goals. asp。
③ http：//reports. eea. europa. eu/ signals-2004/en。

(Walras)一般均衡和帕累托最优。通行的可计算一般均衡(CGE)模型是由完全市场条件下，运用最优化原理对各主体的最优化行为进行分析(静态的和跨时期的)，经济体系在均衡价格时所有产出和投入都出清的瓦尔拉斯模型演化而来的。

CGE分析将个体利润和效用最大化行为与宏观经济结果联系起来。各个部门和各个市场之间的相互影响被充分考虑。多部门的CGE模型能够用线性或者非线性函数关系体现部门间的相互作用。CGE模型适合于分析经济政策对经济结构的影响，可以在一个连续的框架内考虑各个部门之间直接或者是间接的相互影响。当涉及长期问题分析时，动态的CGE模型是分析可持续发展相关问题一个标准工具，但是动态模型相当复杂，对数据要求高且难以处理。

Munasinghe(2002)有关宏观经济学和环境的著作中对环境—经济分析和建模都作了概括。Conrad(1999)对用于环境经济政策分析的CGE模型的原则作了精确的描述。大多数应用型的CGE模型基于投入产出表及其分析。

在环境、能源案例中，CGE模型试图比较各种不同政策措施的效果，如环境法规条例或财政(反)激励措施对短期经济绩效的影响。美国的一个动态CGE模型将一个没有环境监管的后向模拟情境与一个实际进行监管的情境对比：1973—1985年，由于环境保护GDP减少了2.59%(Jorgenson & Wilcoxen, 1990)，Conrad和Schroder(1993)运用动态的CGE模型模拟不同环境政策对经济的影响，结果发现收取排污费是最好的政策，其次是对厂商的污染治理进行补贴的政策。Lai和Wang (1997)运用一个包括13个部门的CGE模型评估一个从紧的污气排放控制政策对石化产业以及一些宏观经济指标和行业指标的影响，结果发现：企业要耗费更多的资源去处理污染，因此真实GDP将下降。Morris et al. (1999) 运用一个名叫FEIM的CGE模型评估污气排放税对Hungary经济的影响，但是结果却发现“双重红利”效果并不显著。Abimanyu (2000) 运用一个名叫INDORANI的CGE模型对政府补贴经济和环境、完善农业贸易的政策效果进行仿真，仿真结果表明：政策将导致GDP下降，环境进一步恶化。Wiebelt (2001)运用一个开放经济的CGE模型评估实施环境税对南非采矿业有害污染物排放的影响，结果发现环境税的实施将提高采矿业的成本、降低产品在国际上的竞争力；同时采矿工人的利益也因此会受到损害。

Bergman (1990)运用CGE模型评估核清洁能源政策对经济增长和对国民经济各个部门的能源配置的影响，CGE模型中包括了45个部门，考察的时间范围是从 1985 年到 2000 年。研究结果发现：如果政府考虑从基期水平 1980 年开始减少 SO_x 和 NO_x 的排放，瑞典的 GNP 将连续下降。

在与环境案例相关的外文文献中，有一部分文献对中国大陆及其他地区的环境、能源政策进行了分析。Chiang (1995)运用一个 CGE 模型去评估 end-of-pipe 空气污染控制政策对台湾整体经济和部门经济的影响，空气污染治理设备的维护及相应的空气污染治理运作等费用的提高将会导致价格的提高、GDP 和总产出的降低；另外，空气污染治理设备投资的增加只有很小的效果。Yang (2001)运用一个包括 18 个部门的 CGE 模型考察了贸易自由化对台湾 CO_2 排放量的影响，结果表明：贸易自由化将导致 CO_2 排放量的增加，导致能源从低耗碳产品流向高耗碳产品。

Xie(1996)运用 CGE 模型模拟了污水排放费对中国经济的影响，研究表明污水排放税费的提高，将导致 GDP 的减少，价格和失业的增加；降低污水排放的费用，结果将相反。Zhang(1996)通过建立一个时间序列的动态 CGE 模型对在中国征收碳税、减少 CO_2 排放的影响进行了研究。他的主要贡献在于把 CGE 模型和线性最优化的 MARKEL 能源供给模型结合起来，去寻找成本最小的 CO_2 减排方法。但对于环境政策，模型没有详细考虑。Garbaccio，Ho 和 Jorgenson (1999)通过构建一个动态的 CGE 模型，模拟碳排放税对中国经济的影响，结果表明：中国政府实施中性的碳排放税政策，将取得“双倍红利”的效果。与 CGE 模型类似，基于投入产出表的投入产出模型可以较好地分析环境和能源问题，列昂惕夫(Leontief，1951)开发了投入产出分析方法，描述并解释了市场经济的结构，并将环境污染及其控制引入投入产出模型。Lahr 和 Dietzenbacher(2001)将投入产出模型延伸至地区和环境分析。

此外，基于投入产出表的结构性分解分析方法也常被用来分析环境和经济的可持续性问题。事实上，结构性分解分析可以追溯到列昂惕夫的早期工作中，Rose 和 Casler(1996)关于此方面历史及方法论进行了评述。近几年来，结构性分解分析更关注自然资源和污染。Dietzenbacher 和 Los(1998)对结构性分解分析技术进行了描述，该技术后来被用于分析荷兰的污染案例(De Haan，2001)。在丹麦，Romose 和 Olsen(2005)将结构性分解分析应用于二氧化碳、碳氧化物和二氧化硫排放分析。

2. 国内相关研究

国内与可持续发展相关的研究主要体现在两个方面：一是绿色核算方面的

研究;二是实证方面的研究。在实证研究中,主要运用计量经济学的方法和CGE模型分析可持续发展的相关问题。

1）可持续发展绿色核算研究综述

关于中国绿色核算体系较为系统全面的文献,首先来自高颖(2008)在中国2000年基准SAM的基础上扩展构造了一个含有资源、环境账户的细化SAM表式,并详细讨论了其编制过程和资源、环境账户的数值确定方法,在提高我国绿色核算理论的实用性,进而为研究提供数据基础方面做出了有益的尝试。其后的研究中杨丹辉和李红莉(2010)建立了我国基于损害和成本的环境污染损失核算指标体系,比较两种核算方法的技术特征,并以山东省为例运用这两种方法,对2000—2005年大气污染和水污染造成的各种经济损失进行了核算。结果表明,与成本法相比,基于损害的污染损失评估方法和指标体系更为合理,能够较全面地反映经济活动造成的环境退化程度。

王永瑜和郭立平(2010)对联合国等国际组织发布的《综合环境经济核算体系》中所提出的两种绿色GDP的核算路径进行比较研究的基础上,将经济体系与资源环境置于同一个系统之内,对"绿色经济"模型的构建理论、模拟方法等若干理论与方法问题进行了深入研究。廖明球(2012)以北京市开展的绿色国民经济核算的数据为依据,编制了北京市2007年绿色GDP投入产出表,利用该表数据并结合其他相关数据对北京市的绿色经济进行了较为深入地分析。

2）可持续发展实证研究综述

实证方面的研究主要用了两类方法：计量经济学的方法和CGE模型。运用计量经济学方法主要分析环境、能源和经济增长的关系;运用CGE模型主要模拟分析环境、能源政策变化对宏观及各产业的影响。

李俊和徐晋涛(2009)应用非参数方法计算考虑环境污染变量的全要素生产率。研究结论显示：新的绿色全要素生产率指标对省际经济发展质量的评价与常规的全要素生产率指标的评价所得结果有很大的差异,而且绿色全要素生产率指标与GDP指标没有显著的相关关系。彭水军和包群(2009)将环境质量作为内生要素,同时引入生产函数与效用函数,构建了带有环境污染约束的经济增长模型,分析了环境污染外部性、物质资本积累、人力资本开发以及内生技术进步对长期经济增长的影响。实证结果显示：在环境污染的约束下,人力资本投资和研发创新是经济长期持续增长的主要动力源泉。

董梅和孟秋敏(2012)通过变系数模型考察了经济增长和能源消费之间的关

系。研究结论显示：经济增长与能源消费之间存在长期协整关系，且各地区经济增长对能源消费的初始依赖有较大差异。要实现我国经济的可持续发展，就需要提高能源使用效率，优化能源消费结构。杨宏林和田立新(2004)在经济增长模型中引入了能源利用动态变化方程和能源约束，讨论了如何在保证能源可持续利用的条件下，实现经济的可持续增长及社会的可持续发展。实证结果表明：提高生产技术水平，降低能耗，提高能源利用效率，才有可能在保证能源可持续利用的条件下，实现经济的长期可持续增长。

运用 CGE 模型分析中国环境、能源政策问题较早的是谢剑和傅斯凯(1997)，他们利用 CGE 模型对中国的浓度超标排污收费和污染治理补贴政策进行了研究。马纲等(1998)利用中国社会科学院数量经济与技术经济研究所和澳大利亚莫纳什大学政策研究中心联合开发的 PRCGEM 模型分析了中国的碳税问题。涉及多种污染物排放问题的 CGE 模型是郑玉歆等(2000)在相关研究中首次尝试的。另一个用于分析中国碳税的 CGE 模型，是由贺菊煌等(2001)开发的 He 模型，他们将含碳能源作为要素引入生产函数，充分体现了环境 CGE 模型的特点。李钢等(2012)在可计算一般均衡(CGE)模型中引入环境管制成本，并评估了环境管制强度对中国经济的影响。实证结论表明：提升环境管制强度将会使经济增长率下降约 1%，使制造业部门就业量下降约 1.8%，使出口量减少约 1.7%。对不同地区的影响程度存在较为显著差异。

在能源问题研究方面，林伯强和牟敦国(2008)的研究结论表明能源价格上涨对中国经济具有紧缩作用，但不同产业的紧缩程度则不一致，能源价格除了影响经济增长，还将推动产业结构变化。何建武和李善同(2009)对能源税对宏观经济的影响进行了分析，研究结果表明：提高能源税和环境税能够实现污染减排的目标，但同时会给宏观经济带来负面影响；对污染物征税对于经济活动造成的负面影响要小于对能源消费征税。魏巍贤(2009)认为征收化石能源从价资源税是节能减排的一个有效途径，但由于其对宏观经济也将造成较大负面影响，征收必须结合各种补贴形式，同时必须建立一个合理透明的能源价格机制。胡宗义和刘亦文(2010)的研究指出能源价格的提高优化了中国经济产业结构，第二产业尤其是重工业在国内生产总值中所占比重下降，减少了总体的能源消费。但是能源价格提高对宏观经济带来了较大的负面影响，其导致的出口下降和投资需求下降分别是短期和长期国内生产总值下降的主要原因。

我们利用已有的绿色核算研究成果和数据基础构建了能够大致反映绿色

GDP 的社会核算矩阵，然后在此数据库基础上构建可计算一般均衡模型，运用 CGE 模型模拟分析能源、环境和科研政策的变化对经济可持续发展的影响。同时在每一部分均附加了相关计量经济学的实证研究。

2.4 库兹涅茨曲线理论与经济可持续发展研究

关于环境与经济发展最经典的学说来自 Kuznets(1955)的 EKC 假说，新自由主义经济学家通过提出环境质量将在某一经济增长点或多或少地自动改善机制——即所谓的环境库兹涅茨曲线(EKC)假说来证明拒绝市场干预的合理性。生产向服务业转变及因此形成的减物质化社会似乎对这一自动机制作出了解释。减物质化的后工业化社会的富裕水平足以支付环境保护的费用。这种倒 U 形曲线表明当经济增长达到一定水平后其环境影响将开始下降。此外，“环境库兹涅茨曲线”假设的提出，促使经济学家们从各种角度思考环境质量和经济发展程度之间的关系。Barbier(1997)和 Perrings(1998)指出，大多数研究中环境改善的拐点高于目前国民收入的水平，Barbier 对支持和反对该假设的证据作了一个简单明了的回顾。Beckerman(1992)通常被当做经济增长的提倡者，认为经济增长最终会为环境保护带来足够的资金支持。另一方面，在赞成和反对经济增长的讨论中，生态学家驳斥了 EKC 假说，并声称经济增长的物质规模已经超过了环境阈值的警戒线。

由于库兹涅茨理论曲线颇具新意，其独到的观点使国内外很多学者们开始纷纷参与到理论验证和深入解读的分析中。该理论的核心思想是指环境与经济增长会从互为掣肘的矛盾方到互相促进的协同方，反应在曲线上即会呈现出“倒 U 型”的形态。当然，更深入的分析会涉及不同的国家和地区、不同的经济发展阶段、不同的环境指标及经济发展指标等。自然研究得出的结果也是不一样的。学者们将环境库兹涅茨曲线的构成分为如下 3 个效应：

(1) 规模效应：在经济发展初期，为追求利润的快速实现，经营方式的粗放和不计成本是很正常的，对于自然环境的破坏更是无暇顾及，这样，随着经济规模的不断扩大，发展现代工业过程中大量未经技术处理的资源投入会严重影响环境质量，因此，经济增长与环境污染之间会呈现正相关关系。

(2) 结构效应：随着经济规模的不断扩大，当现代工业的基础体系及设施构建完毕，经济结构会转向第三产业为主的发展阶段，环境污染的程度与速度因而也会减缓。当污染指数相对经济增长指数的陡峭程度改变，较好的引导结果便是拐点的出现，即经济增长开始显现对环境污染的治理作用。

(3) 技术或减排效应：经济发展的更高阶段，自然会促进技术水平的提高，最初粗放型的增长模式会被改变，人们居住与生存环境的恶化会被充分重视，而财富积累也足够支撑对环境的治理成本，且治理的最终结果能够促进经济更健康和可持续性的发展。此时，经济发展与环境质量便达到了协同促进的良性互助阶段，表现在库兹涅茨曲线上，即为经过拐点后的向下倾斜区域。

关于这三种效应及所对应的区域如图 2.3 所示。

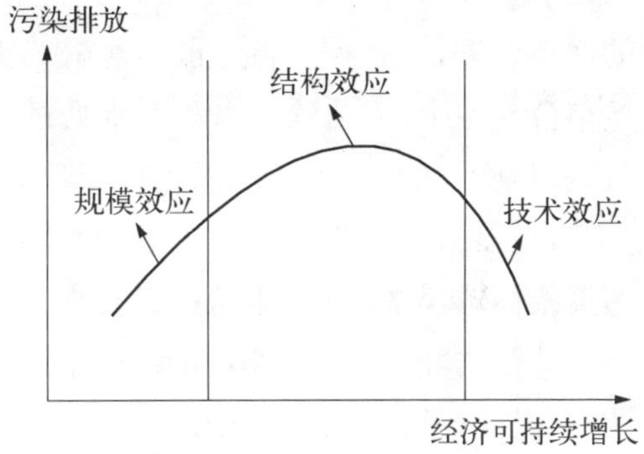

图 2.3　环境库兹涅茨曲线

因此，环境库兹涅茨曲线是一个动态的概念，了解曲线的形态和拐点并不是我们最终的目的。发现曲线形态的成因并利用以上因素将曲线调整到对各区域最有利的情形才是最终的目标。

1. 环境库兹涅茨理论的国外相关研究

基于库兹涅茨曲线研究环境质量与经济增长问题最早源于西方发达国家。发展工业导致的环境代价引发了人们对生存的担忧。有意识、有计划的环境治理一度成为西方国家的首要政策，对于相关学术领域的研究工作也备受鼓励。经济增长到底是在破坏环境并最终将人类引致不可救赎的境地，还是其最终也是解决问题的重要推手，经济学家们在展开相关争论的基础上开始汲取大量的经验数据及科学方法展开相关分析，在此基础上发展完成了一批成熟理论，并且促进了环境质量监测体系及环境质量测度技术的日益完善，在计量经济学角度，更多的研究方法被引入，成就了一批卓有成效的研究成果。

最早的较具代表性的相关实证研究来自 Grossman 和 Krueger(1991，1995)，他们讨论的是北美自由贸易协定(NAFTA)的制定是否会引致对环境质量的恶化，研究选取了 1977—1988 年 42 个国家的面板数据，估计了悬浮颗粒物(SPM)浓度、烟尘、二氧化硫等环境污染指标和人均收入(以 1985 年美元为基期计的人均 GDP 值表示)之间的关系。面板模型中还涉及“区分影响污染物指标的城市和位置特征的地理变量、贸易开放度以及时间趋势项”等变量。实证分析结果表明SPM与人均GDP呈单调下降态势，在模型中贸易开放度系数不显著而时间趋势系数显著。贸易开放度和时间趋势系数在烟尘方程中均不显著，但在SO_2模型中两项系数都显著为负。烟尘(smoke)和SO_2与人均GDP呈现出了"N型"形状，其第一拐点位于4 000～5 000美元之间，至于第二拐点的出现及环境污染的回升，研究未能给出更充分的解释。GK组合的研究在一定程度上为环境库兹涅茨曲线提供了佐证。对于该理论更全面的佐证来自Shafik和Bandyopadhyay(1992，1994)的研究，他们的实证涉及1986—1990年149个国家的面板数据，污染测度指标也丰富至SPM浓度、单位GDP的碳排放、SO_2浓度、城市公共卫生(清洁饮用水和污水处理)、市政污水、清洁用水的缺乏、河水溶氧量、森林面积的变化、总砍伐率、年度砍伐率等，经济发展指标依然使用人均GDP，所有数据均做了对数处理，模型包含线性、二次项及三次项。结果发现了污染指标与经济增长之间的"倒U型"关系，这种形状与Kuznets(1955)提出的收入差距与经济发展之间的曲线如出一辙，因此，学术界将其表述为环境库兹涅茨曲线(environmental kuznets curve, EKC)，以此表示环境质量会随经济的发展呈现出先恶化后改善的"倒U型"趋势。

此后，陆续有许多西方经济学在EKC理论的基础上展开了形形色色的研究。而这些研究绝大多数为实证研究。综合起来，可以将其分为两大类。

第一类文献研究的核心点在于"环境库兹涅茨曲线(EKC)"是否存在"倒U型"关系，若存在，"倒U型"拐点对应的经济增长水平为多少"。例如，Deacon和Norman(2006)选取了14个经济发达国家的烟尘、二氧化硫及颗粒物浓度与人均GDP的关系，分别进行测试，均证明了"倒U型"关系的存在；Markandya(2006)探讨了12个西欧国家的二氧化硫排放与人均收入间的关系，分析了空气污染规制对EKC关系形式的影响，研究结论支持了EKC"倒U型"曲线假定，即证明了EKC对应的人均收入转折点确实存在，同时还得出了环境规制不但对EKC的高度有影响，而且对曲线转折点的位置也有影响。涉及发展中国家及小规模经济体国家的研究还有：Mukherjee和Kathuria(2006)分阶段地研究了印度的环境与收入关系。Mazzanti(2007)研究了意大利的环境质量与经济增长之间的关系。Martinez-Zarzoso和Bengochea-Morancho(2003)通过使用拉美国家二氧化碳的排放数据分析了当地的环境与收入关系。有趣的是，他们都无法给予充分的证据说明"倒U型"曲线拐点的存在，当然可以解释为这些经济体的经济发展程度还未使得拐点出现，未可知的表述为环境库兹涅茨曲线在发展中国家或者小规模经济体的适用上打上问号。Bradford 等(2000)针对 Grossman 和 Krueger(1991,1995)的数据采用类似探索性数据的分析方法重新进行更为深入和细致的研究,结论表明并非所有污染物都存在"倒 U 型"关系,不同污染物的 EKC 形状具有一定的差异。

第二类文献研究的核心点在于对"倒 U 型"曲线存在或不存在的相关解释、检验经验研究基础的坚实性和一致性及从各层面出发对之前研究和发现提出意见。例如,Dasgupta et al. (1995)的研究结果表明人均 GDP、工业化程度、城市化、行政效率及财产权的安全性共同作用于环境质量。Selden(1999)通过使用美国 1970—1990 年的数据对 6 种空气污染指标的变化态势进行了分解,认为环境-收入曲线的下降原因除了可归因于规模效应、结构效应外,能源混合、能源强度和其他技术效应更为重要。Gergel et al. (2004)的研究主要针对财富效应,他的结论指出仅从财富角度不能很好地解释环境变量的变化。Bruvoll(2003)通过分析挪威 1980—1996 年的数据,发现经济增长量、生产部门的规模及能源的消耗可以较好地解释空气污染物排放变化。

2. 环境库兹涅茨曲线的国内相关研究

在国外学者研究的基础上,国内学者们也陆续地加入到环境库兹涅茨曲线的研究中。早期,我国学者主要使用时序数据研究。张晓(1999)的研究表明了我国的环境质量与经济增长关系呈现较弱的"倒 U 型"EKC 特征。赵细康(2005)通过分析全国 1981—2003 年的数据得到了废水、废气与人均收入呈"U 型",二氧化硫、烟尘与人均收入呈"倒 U 型"关系。宋涛等(2007)结合全国 1960—2000 年的数据得出了"倒 U 型"的二氧化碳库兹涅茨曲线。陈红蕾等(2009)通过联立污染方程与产出方程得到了我国工业二氧化硫与收入的"倒 U 型"曲线。彭水军(2006)在探讨环境质量与经济增长关系时采用了广义脉冲响应函数方法,结论显示污染排放物与经济增长呈单调上升状态。

之后考虑到地区间经济发展差异,陆续有学者开始以省域为研究对象展开分析,如杨凯等(2003)利用上海 1978—2000 年人均 GDP 与城市废弃物指标数据证明了两者之前存在比较明显的环境库兹涅茨二次曲线特征;陈东等(2004)研究了湖南省 1980—2002 年工业粉尘、工业废气、工业废水和工业固体废弃物与人均 GDP 间的关系,结果显示工业粉尘和工业固体废弃物的排放与收入关系呈"U 型",而工业废气和工业废水的排放与收入关系却呈"倒 U 型";李国柱等(2005)结合河北省 1990—2003 年的数据研究得出工业废水的排放与人均 GDP

具有“倒 U 型”特征，而工业固体废弃物、工业粉尘和工业废气的 EKC 曲线却仍维持单调上升态势；苏伟和刘景双(2007)利用吉林省 1986—2004 年的相关数据发现各种污染物指标与收入均无显著关系，无法证明 EKC 的理论假定。国内也有具体到城市的研究，如邢秀凤(2005)利用青岛 1986—2003 的数据得到了该市工业三废与人均 GDP 呈“倒 U 型”的结论；李春生(2006)则通过广州市 1982—2006 年的工业废气、工业废水、城市生活污水及废水排放指标与收入进行分析，得出了支持 EKC 的结论；凌亢、王烷尘、刘涛(2001)研究了南京市 1988—1998 年二氧化硫、固体废物排放、废气排放与人均收入之间的关系，结果发现污染排放随经济增长而上升。

以上研究中的“倒 U 型”及“单调递增”结论不难理解，对于发展中国家而言，后者可以理解为经济发展初期阶段，即“倒 U 型”的“前身”。但“U 型”结论则需做进一步的剖析，更多学者在此基础上提出了“倒 N 型”理论，这也是近年来学者们对库兹涅茨曲线的一个补充解释。例如，沈满洪和许云华(2000)分析了近 20 年来的人均 GDP 与工业“三废”及其人均量之间的相互关系，最终得到了类似“倒 N 型”的波浪式环境库兹涅茨曲线。宋涛等(2006，2007)结合 29 个省 1985—2004 年的数据，发现工业三废随人均 GDP 的增加呈现先单调递减递增后放缓的趋势，同时二氧化硫、工业粉尘、工业烟尘的 EKC 也一定程度符合“倒 N 型”假定。这些研究结果说明发展中国家的环境变迁可能不同于发达国家工业化时期的特征，污染如治理不善可能会导致环境恶化的反复。

以上涉及国家及不同地区的时间序列实证分析的局限在于样本较为有限，因而后续不断有中国学者引入面板数据，用更丰富的数据更全面地对中国的环境质量与经济增长进行分析。例如，韩君(2012)基于省际面板数据，选取不同工业污染物，对我国 30 个省的库兹涅茨曲线的稳定性作出了相应的检验。结论表明，经济较发达地区对应的库兹涅茨曲线更加稳定，而落后地区的 EKC 稳定性较差，同时还发现了同一地区不同污染物与经济发展的关系也不一致的结论。陈德湖和张津(2012)基于 2000—2009 年的省际面板数据，引入空间计量模型测度了碳排放与相关代表性经济增长指标，通过分析，验证了碳排放库兹涅茨曲线在我国的存在性并得到了相应的拐点。毛晖和汪莉(2013)分析了我国 1998—2010 年工业污染的环境库兹涅茨曲线，文章主要以工业污染作为环境污染指标，基于我国省际面板数据的单位根和协整分析探究了不同工业污染物对应的环境库兹涅茨曲线。结果表明不同环境污染指标与经济增长的关系曲线是不一致的，有的呈“倒U型”，有的呈“N型”，有的呈“倒N型”，且不同区域曲线的差异显著。

通过以上分析可得：理想状态下的环境库茨涅茨曲线呈“倒U型”。暗示着经济增长对环境有限程度的破坏是经济发展的必要条件。社会发展进程中会对这种破坏自我修复。

环境库兹涅茨曲线理论的相关研究带给我们的启发和疑惑可总结如下：第一，环境库兹涅茨曲线(EKC)的“倒U型”关系是否在某一区域真实存在，若存在，曲线的拐点值处于哪一范围以及曲线的一致性怎么样？第二，人口规模、收入差距、贸易强度(近年来由于国际贸易对全球经济贡献的越来越显著，且引致的国际分工及产业链都会对环境产生巨大的影响)等其他因素的作用如何体现？第三，单个国家尤其是当今发展中国家的可能路径表现出的环境库兹涅茨曲线是否类似于从跨国面板数据估计出来的环境曲线，若是，两者的相关性有多大？第四，环境相关政策如何对环境与收入关系、降低经济增长的环境代价以及确保环境与经济可持续发展结果作出相关解释？第五，利用国家面板数据得出的环境库兹涅茨曲线性状有待商榷，结论很难有代表性地说明单个国家的情况，并且具有政策指导的局限性。

纵观国内外的实证研究，对以上疑惑或有解决，或不够深入，可以得出的大致结论总结如下：

(1) 绝大部分研究对于经济增长指标使用人均GDP(即个体收入或财富)表示，而该指标对不同的环境污染指标表现出的特征不同，其中相对工业污染物指标较多体现出了“倒U型”，但针对碳排放或CO_2指标则并未显现一定规律性。

(2) 尽管大部分研究都证明了EKC的拐点，但几乎所有研究中的拐点出现时机均不同，差异比较大。

(3) 发展中国家已经表现出了与发达国家相关研究的不同，一方面是因为“倒U型”很难在现阶段就得到佐证，毕竟经济发展水平还未达到一定水平；另一方面发展中国家由于全球化时代的到来，可以预见的将会更长时间地停留在产业链低端，国际分工制约了环境质量改善的可能。

(4) 随着研究技术的提升，不同的研究方法也会得出不同的曲线形状，甚至在极小范围内均能较细致地刻画出曲线的凹凸及急缓。

但各国的发展历程与所处时代不同，经济环境也大不相同，该理论是否始终适用，以及曲线细节的进一步刻画自然成为领域内学者，特别是关注发展中国家的学者关心的内容。

所以本书在以下展开研究的过程中，重点考虑了以下几点：第一，环境质量与经济增长的关系是一个长期的过程，即经济增长从低水平跨越到高水平需要较长时间；第二，库兹涅茨曲线的形状会随着国家环境治理力度的加强与人们环保意识的增长而发生一定程度的改变，通常这种状况会使得经济增长提前达到拐点，从而进一步达到可持续发展态势；第三，当经济增长达到高阶段时，依据发展中国家的实际情况，环境质量不一定会得到改善，即“倒 U 型”曲线理论不一定适合发展中国家。这就是近年来学者们所提出的“阈值”或“极限值”研究。中心思想是指环境污染都有极限值，如果环境污染的程度超过了极限值，环境恶化的态势将变得不可逆转。如果环境质量在经济的起飞阶段遭受到了严重的退化，那么环境质量则需要更长的时间和成本才足以恢复，甚至不可恢复。因此，对发展中国家尤其要采取相应的政策措施防止“倒 U 型”曲线超过生态阈值造成生态环境的不可恢复现象。这也是本书试图通过多种方法、多个角度寻求经济可持续发展道路的意义所在。

第3章　社会核算矩阵与 CGE 模型

可计算一般均衡模型包括三个显著特征。首先它是“一般的(general)”,即对经济主体行为作了外在设定。在这个模型中,代表性机构主体是理性的,例如厂商追求利润最大化、居民追求效用最大化,还有机构主体对价格变化极为敏感。其次它是“均衡的(equilibrium)”,模型中供求双方在价格机制的作用下最终实现市场均衡。最后它是“可计算的(computable)”,主要是指分析的可量化性。

社会核算矩阵是 CGE 模型得以实现的数据库基础(Derives, de Melon 和 Robinson, 1982),是对一定时期内一(或多)国或(单一或多)地区经济结构的全面阐述。它将投入产出表与宏观经济账户统一在一个平衡、封闭的框架中,使得社会核算矩阵中包括了生产性部门,也包括了非生产性部门,例如居民、政府、储蓄投资和国外等。

社会核算矩阵是国民经济核算的矩阵表现形式,以简洁的形式描述了国民经济核算账户,反映了各经济部门之间的联系。国民经济循环过程实际上也体现了整个国民经济达到一般均衡的事实,这一事实是 CGE 模型中一般均衡思想的现实基础。

国民经济循环和一般均衡事实在社会核算矩阵的具体账户也有体现。社会核算矩阵包括了国民经济中所有的经济主体,行列账户代表了具体的经济主体,相对应的行列相等,当 $n-1$ 各行列达到均衡时,另外一个也会自动达到均衡。

在社会核算矩阵除了体现一般均衡的事实,还体现了宏观均衡，如财政收支均衡、国际收支均衡和投资储蓄的均衡。CGE 模型除了要能体现一般均衡，还要结合相应的宏观闭合规则体现整个经济系统的宏观均衡。

3.1 国民经济循环与瓦尔拉斯一般均衡

一般均衡思想是经济学最重要的基础理论之一，最早起源于瓦尔拉斯 1874 年发表的《纯粹经济学要义》。从一些基本假设出发，阐述了在相互联系的各个经济部门组成的经济系统中存在着唯一稳定的均衡。经过多年的发展和几代经济学家的努力，Arrow 和 Debreu 深入探讨一般均衡解的存在性、唯一性、最优化和稳定性等问题，是对经济理论的重大贡献。

国民经济循环中体现的一般均衡事实是 CGE 模型的现实基础。为简化分析，现通过一个两部门经济来考察一般均衡的事实。图 3.1 表示一个两部门国民经济循环系统，假定整个国民经济系统只有两个部门：居民和厂商。居民在经济系统中充当要素的生产者和产品的最终消费者，居民出售生产要素获得收入进行消费；厂商在经济系统中充当产品的生产者和生产要素的购买方，厂商购买生产要素进行生产活动。

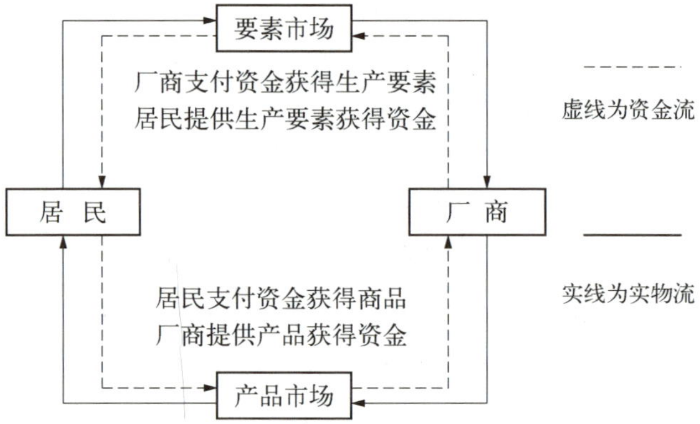

图 3.1 两部门国民收入循环模型

为了追踪整个国民经济的循环过程，从要素市场开始，一方面厂商在要素市场上支付资金从居民手中购买生产要素，形成要素的需求；厂商获得生产要素后进行生产活动，生产出产品，然后在产品市场上出售其产品获得收入，形成产品的供给。另一方面居民将要素在要素市场出售获得收入，形成要素的供给；然后居民利用手中要素收入在产品市场上购买产品进行消费，形成产品的需求。这样一个过程反复进行，实现了实物流和资金流的不断循环，从而使整个国民经济循环得以进行。在这样一个不断循环的过程实现整个国民经济动态的均衡。

两部门国民经济循环系统中有两大类市场：要素市场和产品市场。当要素市场（或者产品市场）在价格机制的作用下达到供求平衡时，达到的仅仅是局部均衡。局部均衡的假设前提是在假定其他商品价格保持不变的前提下到达的，这在存在多个相互关联市场的宏观经济框架下是有问题的，因为一个市场的变动会影响到其他市场，因此必须考虑全部市场的相互关系（见图 3.2）。

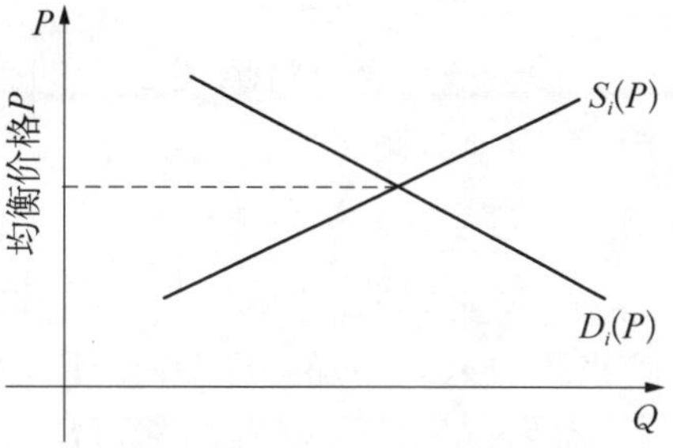

图 3.2　要素市场（或产品市场）市场局部均衡

由图 3.1 可以看到，这两个市场是相互联系、相互影响的。要素市场上要素的价格决定了居民的收入与要素的供给，居民收入的变化会影响到其在产品市场上对产品的需求。与此同时，产品市场上产品的销售状况会影响到厂商在要素市场上对要素的需求，进而影响要素价格、居民收入（见图 3.3）。

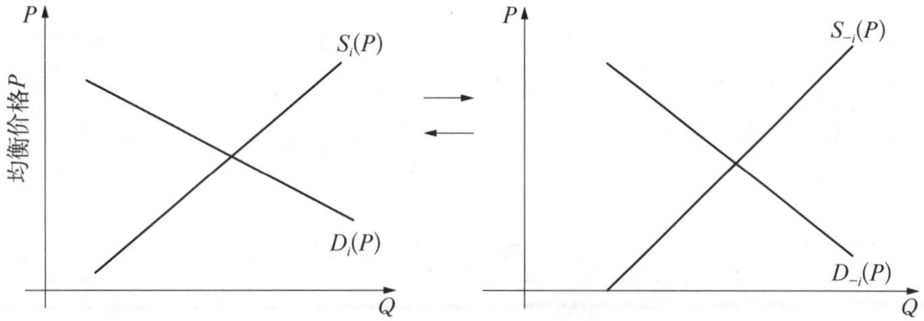

图 3.3　市场一般均衡

当要素市场上要素价格下降时，居民收入下降，产品的需求下降，供给增加，商品价格下降。要素市场和产品市场相互影响，最终在价格机制的作用下，产品市场和要素市场同时达到均衡，真正实现一般均衡。

根据国民经济核算可知：居民的收入等于其支出，产品的总供给等于总需求。居民收入与支出的平衡和产品的供求平衡实际上反映了整个国民经济循环系统中要素市场和产品市场的均衡。一般均衡状态下，消费者达到了效用的最大化，企业实现了利润的最大化。

3.2 社会核算矩阵与一般均衡

社会核算矩阵将描述生产的投入产出表与国民收入和生产账户结合在一起，全面地刻画了经济系统中生产创造收入、收入引致需求、需求导致生产的经济循环过程，清楚地描述了特定年份一国或一地区的经济结构和社会结构。

“生产(供给)—收入—需求”概括了经济运转的核心内容，需求引致生产，生产产生收入，收入的分配和使用又引发新的需求，正是这样一个循环推动着社会与经济的发展，是全部经济体运行的基础。SAM 的一个最显著的优势就在于将这一经济流量的“三角循环”很好地刻画出来，直接展示了经济循环过程的细节。

社会核算矩阵 SAM 表是一种描述经济系统运行的、矩阵式的、以单式记账形式反映复式记账内容的经济核算表。数学模型表达式为 $T_{i,j}$，i、j 分别表示行、列账户，行、列都有明确的意义，代表了经济活动主体，相应的行、列账户名称相同。每一相同名字账户横向的行表示收入流，纵向的列表示支出流，相对应的行、列账户汇总所表示的收入和支出应该相等。矩阵中的元素数值代表各账户之间的交易量，是列部门对行部门的支付，反映了经济系统中部门间的相互联系。并且将这种核算思想进行了推广，使 SAM 表不仅包括了部门间中间投入商品的交易，还包括了居民与生产部门之间的交易，居民与政府部门之间的交易等。

表 3.1 两部门社会核算矩阵

	活动 1…	商品 1…	要素…	居民	投资储蓄	企业
活动 1		D_{ac}				
商品 1	$QINX_{ca}$			QH_c	I_c	
要素 1	V_{fa}					
居民			Y_f			
投资储蓄				S		
企业						

图 3.1 所示的两部门国民经济循环过程可以由表 3.1 两部门社会核算矩阵很好地描述。和前面分析一致，整个国民经济循环过程从要素市场开始，生产活

动部门列表示生产活动中的各种支出，形成了对生产要素的需求，反映了生产活动部门在要素市场上支付要素报酬，获得生产要素 V_{fa} 进行生产活动；生产的产品在商品市场上形成商品的供给，商品账户列反映了商品的供给。居民账户行反映了居民在要素市场上出售要素 f，获得的要素收入 Y_f 和要素总收入 $\sum_f Y_f$；居民账户列反映了居民在商品市场上形成商品的最终消费需求和储蓄。此外还有厂商的本身形成的中间投入需求以及投资储蓄机构对该商品形成的投资需求。厂商在出售产品获得收入后又在要素市场上形成需求，居民消费商品生产要素，然后在要素市场上形成要素的供给，从而开始新一轮国民经济循环。

在国民经济的循环过程中，各产品市场会出现市场出清状况，例如，商品 c 在商品市场上的总供给为 $\sum_a D_{ac}$，商品 c 的需求包括了各生产活动对商品 c 中间投入需求之和 $\sum_a QINX_{ca}$，居民最终消费需求 QH_c，投资需求 I_c，市场上商品 c 的供求达到出清状态，即

$$\sum_a QINX_{ca} + QH_c + I_c = \sum_a D_{ac} \tag{3.1}$$

与此同时，各要素市场出清，例如，要素 f 在要素市场上的总供给为 Y_f，要素 f 在要素市场上的总供给为 V_{fa}，要素 f 供求也会达到出清状态，即

$$\sum_a V_{fa} = Y_f \tag{3.2}$$

通过上述分析，社会核算矩阵很好地描述了国民经济的循环过程，以及要素市场和产品市场同时达到出清状态，实现一般均衡。此外，社会核算矩阵中账户名称相同的行列之和相等这一原则也很好地体现了一般均衡的事实。

除了产品市场和要素市场的均衡，社会核算矩阵还描述了 GDP 的核算和国民经济的宏观均衡，在两部门经济中，按照支出法核算国民生产总值等于消费与投资之和，通过表 3.1 社会核算矩阵中的元素可表示为

$$GDP = \sum_c (QH_c + I_c) \tag{3.3}$$

两部门社会核算矩阵体现的宏观经济均衡为投资储蓄的平衡，通过表 3.1 社会核算矩阵中的元素可表示为

$$\sum_c I_c = S \tag{3.4}$$

此外，在包含了政府和国外的四部门社会核算矩阵中还能体现政府的财政

收支均衡和国际收支的均衡。SAM 不仅要求整个宏观经济达到收支均衡，而且每一个微观个体也要达到收支均衡。

社会核算矩阵包含了各类交易与社会经济流量的详细信息，是表现社会经济系统各个部分之间相互关联的一种重要形式，是目前最常用的组织核算数据的工具之一，它以表格的形式给决策者提供了详细一致的信息。

3.3 社会核算矩阵与 CGE 模型

一般均衡解的存在性、唯一性、最优化和稳定性等问题从抽象的数学证明到经济领域的应用，再到可计算一般均衡(CGE)模型的应用，经过了几代经济学家的努力。

Scarf 使得纯理论工作与 CGE 模型有了最直接的联系，借助模型在数理上解的存在性定理，他给计算特定的均衡模型设计了一个算法，这个算法有明确的收敛特征，从投入产出表数据给出的一个初解出发可以求解方程，进而分析诸如税收等政策变动的影响，从而把模型应用到实际层面。基于社会核算矩阵的可计算一般均衡(CGE)模型是一般均衡理论在实际中的应用。

一般均衡的基本问题是供给、需求及供求平衡，并且要求微观基础的存在。CGE 模型实质上是描述经济系统供求平衡关系的方程组，同时还要对经济主体行为进行分析，例如生产者利润最大化、消费者效用最大化等。

社会核算矩阵的账户体现了经济系统中所有主体，给经济系统模型界定了一个范围。社会核算矩阵包含了设定一个完整的模型需要市场、行为、各个经济主体之间的关系等。另外，SAM 表满足很多模型运行所要求的初始平衡条件，成为很多宏观经济模型与仿真系统的数据基础，特别是作为可计算一般均衡(CGE)模型的参数标定的基准数据集，以及模型中情景分析的基准情景。社会核算矩阵为 CGE 建模提供分析的框架和基础数据。

社会核算矩阵对整个国民经济循环流进行了一个基本的描述：需求引致生产，生产产生收入，收入的分配和使用又引发新的需求，在供给等于需求、收入等于支出的情况下就完成了整个国民经济实物流与收入流的循环。在整个国民经济循环过程中，CGE 模型按照收入、实物的产生及循环过程来构造核心方程组。例如，活动账户、商品账户和要素账户都要对市场行为进行设置(供给行为、需求行为和市场出清限制)；居民、企业和政府要分别对其进行预算约束；投资储蓄账户和国外账户要求其分别达到整个宏观经济的内部和外部的均衡。

活动账户的列账户记录了生产活动对中间投入的支出和生产要素的支出、税收支出等。CGE 模型通过一定的生产技术构造了生产函数用来描述生产要素投入、中间投入和产出之间的关系。图 3.4 描述了生产活动账户与生产行为方程组的关系，活动账户的行账户记录了厂商的收入，厂商在收入的约束下，按照某一生产技术（即生产函数），遵循利润最大化原则决定产量，形成产品的供给。

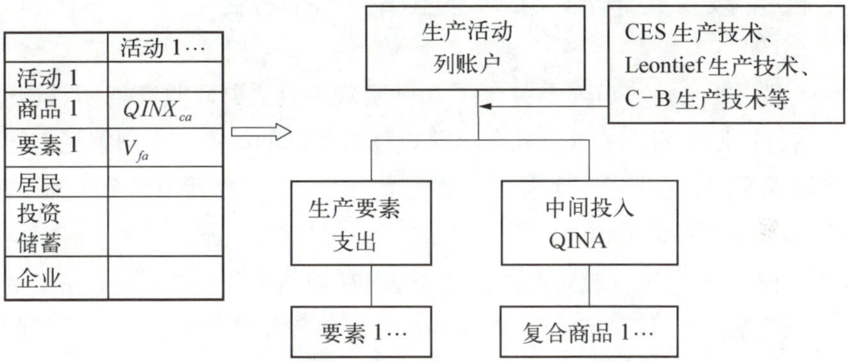

图 3.4　生产活动账户与生产行为方程组关系

生产活动列账户形成了要素市场上要素的需求，要素账户行记录了机构主体的要素供给，要素账户列则记录了要素收入在机构主体之间的分配。机构主体行记录了其分配的要素收入，机构主体获得收入后进行支出活动；机构主体列记录了其支出状况，包括了储蓄和消费支出。CGE 模型在收入限制下对居民的消费偏好（即消费偏好函数）进行了设置，并按照效用最大化原则消费商品，形成了对商品的需求。图 3.5 描述了居民支出列与 CGE 模型中消费函数的关系。

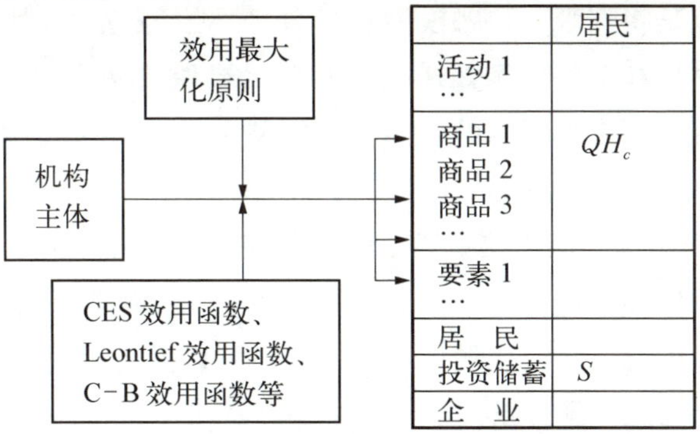

图 3.5　机构账户与机构消费行为方程组关系

此外，社会核算矩阵中体现的要素市场均衡、产品市场均衡和宏观均衡等都在 CGE 模型方程组中有所体现。

整个经济系统在微观个体消费者效用最大化、厂商利润最大化的行为原则下，两部门经济系统自动达到要素和产品市场的一般均衡。此外在包含了政府、国外等部门的情况下，还需继续设置相应的方程组。

3.4 社会核算矩阵与 CGE 模型的宏观闭合

在四部门社会核算矩阵中包含了 3 个宏观均衡：财政收支均衡、国际收支均衡和储蓄投资均衡。所有以社会核算矩阵为基础的模型都必须解释怎样实现这 3 个宏观均衡。在社会核算矩阵是均衡的情况下，只要其中两个达到了均衡，第 3 个必然达到均衡。

CGE 模型在达到一般均衡的条件下，宏观均衡显得多余，但是在经济分析中经常会涉及宏观问题的分析。在对待可计算一般均衡模型与宏观均衡的处理上有 3 种观点：

第一种观点是 CGE 模型以瓦尔拉斯一般均衡理论为基础，是一个精致、完美的一般均衡模型，任何宏观问题和金融变量的加入都是对 CGE 模型的破坏。CGE 模型用来分析完美市场条件下的分配效率、价格变化、生产和需求等问题。

第二种观点是 CGE 模型应该将一般均衡问题和宏观的问题与金融变量很好地结合起来。例如多部门 CGE 模型很好地将宏观问题和 CGE 模型结合起来，能够用来分析资本、货币、通货膨胀、利率等宏观问题；动态 CGE 模型能够将宏观动态模型和一般均衡很好地融合。

第三种观点是将宏观—金融模型和 CGE 模型完全分离，但是这两个模型之间是可以相互对话和合作。例如通过某些变量可以将两个模型联系起来，这些宏观变量在宏观模型中是内生的，在 CGE 模型中是外生的；某些变量在 CGE 模型中是内生的，在宏观模型中是外生的。

随着 CGE 模型的不断发展，其中第二种观点占了主导地位。首先，学界普遍认为应用型的模型应该将宏观均衡和一般均衡结合起来；其次，计算方法和计算软件的不断发展；最后，数据的可得性越来越强以及计量理论和方法的发展使得模型中的某些参数问题能够得到很好的解决。

从经济理论上来说，在一般均衡理论上建立起来的 CGE 模型，经济主体的决策行为都是基于行为最优化，宏观经济的约束会与微观主体的最优化行为相冲突，这需要引入新的内生变量来解决。

从纯数学的角度看，按照一般均衡理论建立的 CGE 模型方程个数多于变量个数，存在着过度识别的问题(Deculuwe 等，1987)，或者模型中方程系统的变量个数多于方程的个数，因此在设计 CGE 模型时，要从所研究的问题出发，以相应的宏观经济理论为基础，针对前一种情况去掉多余的方程(增加相应的内生变量也可)，针对后一种情况将适当的内生变量设置为外生变量以保证模型解的唯一性及一般均衡的存在。

这两种不同表述方式说的都是 CGE 模型中的宏观闭合(model closure)问题。选择不同的闭合规则会导致研究的结果有很大的不同。

关于 CGE 模型中的闭合规则问题起源于 Taylor 和 Lysy(1979)，之后像 Dervis deMelo(1982)、Robinson(1982，1989，1991)、Dewatripont 和 Michel G (1987)，Taylor(1990)等对 CGE 模型都展开了进一步的研究。

CGE 模型的设计要根据研究的问题，依据相应的宏观经济理论，形成特定的结构，包括什么函数、哪些内生变量、哪些外生变量等。这个依据宏观经济理论形成的结构，称为宏观闭合。宏观闭合不同，经济理论依据也不同。

3.4.1　传统的闭合规则

根据宏观经济理论的不同有不同的宏观闭合规则。1963 年 Sen 第一个提出了宏观闭合问题，并根据新古典、新凯恩斯、凯恩斯等这几种主要的宏观经济流派的思想，提出了四类宏观闭合，这四类闭合规则也是 CGE 模型建模过程中常用的闭合规则(Dervis 等，1982；Dewatripont 等，1987；Bandara，1991；龚益，1997)。这四类闭合规则分别归纳如下：

第一类是新古典闭合规则，该规则以新古典经济学的基本理论假设为基础，认为价格充分灵活，所有的要素价格和商品价格都是完全弹性的，由模型内生决定。资本、劳动都得到充分的利用，经济处于均衡状态，即要素的供应始终等于要素的禀赋。根据 $I-S=T-G$，利率作为资本的价格也是充分灵活、可自由调整的，在利率的调节下金融市场到达均衡，即 $I=S$。此时政府的收入等于其支出，政府储蓄为 0。供给起决定作用，把宏观模型中的投资方程式去掉，这样投资最后由储蓄来决定，新古典闭合又称为储蓄驱动型闭合规则。

第二类是约翰森闭合规则，这一类闭合的经济理论背景与新古典经济理论是一致的，与新古典闭合规则不同的是约翰森闭合规则假设投资是外生的，储蓄率是内生的，通过储蓄率的调整来实现投资与储蓄的均衡，把储蓄方程式去掉，这样储蓄最后由投资来决定，为投资驱动型闭合规则。

第三类是凯恩斯闭合，按照凯恩斯经济理论的思想，在宏观经济处于萧条状况时，资本闲置，大量失业。在要素价格固定的情况下，资本和劳动的供给不受限制。这意味着在凯恩斯闭合中要素劳动、资本的价格是外生变量的，劳动力、资本的供给量是内生变量。由于在凯恩斯模型中需求起决定作用，因此数量控制变量应该是需求方面的外生变量。如居民消费额定为外生。凯恩斯闭合也叫通论(general theory)闭合。

第四类是卡尔多闭合，在卡尔多闭合规则中，投资是外生的，储蓄也是外生的，投资和储蓄之间的均衡是通过收入分配机制实现的。认为实际工资并不等于劳动边际产出，这意味着把劳动力需求方程式去掉。也称新凯恩斯闭合。

这四类闭合规则是最早的关于宏观闭合的讨论，其中蕴含的关于如何在宏观经济模型中确定内外生变量，怎样确定经济模型的运行机制，多年来都是各个经济流派共同关注的问题。

Decaluwe 和 Martens(1988)综述了 26 个国家和地区的 73 个 CGE 模型发现：采用凯恩斯闭合的模型有 19 个，采用卡尔多闭合的模型有 8 个，采用约翰森闭合的有 15 个，采用新古典闭合的模型有 38 个。

3.4.2 其他的闭合规则

除了上述四类常用的闭合规则，还存在一些其他的闭合规则。Robinson (1991)认为 CGE 模型有 3 种宏观闭合规则：新古典闭合规则、结构主义宏观闭合规则[①]以及介于这两者之间的宏观闭合规则。结构主义闭合规则又称 Kaleckian 闭合，这一闭合规则主要用在结构主义 CGE 模型中，由 Kaleckian (1976)提出。

诺贝尔经济学奖得主亚瑟·刘易斯针对发展中国家资本紧缺、劳动力大量过剩的情况提出了刘易斯闭合规则。该规则在劳动力市场上按照凯恩斯规则设置：劳动力价格固定，是外生变量；在固定价格水平劳动力的供给无限，劳动力的供给由需求水平决定的，是内生的；资本市场上按新古典主义规则设置：资本

---

① 经常用在结构主义模型中(Taylor，1990)。

充分利用，资本的供给等于资本禀赋，是固定的，为外生变量；资本价格完全弹性，是内生变量。是一个混合设置规则的宏观闭合规则。

此外，国际食物政策研究所的标准 CGE 模型（Lofgren-Harris-Robinson 模型，LHR 模型）的 GAMS 源程序中有不同的闭合规则供选择。LHR 模型包括 3 种宏观均衡：政府均衡、外部均衡、储蓄-投资均衡。在 LHR 模型的 GAMS 源程序中，提供了不同的闭合规则（见附录 1），研究者可以根据研究问题的不同，对其提供的规则进行组合。闭合规则的不同对基期模拟结果不产生影响，对其他的模拟情景产生的影响（Löfgren 等，2002）。

近来，闭合被引入动态模型。主要有 4 种基本的闭合：① 历史闭合，即可以通过选择外生变量将消费、投资、政府支出、出口、进口、就业、资本存量以及其他许多变量作为外生冲击引入。通过计算可以对技术变动、偏好变动做出详细的估计，以及更新投入产出表数据。② 分解闭合，即可以将技术和偏好作为外生的，历史活动将冲击技术和偏好，这种闭合可以分析行业产出增长的作用以及由技术、偏好和其他自然的外生变量变动对内生变量变化的影响。③ 预测闭合，即将可预测的变量作为外生的，进而分析其对其他不可预测的变量（内生变量）的影响。④ 政策闭合就是将政策作为外生变量，分析政策变动将如何对经济体产生影响。

对于建模时“恰当”宏观闭合规则的选择，不同的学者有着不同的观点，如 Taylor 和 Lysy (1979)从政治及经济因素的角度出发选择闭合规则，而 Dervis 等(1982)则选择“中性”(neutral)的闭合规则。

在闭合规则的选择上存在着很大的差异，有的学者认为应该与现实比较来对闭合规则进行选择，也有学者认为应该与预测比较来做选择。但是，大多数的建模者在选择宏观闭合规则时，都没能给出有说服力的理由。

一般来讲，建模时闭合规则的选择主要取决于建模者的理论偏好和经验；宏观闭合的选择与研究的背景有关，例如，约翰森闭合比较适合分析由不同政策冲击下的均衡福利的变化。

第 4 章　绿色 GDP 社会核算矩阵的建立

20 世纪 80 年代，我国开始 SAM 的构建与应用研究，SAM 的编制、建模研究和扩展取得了较大的进展。在 SAM 的扩展方面，包含环境、资源的中国社会核算矩阵研究较早的为 Xie Jian 和 Sidney Saltzman（2000）在"Environmental policy analysis: an environmental computable general equilibrium approach for developing countries"一文中所编制的绿色社会核算矩阵。国内部分学者也在这方面进行了研究，其中的主要研究成果大多是在 Xie Jian 和 Sidney Saltzman 所编制的中国环境、经济综合社会核算矩阵基础上进行的。在绿色社会核算矩阵方面成果较多的为雷明、高颖。例如，雷明和李方（2006）、高颖和雷明（2007）在传统 SAM 表式的基础上引入了资源和污染物的实物核算账户，以及"资源恢复"、"污染治理"和"自然禀赋"3 个价值核算账户，并添加"大自然"账户以记录其负担的资源净消耗和对污染物的净吸收，从而实现实物核算的平衡。高颖（2008）在中国 2000 年基准 SAM 的基础上扩展构造了一个含有资源、环境账户的细化 SAM 表式，并详细论述了其编制过程和资源、环境账户的数值确定方法，在提高绿色核算理论的实用性，进而为研究提供数据基础方面做了尝试。上述关于综合环境、资源和经济的 SAM 研究成果是在 Xie Jia 和 Sidney Saltzman 研究的基础上展开的。

社会核算矩阵是 CGE 建模的数据库基础，其结构对 CGE 模型会产生重大的影响。本书基于 CGE 建模的需要将在 Xie Jian 和 Sidney Saltzman、雷明、高颖的研究成果的基础上进一步设计绿色GDP社会核算矩阵框架结构，以及在现有公开可得数据的基础上编制绿色GDP社会核算矩阵。采用自上而下的方法，先编制宏观绿色GDP社会核算矩阵，然后编制微观绿色GDP社会核算矩阵。

4.1 绿色GDP社会核算矩阵的设计

很多SAM的编制均是为特定的CGE模型建模服务的，因此，不同研究中所采用的SAM的账户结构、编制方法等均有所不同。在Xie Jian和Sidney Saltzman、雷明、高颖所编制的绿色社会核算矩阵实物核算部分，污染列账户用以记录污染物的产生，污染行账户用以记录污染物的减排，“并添加‘大自然’账户以记录其负担的资源净消耗和对污染物的净吸收，从而实现实物核算的平衡”①，“只要资源的净消耗……，污染的净排放在大自然的自净能力可处理范围之内，那么广义下的社会经济系统就处于良性循环的平衡状态”②。虽然近些年来中国加大了环境保护的力度，但是作为一个发展中的、处于工业化进程中的人口大国，不可能用几十年的时间走完西方发达国家几百年时间走过的路，不可能在短时间内将污染物的净排放降低到大自然的自净能力可处理范围之内。除此之外，大自然的自净能力可处理范围的临界值也是很难确定的。“大自然”账户的设置不能很好地反映中国环境污染带来的损害。

雷明、高颖在Xie Jian和Sidney Saltzman所编制的绿色社会核算矩阵基础上进行了调整，其中一个比较大的调整就是在绿色社会核算矩阵的主体价值核算部分增加了自然禀赋账户。自然禀赋账户“用以记录自然界提供的资源和环境容量对生产活动的贡献，即生产部门的企业应当为之付费而实际上并未付费的部分”③，“对自然资源的折损价值和生态环境的损害价值加总，即可得到各个生产部门应当支付给‘大自然’的使用租金，也可看做来自自然禀赋的收入”④。自然禀赋账户可以很好地反映资源损害、环境损害的结构变化，但是会带来一个后果，自然禀赋账户记录了生产部门对“大自然”的支出，反映了生产要素（自然禀赋）收入的增加，按照收入法（或支出法）核算GDP时会进一步导致传统GDP

① 引自高颖(2008,5)《中国资源—经济—环境SAM的编制方法》一文。
② 引自王其文、李善同、高颖(2008)清华大学出版社出版《社会核算矩阵原理、方法和应用》一书186页。
③ 引自雷明等著，北京大学出版社《中国资源—经济—环境绿色核算》78页倒数第二段。
④ 引自高颖(2008,5)《中国资源—经济—环境SAM的编制方法》一文。

增加以及各部门的 GDP 增加。反而不能很好地反映整个社会福利的变化，与绿色 GDP 的核算有悖。为了避免这一问题，“扩展的 SAM 将这部分要素收入从各部门的资本回报中分离出来，并以大自然红利的形式分配给企业……，作为大自然的储蓄进入资本账户”①。虽然在 GDP 核算时，可以保持 GDP 不变，但是却不能反映绿色 GDP 及其结构变化。此外还存在两个问题，一是环境污染的损害价值核算理论体系还不成熟，二是这种做法在实际中意味着资本报酬的大幅减少。

为了能够很好地刻画绿色 GDP 及其结构，根据前文对 Xie Jian 和 Sidney Saltzman、雷明、高颖编制的绿色社会核算矩阵的分析，本书将在传统 SAM 基本结构的基础上，即在包含活动、商品、劳动力、资本、居民、企业、政府、投资储蓄和国外九大账户的 SAM 基础上进行扩展，构建绿色 GDP 社会核算矩阵。设置的基本思路是：

首先，从传统 SAM 的生产活动账户和商品账户中分离出环境污染治理活动账户和环境污染治理商品账户，形成虚拟的环境污染治理活动部门②和商品部门。将生产活动过程中的减排价值看做生产活动的投入，即环境污染治理商品的购买支出。

其次，在 SAM 基础上附加污染物实物核算账户，列账户用来记录污染物产生量，行账户用来记录污染的排放量，污染物的产生量等于污染物的排放量。在污染物行账户之下又设置了两个子账户，分别用来记录污染物达标排放量（或减排量）和未达标污染物排放量。不仅能够很好地反映环境损害的结构变化，还能够体现绿色 GDP。

最后，根据绿色 GDP 等于传统 GDP 扣除自然资源和环境污染损失之后的值这一思想得到绿色 GDP。通过 SAM 能够得到传统的 GDP；然后对 SAM 附加部分的环境污染实物核算中未达标污染物排放实物核算，能够估算得到环境污染损失；最后对传统的 GDP 进行调整得到绿色 GDP。

4.2 绿色 GDP 社会核算矩阵的框架结构及其平衡关系

4.2.1 宏观绿色 GDP 社会核算矩阵框架结构

根据上述绿色 GDP 社会核算矩阵的设计思路可以得到宏观绿色 GDP 社会核算矩阵的框架结构，结构如表 4.1 所示，表中各符号的意义如表 4.2 所示。

---

① 引自高颖（2008，5）《中国资源—经济—环境 SAM 的编制方法》一文。

② 由于数据可得性的原因，本书没有设置资源恢复账户和资源恢复商品账户。

表 4.1　描述性宏观社会核算矩阵

	A	AA	AC	C	L	K	H	ENT	G	IS	F	Total	W
A				X_d							X_e		W_x
AA			WC										
AC	E_p												
C	Q_p	Q_w					Q_h		Q_g	Q_I			
L	L_p	L_w											
K	K_p	K_w											
H					YH_l	YH_k		Y_{ch}	Y_{gh}		Y_{fh}		
ENT						Y_{ck}							
G	T_p	T_w		T_m			T_h	T_c			Y_{fg}		
IS							S_h	S_c	S_g		S_f		
F				M	Y_{fl}	Y_{fk}			Y_{gf}				
Total													
W *W*1	E_p/pw=*W*a												
*W*2	*W*e												

表 4.2　表 4.1 中符号的意义

SAM 账户代码及名称					
AA	治理活动	A	活动	G	政府
AC	治理商品	C	商品	F	国外
IS	储蓄投资	L	劳动	T	汇总
W1	污染物治理量	K	资本	H	居民
W2	污染物未达标排放	W	污染物	ENT	企业
SAM 账户各元素代码及名称					
X_d	国产内销产品	YH_k	居民资本收入	E_p	生产投入治理商品
X_e	国产出口产品	L_p	生产劳动投入	Y_{ch}	企业居民转移
Q_p	生产投入商品	L_w	治理劳动投入	Y_{gh}	政府居民转移
Q_w	治理投入商品	K_p	生产资本投入	Y_{fh}	国外居民转移
Q_h	居民消费商品	K_w	治理资本投入	Y_{ck}	企业资本收入
Q_g	政府消费商品	YH_l	居民劳动收入	Y_{fg}	国外政府转移
Q_I	投资商品	Y_{fk}	国外资本收入	Y_{gf}	政府国外转移
WC	治理活动产品	Y_{fk}	国外劳动收入	T_m	关税
T_w	治理活动税收	T_c	企业所得税	S_c	企业储蓄
T_h	居民所得税	S_h	居民储蓄	S_g	政府储蓄
S_f	国外储蓄	M	进口	T_p	生产税
*W*x	生产污染物(实物)	*W*a	污染减排(实物)	*W*e	污染未达标排放(实物)

社会核算矩阵是一个正方形矩阵结构的数据库，数学模型表达式为 $T_{i,j}$，矩阵中的元素 $t_{i,j}$ 是第 i 行和第 j 列交汇处数值，代表第 i 行账户和第 j 列账户之间的交易量，是列部门对行部门的支付。每一相同名字账户横向的行表示收入流，纵向的列表示支出流，名字相同的行、列账户汇总所表示的收入和支出应该相等，即

$$\sum_{j}^{n} t_{k,j} = \sum_{i}^{n} t_{i,k} \tag{4.1}$$

式(4.1)体现了社会核算矩阵中各个账户的平衡关系。对于一般传统账户的平衡关系，此处不再详细描述，主要对有调整的活动商品账户、污染治理活动商品账户以及污染物的实物核算账户的平衡关系进行详细描述。

4.2.2 SAM 主体价值账户及其平衡关系

绿色 GDP 社会核算矩阵在传统 SAM 中引入了污染治理活动、污染治理商品账户，并在生产活动、商品账户核算时将出口数据放在了 SAM 中(生产活动、国外)这一坐标位置。新增加及调整后账户的平衡关系表达式如下：

(1) 生产活动账户：总产出＝总投入

$$X_{\mathrm{d}} + X_{\mathrm{e}} = Q_{\mathrm{p}} + E_{\mathrm{p}} + L_{\mathrm{p}} + K_{\mathrm{p}} + T_{\mathrm{p}} \tag{4.2}$$

(2) 商品账户：国内供给＝国内需求

$$Q_{\mathrm{p}} + Q_{\mathrm{w}} + Q_{\mathrm{h}} + Q_{\mathrm{g}} + QI = X_{\mathrm{d}} + M + T_{\mathrm{m}} \tag{4.3}$$

(3) 污染治理活动账户：污染治理活动总投入＝污染治理活动总产出

$$Q_{\mathrm{w}} + L_{\mathrm{w}} + K_{\mathrm{w}} + T_{\mathrm{w}} = WC \tag{4.4}$$

(4) 污染治理商品账户：污染治理商品的总供给＝污染治理商品的总需求

$$WC = E_{\mathrm{p}} \tag{4.5}$$

污染治理活动账户和污染治理商品的价值核算与传统账户的价值核算不同，污染物治理活动部门是虚拟的部门，其产出也是虚拟的产出，“用污染物的治理量乘以各自的平均治理费用即得到对应治理部门的产出值①”，即总产出值等于其治理总费用。污染物的治理量等于附加污染物账户行账户的污染物减排

① 引自高颖，2008 年 5 月，《统计研究》中《中国资源—经济—环境 SAM 的编制方法》一文。

量，这一关系将主体价值账户和附加实物核算账户紧密地联系起来。同样污染治理商品也是虚拟的商品，主要也是通过污染物减排价值（即减排运行费用）体现。

4.2.3　SAM 附加污染物实物核算账户及其平衡关系

SAM 附加了污染物实物核算账户，污染物列账户用来记录污染物产生量（不包含未治理已达标的污染物），在污染物行账户之下又设置了两个子账户，分别用来记录污染物治理量（不包含治理但未达标污染物排放量）和未达标污染物排放量。污染物行账户之和等于污染物的列账户之和。这样的设置既能对污染物产生、污染减排和污染未达标排放进行实物核算，又能体现同一账户行列之和相等的原则。附加实物核算账户所体现的平衡关系如下：

污染物账户：

污染物产生＝污染物排放＝污染物的治理量＋未达标污染物排放量

污染物实物核算平衡：

$$W\mathrm{x} = W\mathrm{a} + W\mathrm{e} \tag{4.6}$$

4.2.4　GDP 核算和环境污染调整的绿色 GDP

GDP 核算有生产法、收入法和支出法 3 种方法，通过绿色 GDP 社会核算矩阵中的元素可以运用这三种方法对传统的 GDP 进行核算，3 种方法得到的传统 GDP 核算是相等的，以支出法为例 GDP 核算表达式如下：

支出法：国内生产总值＝最终消费＋资本形成总额＋净出口

$$GDP = Q_{\mathrm{h}} + Q_{\mathrm{g}} + QI + X_{\mathrm{e}} - (M + T_{\mathrm{m}}) \tag{4.7}$$

对传统 GDP 进行调整可以得到绿色 GDP。绿色 GDP 是传统 GDP 扣除自然资源和环境污染损失之后的值，相对来说要小很多，这会促使人们抛弃传统的经济发展模式，走经济、社会和环境相互协调的发展之路。由于基础数据和统计技术水平的限制，本书绿色 GDP 社会核算矩阵中没有核算自然资源耗减成本，只用传统的 GDP 减去环境污染损失得到调整后的 GDP。绿色 GDP 的表达式如下：

$$\text{绿色调整}\ GDP = GDP - \sum_{i=1}^{3} W_{\mathrm{e}_i} P_{\mathrm{e}_i} \quad (P_{\mathrm{e}_i}\ \text{为单位污染造成的损失价值})$$

(4.8)[①]

---

① 涉及废水、废气和固体废物三种污染物。

4.3 2007年宏观绿色GDP社会核算矩阵的编制过程

我们在绿色GDP社会核算矩阵的编制过程中，传统账户的核算数据来源于2007年投入产出表和范金教授编制的2007年宏观社会核算矩阵。本书只对污染治理活动账户、污染治理商品账户、污染物的排放及减排的实物进行核算。在污染物排放和减排的实物核算时，不同的污染实物统计单位不同，不便于统一核算。因此在实物账户的设计时，根据数据的可得性将污染物分为三类：第一类是废气，第二类是废水，第三类是固体废弃物。

4.3.1 污染治理活动账户

对污染治理活动的产出价值没有具体的商品来体现，主要是通过给企业提供的污染治理服务，即污染的减排来体现。污染减排的价值等于单位减排成本与减排总量的乘积。由于污染治理部门是从各生产部门中虚拟出来的，其中间投入(例如生产活动生产的排污设备)、生产要素报酬以及政府税收等都没有直接的数据可供使用。《中国绿色社会核算矩阵研究》(雷明、李方，2006)一文和《中国资源—经济—环境SAM的编制方法》(高颖，2008)一文用污染治理部门的产出乘以"综合技术服务业"对各个部门以及生产要素的直接消耗系数，即可折算出中间投入、生产要素报酬等。本书宏观绿色GDP社会核算矩阵编制过程中所采取的做法与此类似，用污染治理部门的产出乘以"环境管理部门"对各个部门以及生产要素的直接消耗系数，即可折算出虚拟污染治理活动部门中间投入、生产要素支出等(见表4.3)。

表4.3 污染治理活动复式核算账户

2007污染治理活动产出(减排价值)(单位：亿元)			
收 入		支 出	
废气减排价值量	555	商品中间投入	723
废水减排价值量	428	劳动报酬	630
固体废物减排价值量	1 351	资本报酬	934
		税收	7
合计	2 334	合计	2 334

4.3.2　污染治理商品账户

污染治理商品的总供给量为污染治理商品的总产出，总需求包括了生产活动中间的投入需求。污染治理商品是虚拟的商品，主要是指提供污染的减排成果，在实际操作时用污染物减排的成本代替污染治理商品的价值(见表4.4)。

表4.4　污染治理商品账户复式核算账户

污染治理商品(减排价值)(单位：亿元)			
收　　入		支　　出	
生产活动对污染治理商品的需求		污染治理商品的供给	
废气减排价值量	555	废气减排价值量	555
废水减排价值量	428	废水减排价值量	428
固体废物减排价值量	1 351	固体废物减排价值量	1 351
合计	2 334	合计	2 334

4.3.3　污染物产生、减排实物核算

SAM附加账户的核算涉及污染物产生、污染物治理量(达标排放)以及污染物未达标排放的实物核算(见表4.5)。其中污染物治理量(达标排放)即主体账户中污染物治理部门产品的实物体现。

表4.5　污染物实物核算账户

污染物实物核算	
污染物排放	污染产生
1) 生产活动污染达标排放(或治理量)	1) 生产活动污染物产生
(1) 废气　256 171.74(亿标立方米)	(1) 工业废气产生总量　388 139(亿标立方米)
(2) 工业废水治理量　6 738 187.5(万吨)	(2) 工业废水产生量　6 898 643.75(万吨)
(3) 工业固体废物减排量　163 163.08(万吨)	(3) 工业固体废弃物　164 238.7(万吨)
2) 生产活动污染物未达标排放	
(1) 废气　131 967.26(亿标立方米)	
(2) 工业废水未达标排放量　160 456(万吨)	
(3) 工业固体废弃物未达标排放量　1 075.62(万吨)	

对于废气的处理量，统计局没有公布数据，由第一次全国污染源普查公报可得 2007 年废气处理率为 0.66，可根据统计局公布的废气产生量乘以处理率得到废气处理量。

统计局网站中只给出了废水排放量、废水达标排放量，对于废水产生量、废水处理量并没有公布数据，由第一次全国污染源普查公报可得 2007 年废水排放量占产生量的比率为 0.32，根据这一比率和统计局网站给出的排放量的数据，可估算得到废水产生量。

对于固体废物产生量和固体废弃物未达标排放量在统计局网站统计数据中均已给出。

通过治理费用和减排量可以得到单位减排成本及治理商品价格。

4.3.4 2007 年绿色 GDP 宏观社会核算矩阵

根据范金教授所编的 2007 年宏观社会核算矩阵以及我们对污染治理活动账户、污染治理商品和环境污染实物核算的数据，可以得到 2007 年宏观绿色 GDP 社会核算矩阵，污染治理为虚拟部门，将其产值从传统生产部门分离出来，SAM 主体价值部分的总投入和总产出不变。如表 4.6 所示。

表 4.6　2007 年宏观绿色 GDP 社会核算矩阵

	A	AA	C	AC	L	K	H	ENT	G	F	IS	TOTAL	W
A			723 318							95 541		818 859	Wx
AA				2 334								2 334	
C	552 092	723					96 553		35 191		114 213	798 772	
AC	2 334											2 334	
L	109 417	630										110 047	
K	116 544	934										117 478	
H					110 047	8 660		24 419	7 276	2 951		153 353	
ENT						110 440						110 440	
G	38 512	7	1 433				3 186	16 196	6 701	−13	52 075	118 097	
F			74 021			−1 622			124			72 523	
IS							53 614	69 825	68 805	−25 956	8 777	175 065	
TOTAL	818 859	2 334	798 772	2 334	110 047	117 478	153 353	110 440	118 097	72 523	175 065		
W W1	$W_a=E_p/pw$											W_a	
W W2	W_e											W_e	

根据表 4.6 中的数据，通过式(4.7)GDP 的核算方法，可以得到 2007 年中国的 GDP。在传统 GDP 的基础上根据绿色 GDP 是传统 GDP 扣除自然资源和环境污染损失之后的这一思想，利用式(4.8)可以得到环境污染损失(“三废”污染物造成的环境损失)调整后的绿色 GDP，但是在实际操作过程中对于环境污染造成的损失包括对人的健康、疾病传染、误工损失等，按照现行的核算体系很难得到。2007 年的《中国环境经济核算研究报告》早已完成，但是没有公开发表[①]。根据 2004 年《报告》中现有的结论可得到不完全的单位污染环境虚拟治理成本或单位污染环境退化成本，从而计算得到经环境污染调整的绿色 GDP。

4.4　微观绿色 GDP 社会核算矩阵的建立

本书根据从上至下的方法建立分行业的 SAM，按照宏观绿色 GDP 的结构建立 2007 年的微观的绿色 SAM。在编制宏观绿色 GDP 社会核算矩阵的过程中，生产部门在生产过程中的减排投入可以很容易地从生产部门的生产投入中提取出来，形成虚拟的污染治理部门。在微观绿色 GDP 社会核算矩阵的编制过程中，污染减排部门投入的提取若按照上述方法操作会带来一个问题：用传统部门的中间投入、要素投入减去污染治理相应的中间投入、要素投入后，所得的投入值中相当一部分为负，这明显与现实不符合。本书在参照雷鸣、高颖做法的基础上先编制微观绿色投入产出表，再按照宏观绿色社会核算矩阵的结构编制微观绿色社会核算矩阵。

我们微观绿色投入产出表的具体编制步骤分三步完成，具体如下：

第一步，在传统投入产出表和各生产活动部门污染治理总投入已知的情形下得出各生产活动部门污染治理投入的分布情况。

表 4.7 给出了传统的投入产出表的具体形式，表由三部分构成：中间投入矩阵 $\boldsymbol{QINX}_{ca}$、最终消费矩阵 $\boldsymbol{D}_{ch}$、增加值矩阵 $\boldsymbol{V}_{fa}$。$\boldsymbol{QINX}_{ca}$ 反映了生产部门间的相互交易；$\boldsymbol{D}_{ch}$ 反映了居民、政府等的最终消费；$\boldsymbol{V}_{fa}$ 反映了劳动、资本要素投入等。

① 王金南等所著《绿色国民经济核算》一书序言中指出：《中国绿色国民经济核算研究报告 2004》是迄今为止唯一一次以政府部门名义公开发布的绿色 GDP 核算研究报告……《报告》名称调整为《中国环境经济核算研究报告》……2007 年度《中国环境经济核算研究报告》已完成，但我们没有公开发表。

表 4.7 传统投入产出表

<table>
<tr><td></td><td>A1</td><td>A2</td><td>…</td><td>An</td><td>H</td><td>G</td><td>I</td><td></td></tr>
<tr><td>C1</td><td colspan="4" rowspan="4">中间投入矩阵 $\boldsymbol{QINX}_{ca}$</td><td colspan="4" rowspan="4">最终消费矩阵
$\boldsymbol{D}_{ch}$</td></tr>
<tr><td>C2</td></tr>
<tr><td>…</td></tr>
<tr><td>Cn</td></tr>
<tr><td>LAB</td><td colspan="4">增加值矩阵
$\boldsymbol{V}_{fa}$</td><td colspan="4"></td></tr>
<tr><td>CAP</td><td colspan="4" rowspan="2"></td><td colspan="4" rowspan="2"></td></tr>
<tr><td>IS</td></tr>
</table>

由传统的投入产出表可得到相应的中间投入、增加值投入系数。表 4.7 中中间投入模块元素的投入系数矩阵计算表达式如下：

$$\boldsymbol{tca}_{ca} = \boldsymbol{QINX}_{ca} / \left(\sum_{c} \boldsymbol{QINX}_{ca} + \sum_{f} \boldsymbol{V}_{fa} \right) \tag{4.9}$$

表 4.7 中增加值模块元素的投入系数矩阵计算表达式如下：

$$\boldsymbol{tfa}_{fa} = \boldsymbol{V}_{fa} / \left(\sum_{c} \boldsymbol{QINX}_{ca} + \sum_{f} \boldsymbol{V}_{fa} \right) \tag{4.10}$$

由统计局网站①可得各生产活动部门的污染治理的运行费用，本书以此作为各生产活动部门内部污染治理的总投入 $\boldsymbol{TW}_{a}$。各生产部门的污染治理活动具体的各种投入无法获得具体的数据，本书在雷鸣、高颖做法的基础进行了调整，不再以某一生产部门的投入系数作为所有生产活动部门污染治理的投入系数，而是直接以传统部门的投入系数作为各生产活动部门内部污染治理的投入系数。

在知道各生产活动部门内部污染治理投入系数矩阵 $\boldsymbol{tca}_{ca}$、$\boldsymbol{tfa}_{fa}$ 以及其污染治理总投入 TW_{a} 的情况下，各生产活动部门的污染物减排中投入的分配过程如表 4.8 所示。

① http：//www.stats.gov.cn/tjsj/qtsj/hjtjzl/index.htm。

表 4.8　生产活动部门污染物减排投入分配过程

	A1	A2	…	An
C1	生产部门污染物减排中间投入系数矩阵 tca_{ca}			
C2				
…				
Cn				
L	生产部门污染物减排增加值部分投入系数矩阵 tfa_{fa}			
K				
S				
M				

· ①

	减排量
A1	部门污染物减排量 TW_a
A2	
An	

=

	A1	A2	…	An
C1	生产部门污染物减排活动的中间投入矩阵			
C2				
…				
Cn				
L	生产部门污染物减排活动的增加值矩阵			
K				
S				
M				

根据上述过程，各生产部门污染物减排活动中间投入的计算表达式如下：

$$\boldsymbol{QINX}_{ca}^{w} = \boldsymbol{tca}_{ca} \cdot \boldsymbol{TW}_{a} \tag{4.11}$$

同理可得，各生产部门污染物减排活动增加值投入的计算表达式如下：

$$\boldsymbol{V}_{fa}^{w} = \boldsymbol{tfa}_{fa} \cdot \boldsymbol{TW}_{a} \tag{4.12}$$

第二步，将隐含在传统投入产出表中的污染治理投入分离出来，原始投入产出表中各生产部门传统生产投入与污染物治理投入分离过程如表 4.9 所示。

表 4.9　传统生产投入与污染物治理投入分离过程

	A1	…	An
C1	中间投入矩阵 $QINX_{ca}$		
C2			
…			
Cn			
L	增加值矩阵 V_{fa}		
K			
S			
M			

—②

	A1	…	An
C1	生产部门污染治理的中间投入矩阵 $QINX_{ca}^{w}$		
C2			
…			
Cn			
L	生产部门污染治理的增加值矩阵 V_{fa}^{w}		
K			
S			
M			

=

	A1	A2	…	An
C1	将污染物减排投入分离后的中间投入矩阵			
C2				
…				
Cn				
L	将污染物减排投入分离后的增加值矩阵			
K				
S				
M				

---

① 各生产部门的污染治理活动的投入系数与相对应生产部门污染治理部门的总投入相乘。

② 中间投入矩阵与 R&D 中间投入矩阵相对应的原始相减。

由上述分离过程可得将污染治理投入分离出来之后的中间投入表达式为

$$\boldsymbol{QINX}_{ca}^{m} = \boldsymbol{QINX}_{ca} - \boldsymbol{QINX}_{ca}^{w} \tag{4.13}$$

同理可得将污染治理投入分离出来之后的增加值投入的表达式为

$$\boldsymbol{V}_{fa}^{m} = \boldsymbol{V}_{fa}^{w} - \boldsymbol{V}_{fa} \tag{4.14}$$

将各生产活动部门的污染治理投入分离后得到投入产出表是一个投入与产出不相等，行之和不等于列之和的表格，表格形式如表 4.10 所示。

表 4.10　污染分离后投入产出

<table>
<tr><th></th><th>A1</th><th>A2</th><th>…</th><th>An</th><th>H</th><th>G</th><th>I</th><th>E</th></tr>
<tr><td>C1</td><td colspan="4" rowspan="4">中间投入矩阵
$\boldsymbol{QINX}_{ca}^{m}$</td><td colspan="4" rowspan="4">最终消费矩阵
$\boldsymbol{D}_{ch}$</td></tr>
<tr><td>C2</td></tr>
<tr><td>…</td></tr>
<tr><td>Cn</td></tr>
<tr><td>L</td><td colspan="4">增加值矩阵
$\boldsymbol{V}_{fa}^{m}$</td><td colspan="4" rowspan="4"></td></tr>
<tr><td>K</td><td colspan="4" rowspan="3"></td></tr>
<tr><td>S</td></tr>
<tr><td>M</td></tr>
</table>

第三步，构建包含虚拟污染治理活动部门的绿色投入产出表。通过前面过程我们已经得到的各生产活动部门污染治理活动的投入分布值 $QINX_{ca}^{w}$ 和 V_{fa}^{w}，由此可以得到虚拟污染治理活动部门的中间投入分布表达式为

$$AW_{c} = \sum_{a} QINX_{ca}^{w} \tag{4.15}$$

虚拟污染治理活动部门增加值投入分布的表达式为

$$VW_{f} = \sum_{a} V_{fa}^{w} \tag{4.16}$$

同理可得虚拟污染治理活动部门产品的分配情况表达式为

$$CW_{a} = \sum_{c} QINX_{ca}^{w} + \sum_{f} V_{fa}^{w} \tag{4.17}$$

得到虚拟的污染治理部门的投入和产出分布情况后，将虚拟污染治理部门投入的列分布和产出的行分布直接插入到表 4.10 中，由此得到的绿色投入产出

表的形式如表 4.11 所示。

表 4.11　绿色投入产出表

<table>
<tr><th></th><th>A1</th><th>A2</th><th>…</th><th>An</th><th>AW</th><th>H</th><th>G</th><th>I</th><th>E</th></tr>
<tr><td>C1</td><td colspan="4" rowspan="4">中间投入矩阵
$\boldsymbol{QINX_{ca}^{m}}$</td><td rowspan="4">虚拟污染治理部门的中间投入
$\boldsymbol{AW_c}$</td><td colspan="4" rowspan="5">最终消费矩阵
$\boldsymbol{D_{ch}}$</td></tr>
<tr><td>C2</td></tr>
<tr><td>…</td></tr>
<tr><td>Cn</td></tr>
<tr><td>CW</td><td colspan="4">污染治理商品 $\boldsymbol{CW_a}$</td><td></td></tr>
<tr><td>L</td><td colspan="4">增加值矩阵
$\boldsymbol{V_{fa}^{m}}$</td><td rowspan="4">虚拟污染治理部门的增加值投入
VW_f</td><td colspan="4" rowspan="4"></td></tr>
<tr><td>K</td><td colspan="4" rowspan="3"></td></tr>
<tr><td>S</td></tr>
<tr><td>M</td></tr>
</table>

由于原始投入产出表是一个平衡投入产出表，根据式(4.13)、式(4.14)、式(4.15)、式(4.16)和式(4.17)可知表 4.11 为一个平衡的投入产出表，传统生产部门的投入产出平衡表达式如下：

$$\sum_{a} QINX_{ca}^{m} + AW_c + \sum_{h} D_{ch} = \sum_{c} QINX_{ca}^{m} + CW_a + \sum_{f} V_{fa} \quad (4.18)$$

虚拟污染治理活动部门的平衡表达式如下：

$$\sum_{a} CW_a = \sum_{c} AW_c + \sum_{f} VW_f \quad (4.19)$$

根据上述过程编制一个包含了 29 个生产部门的绿色投入表①，进而在绿色投入产出表的基础上根据宏观绿色 GDP 社会核算矩阵可进一步得到包含污染物治理的微观绿色 GDP 社会核算矩阵②。

在实践中，收集的原始数据通常不能使社会核算矩阵相对应的行、列账户汇总相等，为达到收支平衡的复式核算要求可以采用最小二乘法、RAS 法等方法进行调整，使之相等。在 SAM 行、列账户的具体设置上，一般而言并没有明确的规定，研究者往往根据自己所研究的问题灵活安排；但是在 SAM 的结构上往往大同小异。

① 绿色投入产出表见附表 1。
② 绿色社会核算矩阵见附表 2。

第5章 CGE模型的建立

第一个CGE模型属于Johansen(1960)。模型中涵盖了20个成本最小化的产业和一个效用最大化的家户部门，利用挪威的投入产出数据对挪威的经济增长进行了量化的和多部门的描述，并且在Frisch(1959)可累加效用方法下估计了家户的价格和收入弹性。

在Johansen的贡献之后，CGE模型陷入沉寂，直到20世纪70年代才有了重大的发展。在这一段时间内，大规模计量经济模型大行其道，它特别关注数据以及回归方程对过去数据拟合的能力，数据完全决定回归方程的系数，包括Wharton、DRI、MPS模型等。

与CGE模型相比，计量经济模型更关注时间序列分析，而忽视经济理论，但它仍具有广泛的应用性，也可以在动态框架下分析结构滞后的问题，即分析今天的一些外生变量的变动如何影响下一年内生变量的变动。

20世纪70年代石油冲击使西方许多国家都陷入了巨大的困境，并对国际货币体系产生重大影响。IMF要求对油价大幅上涨产生的经济影响进行分析。由于计量经济模型依赖于过去稳定的石油价格的数据，所得出的回归系数非常小，以致产生误导的结论：石油冲击将不会对经济活动产生大的影响。但事实上石油冲击引发了1930年以来最严重的经济衰退。这使得大家对CGE模型开始重视起来。CGE分析与之前其他模型的不同之处在于，它考虑经济主体对价格变动的反应，比如因为价格上升，消费者可能寻找替代品或改变偏好，厂商可能会改变生产计划等。一个好的CGE模型会很好地刻画这些特征，虽然可能也会有误差，但不会犯计量经济模型纯粹依赖数据的错误。

继Johansen的模型之后，可计算一般均衡模型沿着以下3个方向发展：

第一个方向是澳大利亚学者建立了关于澳大利亚经济的ORANI模型（澳大利亚IMPACT项目开发），这一模型是后来GTAP模型发展的基础。GTAP如今已被广泛地应用于自由贸易协定的分析中，CGE模型也成为很多国家政策分析的工具。

第二个发展方向是以Harberger-Scarf最优化数值计算方法为基础的Harberger-Scarf-Shoven-Whalley模型，又被称为AGE模型，主要被用在美国和其他发达国家。

第三个发展方向是用于发展中国家的CGE模型，这一方向起源于用来分析韩国收入分配的Adelman-Robinson模型，然后被世界银行进一步应用于分析发展计划和政策。

在过去五十多年中，CGE模型广泛地应用于贸易、税收、收入分配、环境问题、结构分析等领域。在中国，CGE模型的应用也逐渐开始流行，CGE模型已经用来分析诸如贸易政策及自贸区、城乡劳动力转移、大型项目（如奥林匹克运动会和三峡工程）、人口政策以及微观经济改革（如国企改革）等问题。可以预见，在不久的将来，CGE模型将在行业、职业、收入分配、区域经济和环境等方面得到更为广泛的运用。

CGE模型的数学表述形式上有两个主要的流派：美国流派和澳大利亚流派（以莫纳什大学为代表）。美国流派模型中的厂商、消费者、市场出清等数学函数在表述形式上与微观经济理论中厂商行为理论、消费者行为理论等的数学形式表述一致，形式简洁、非线性函数处理精确；在数学形式表述上，澳大利亚流派模型形式稍显烦琐。本书拟在美国流派标准CGE模型的基础上建立模型。

社会核算矩阵的结构决定了CGE模型，第4章构建一个绿色GDP社会核算矩阵，该矩阵包括了26个传统的商品部门和生产部门、3个虚拟污染治理商品部门和生产部门；生产要素有劳动和资本；机构主体包括了居民、企业和政府；另外还有国外部门和投资部门。接下来本书将在该社会核算矩阵的基础上建立一个单国的、静态的CGE模型。

CGE模型核心方程组包括下面几个模块：生产方程组模块、贸易方程组模块、消费方程组模块、平衡方程组模块。模型的均衡价格决定了各个模块之间的相互联系程度。

5.1 生产部门最优化行为及方程组

CGE 模型是一般均衡理论在实际中的运用,CGE 模型中生产函数形式的选择取决于理论和应用性,要使 CGE 模型的一般均衡状态存在,生产部门的生产方程组必须满足一些特点。

生产部门在生产过程遵循最优化的行为决策,在产量一定的情况下追求成本的最小,或者在成本一定的情况下追求产量的最大。企业的最优化生产行为形成了产品的供给、要素的需求及中间投入的需求。

5.1.1 生产函数的技术特点

一般均衡的存在要求生产函数的生产集合为凸集;产出是投入的单调递增函数,且没有投入就没有产出;成本随着投入价格的提高而成比例地提高,对价格为零次齐次的,成本随着投入的增加单调递增;生产函数需是拟凹的,即要求生产函数是规模报酬不变或是递减的,否则厂商利润可以无穷大。

在 CGE 模型的实际应用中,生产函数一般是从一些特定的方程中选取,例如,C-D 函数、CES(the constant elasticity of substitution)函数、超越对数函数等。CGE 模型最常用的生产函数为 CES 函数。本书中 CGE 理论部分生产函数的形式将选择 CES 函数,规模报酬不变的两要素 CES 函数如下:

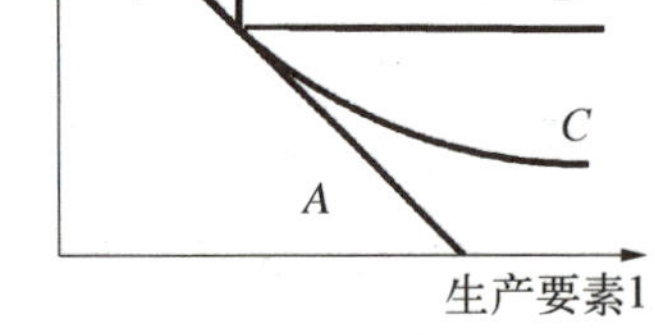

图 5.1 等产量曲线

$$Y = [\theta_1 (z_1)^\rho + \theta_2 (z_2)^\rho]^{1/\rho}$$

$$0 < \theta_i < 1,\ i = 1,\ 2;\ \theta_1 + \theta_2 = 1 \quad (5.1)$$

上述 CES 生产函数中投入要素之间的技术替代弹性①为 σ,即图 5.1 中等产量曲线的斜率。

图中有 A、B、C 三条等产量曲线,等产量曲线越平缓,替代程度越大,最终变成一条直线 A,要素之间完全替代;等产量曲线越弯曲,替代性越弱,互

① 关于各要素的技术替代弹性的概念和计算公式在各版本的微观经济学教科书上都有。

补性越强，最终变成一条直角线 B。一般情况下，要素之间的替代程度在完全替代与完全互补之间。

式(5.1)中 ρ 值的大小决定了要素之间的替代关系，根据要素技术替代弹性 σ 的公式，可得

$$\sigma = 1/(1-\rho) \tag{5.2}$$

当 $\rho=1$，$\sigma=\infty$ 时，要素之间可以完全替代，等产量曲线是图 5.1 中的直线 A，生产函数为线性函数；当 $\rho=\infty$，$\sigma=0$ 时，要素之间完全互补，即图 5.1 中的等产量曲线 B，生产函数为里昂惕夫函数；当 $\rho=0$，$\sigma=1$ 时，生产函数为柯布-道格拉斯生产函数。ρ 值在 CGE 模型中是一个需要确定的重要参数。CGE 模型的消费函数在形式上也存在着与生产函数相似的特点。

5.1.2 生产结构及生产行为方程组

本书中的生产函数采用嵌套的函数形式，嵌套结构如图 5.2 所示。嵌套结构分两层：顶层是总产出生产函数，为 CES 生产函数，两种投入分别是增加值 QVA、中间投入 QINA；第二层有两个函数，一个是增加值 QVA 的生产函数，函数形式为 CES 函数，两种投入要素分别为劳动和资本；另一个是中间投入 QINA 的生产函数，函数形式为 Leontief 函数，投入为多种商品。

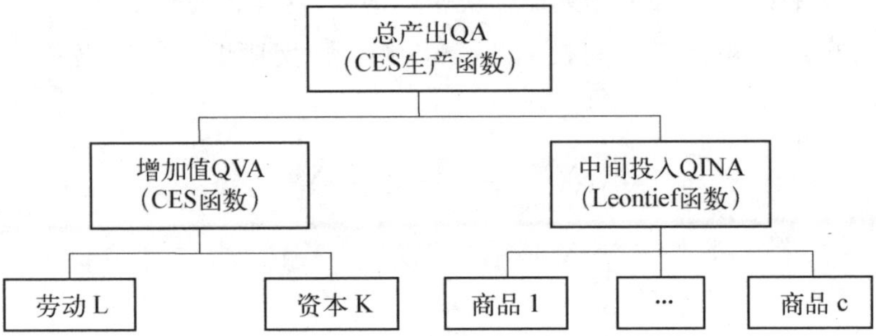

图 5.2 嵌套 CES 生产函数结构

1. 嵌套函数第一层：总产出 CES 生产函数及最优化

在 CES 生产技术条件下，企业的最优化生产行为由总产出的 CES 函数及其价格关系表示，具体表达式为

$$\max \pi_a^P = PA_a(1-tp_a)QA_a - (PINA_a \cdot QINA_a + PVA_a \cdot QAV_a) \tag{5.3}$$

$$\text{s.t.} \quad QA_a = [\beta_a QINA_a^{(\sigma_a-1)/\sigma_a} + (1-\beta_a)QVA_a^{(\sigma_a-1)/\sigma_a}]^{\sigma_a/(\sigma_a-1)} \tag{5.4}$$

CES 生产函数是规模收益不变的，在完全竞争的条件下企业利润为零，通过对式(5.3)、式(5.4)构造的拉格朗日函数一阶求导，求解可得企业利润最大化的行为条件为

$$\frac{PVA_a}{PINA_a}=\frac{1-\beta_a}{\beta_a}\left(\frac{QINA_a}{QVA_a}\right)^{1/(\sigma_a-1)} \tag{5.5}$$

2. 嵌套函数第二层：增加值 CES 生产函数及最优化

与此类似，增加值的 CES 生产函数及其价格关系构成的最优化行为表达式如下：

$$\max\pi_a^F=PVA_a\cdot QVA_a-(PL_a\cdot L_a+PK_a\cdot K_a) \tag{5.6}$$

$$QVA_a=\left[\alpha_a L_a^{(\delta_a-1)/\delta_a}+(1-\alpha_a)K_a^{(\delta_a-1)/\delta_a}\right]^{\delta_a/(\delta_a-1)} \tag{5.7}$$

同理，在规模不变、完全竞争条件下对式(5.6)、式(5.7)构造拉格朗日函数，一阶导数求解可得

$$\frac{PK_a}{PL_a}=\frac{1-\alpha_a}{\alpha_a}\left(\frac{L_a}{K_a}\right)^{1/(\delta_a-1)} \tag{5.8}$$

3. 嵌套函数第二层：中间投入 Leontief 函数

一般情况下，中间投入用列昂惕夫生产函数，这样较为简单，易于操作，有现成的投入产出表可用。中间投入 Leontief 函数及其相应的价格关系表达式如下：

$$QINX_{ca}=ica_{ca}\cdot QINA_a \tag{5.9}$$

$$PINA_a=\sum_c ica_{ca}\cdot PQ_c \tag{5.10}$$

在 CGE 模型中，整个生产方程组模块就包含了上述 3 个行为方程组。CGE 模型中对于生产模块的表达形式表面上差异很大，实质上是一致的，可以相互推导。常见的表达形式有 3 种：联立方程隐形表达形式①、条件要素需求表达形式②和单位成本函数与条件需求函数隐形表达形式③，本书采用第一种形式。

① Lofgren、Harris 和 Robison(2001)的文章采用了联立方程隐形表达。

② Shoven、Whalley(1984)。

③ Robinson、Wang 和 Martin(2002)。

CGE模型中符号的意义如表5.1所示。

表5.1 变量名称

PA_a	生产部门 a 产品价格	QA_a	生产部门 a 产品
$PINA_a$	生产部门 a 中间投入合成品价格	$QINA_a$	生产部门 a 中间投入合成品
PVA_a	生产部门 a 增加值合成品价格	QVA_a	生产部门 a 增加值合成品
PL	劳动者工资	L_a	生产部门 a 劳动需求量
PK	资本价格	K_a	生产部门 a 资本需求量
PQ_c	商品部门 c 商品价格	QQ_c	商品部门 c 商品
PDA_{aa}	生产部门 a 产品国内销售价格	QDA_a	生产部门 a 产品国内销售
PDC_c	商品部门 c 商品价格	QDC_c	商品部门 c 商品
PE_a	生产部门 a 产品出口销售价格	QE_a	生产部门 a 产品出口销售
PM_c	商品 c 进口商品价格	QM_c	商品部门 c 进口商品
$PGDP$	物价指数	QH_c	居民对商品 c 的需求量
a	生产活动部门集合	EXR	汇率
c	商品部门集合	YH	居民收入
ica_{ca}	中间投入系数	YG	政府收入
$shrh_c$	居民对商品 c 的支出份额	$QINX_{ca}$	中间投入
$shrg_c$	政府对商品 c 的支出份额	$INDENT_{ca}$	单位矩阵
pwe_a	出口产品 a 的国际价格	$QINV_c$	商品 c 的投资需求
pwm_c	进口商品 c 的国际价格	$share_h$	资本收入居民份额
tp_a	生产活动税	tax_h	居民收入所得税
mpc	边际消费倾向	tm_c	关税
$transfr_h$	转移支付	EH	居民总花销
LS	劳动总供给	KS	资本总供给
$HSAV$	居民储蓄	$GSAV$	政府储蓄
$FASAV$	国外储蓄	QG_c	政府商品支出
α_a	要素函数份额参数	β_a	生产函数份额参数
γ_c	阿明顿贸易函数份额参数	λ_a	CET 贸易函数份额参数
Φ_c	阿明顿贸易函数弹性参数	φ_a	CET 贸易函数弹性参数
δ_a	生产函数弹性参数	σ_a	要素函数弹性参数
EG	政府总花销	$EINV$	总投资
$YENT$	企业收入	$ENTSAV$	企业储蓄
tax_{ent}	企业所得税	$share_{ent}$	资本企业份额

5.2 贸易模块方程组

在开放经济的CGE模型中，商品由3部分构成：国内生产出口商品、国内生产国内销售商品和进口商品。国内生产部门的产品一部分销往国外，另一部分在国内销售。国内商品部门的商品由两部分构成：国内生产国内销售商品和进口商品。三者的具体关系如图5.3所示。

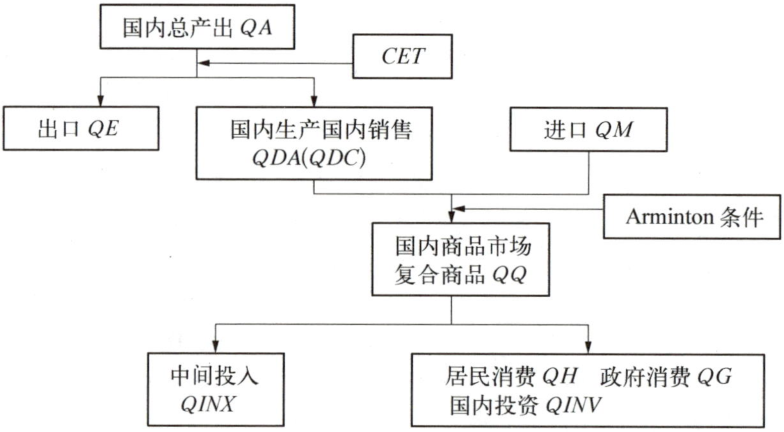

图 5.3　对外贸易 Armington 结构

通过上图可以发现：QDA 和 QDC 实际上代表了相同的内容，但是 QDA 属于生产活动部门，QDC 却属于商品部门；同理 PDC 和 PDA 也是如此。在GAMS程序中，同一变量在两个不同的定义域内要有不同的变量名称，否则会导致覆盖。因此在这里将同一变量和价格分别记为 PDA_a、QDA_a 和 PDC_c、QDC_c ①。价格 PDA_a 和 PDC_c，产品 QDA_a 和商品 QDC_c 间的一一对应的关系可由下面的等式反映出来②。

$$QDC_c = \sum_a INDENT_{ac} \cdot QDA_a \tag{5.11}$$

$$PDC_c = \sum_a INDENT_{ac} \cdot PDA_a \tag{5.12}$$

---

① 张欣．可计算一般均衡模型的基本原理与编程[M]．格致出版社，2010年5月，第一版176页倒数第一段。

② 张欣．可计算一般均衡模型的基本原理与编程[M]．格致出版社，2010年5月，第一版176页倒数第一、二段。

1. 国内生产产品内销和国内生产产品出口的替代函数

为追求利润的最大化，国内生产活动的产出要在国内销售和出口之间合理分配，分配受到国内外价格水平的影响。国内生产活动的产出在国内销售和出口之间的分配关系由 CET 函数表示，形式上与 CES 一样，要求 $\rho > 1$，表示出口和国内销售之间不是完全替代的。在 CET 函数形式下，企业决定国内销售和出口分配的最优化行为表达式如下：

$$\max \pi_a^{DE} = PA_a \cdot QA_a - (PDA_a \cdot QD_a + PE_a \cdot QE_a) \tag{5.13}$$

$$QA_a = [\lambda_a \cdot QDA_a^{(\varphi_a - 1)/\varphi_a} + (1 - \lambda_a) QE_a^{(\varphi_a - 1)/\varphi_a}]^{\varphi_a/(\varphi_a - 1)} \tag{5.14}$$

在规模收益不变，完全竞争的条件下，通过对式(5.13)、式(5.14)构造的拉格朗日函数，一阶导数求解可得企业利润最大化的行为条件为

$$\frac{PE_a}{PDA_a} = \frac{1 - \lambda_a}{\lambda_a} \left(\frac{QDA_a}{QE_a} \right)^{1/(\varphi_a - 1)} \tag{5.15}$$

在国际市场上遵循“小国假设”，进出口商品的价格由国际市场价格决定，即国际市场的价格 pwe_a 为外生变量。出口商品的价格表达式如下：

$$PE_a = pwe_a \cdot EXR \tag{5.16}$$

在国际市场价格外生给定的情况下，出口商品的价格主要由汇率所决定，汇率主要由汇率体制所决定。在“小国假设”条件下，国内产品的出口量不受外界限制，是由式(5.15)决定的内生变量。

并不是所有的生产部门都有出口活动，根据 2007 年投入产出表的数据发现国内某些部门的出口为 0。另外，虚拟的废气治理活动部门、废水治理活动部门以及固体废物治理活动部门的出口量也为 0。当社会核算矩阵中某些生产活动部门出口为 0 时，式(5.13)、式(5.14)变为

$$\max \pi_a^{DE} = PA_a \cdot QA_a - PDA_a \cdot QDA_a \tag{5.17}$$

$$QA_a = QDA_a \tag{5.18}$$

当某些部门没有出口活动时，意味着式(5.15)分母为 0，在 GAMS 程序中不容许分母为 0，也不容许幂函数底数为 0，当某些生产活动部门的出口为 0 时，GAMS 程序运行过程中会跳过出口为零的方程，这样造成方程数量和内生变量数量不匹配。经过上述处理后，出口不为零时 GAMS 程序运行方程式(5.13)、

式(5.14)、式(5.15)，某些部门的出口为零时 GAMS 程序运行方程式(5.17)、式(5.18)，这样保证了方程的个数与内生变量的个数相匹配。

2. 国内生产内销商品和进口商品之间的替代函数

在国内市场上，国内商品部门销售的商品由进口商品和国内生产的商品构成，进口商品和国内生产商品之间的替代关系遵循"阿明顿条件"，由 CES 函数来表示这种关系。商品之间替代程度较大($0<\rho<1$)。"阿明顿条件"下，商品部门在国货与进口商品之间分配的最优化行为表达式如下：

$$\max\pi_c^{DM}=PQ_c\cdot QQ_c-(PDC_c\cdot QDC_c+PM_c\cdot QM_c) \tag{5.19}$$

$$QQ_c=[\gamma_c\cdot QDC_c^{(\varphi_c-1)/\varphi_c}+(1-\gamma_c)QE_c^{(\varphi_c-1)/\varphi_c}]^{\varphi_c/(\varphi_c-1)} \tag{5.20}$$

在规模收益不变、完全竞争的条件下，通过对式(5.19)、式(5.20)构造的拉格朗日函数一阶求导，求解可得企业利润最大化的行为条件为

$$\frac{PM_c}{PDC_c}=\frac{1-\gamma_c}{\gamma_c}\left(\frac{QDC_c}{QM_c}\right)^{1/(\varphi_c-1)} \tag{5.21}$$

同理，在"小国假设"条件下，进口商品的价格由国际市场价格决定，即国际市场的价格 pwm_c 外生变量。进口商品的价格表达式如下：

$$PM_c=pwm_c\cdot(1+tm_c)\cdot EXR \tag{5.22}$$

进口关税 tm_c 外生给定，出口商品的价格 PM_c 由汇率决定。在"小国假设"条件下，进口商品的数量不受外界限制，是由式(5.21)决定的内生变量。

同理可得，当国内某些商品部门不存在进口商品时，式(5.19)、式(5.20)变为

$$\max\pi_c^{DM}=PQ_c\cdot QQ_c-PDC_c\cdot QDC_c \tag{5.23}$$

$$QQ_c=QDC_c \tag{5.24}$$

5.3 机构模块方程组

社会核算矩阵包括的机构主体有居民、企业、政府、国外及投资机构；主要分析居民的消费行为，国外、投资和政府商品需求[①]为外生给定。

① 由闭合规则的选择决定。

5.3.1 居民消费函数

与生产函数类似，一般均衡的存在要求效用函数是拟凹的，常见的效用函数有 CES 函数、C－B 函数（柯布-道格拉斯函数）、TL 函数（转换对数效用函数）、LTL 函数（线性转换对数效用函数）、斯通-杰瑞效用函数等。本书中消费者的效用函数为柯布-道格拉斯函数，消费者消费的商品集合为国内销售商品集合。消费者最优化行为方程表达式如下：

$$\max U_h\ (QH_1\ ,QH_2\cdots) = \prod_c QH_c^{shrh_c} \tag{5.25}$$

$$\text{s.t.}\quad EH = \sum_c PQ_c \cdot QH_c \tag{5.26}$$

在支出一定的情况下，对式(5.25)、式(5.26)构造拉格朗日函数，一阶导数求解得居民对商品的需求函数为

$$PQ_c \cdot QH_c = shrh_c \cdot EH \tag{5.27}$$

居民的收入主要来源于持有的要素禀赋，居民通过在要素市场上供给劳动、资本来获得收入。其中劳动为居民所独有，居民持有资本的份额为 $share_h$，剩下的为企业所有，此外还包括政府转移支付等。居民的收入表达式如下：

$$YH = PL \cdot LS + share_h \cdot PK \cdot KS + trnsfr_h \tag{5.28}$$

居民按照税率 tax_h 缴纳税收，居民可支配收入的边际消费倾向为 mpc_h，居民的储蓄为

$$HSAV = (1 - mpc_h) \cdot (1 - tax_h)YH \tag{5.29}$$

居民花费在商品上的支出总额为

$$EH = mpc_h \cdot (1 - tax_h)YH \tag{5.30}$$

5.3.2 政府收入支出

政府在现代经济生活中扮演着非常重要的角色，政府通过向企业和居民征税获得收入，然后政府运用收入提供公共品和服务，以及对居民和企业做转移支付。根据闭合规则的设定，政府的支出 $\overline{EG}$ ①是外生的，政府对各商品消费份额

① 变量上标横线表示根据经验设定的固定外生输入常量。

$shrg_c$ 固定不变，其他转移支付不变，政府对各商品消费需求为外生[①]的，政府商品需求表达式如下：

$$PQ_c \cdot \overline{QG_c} = shrg_c \cdot (\overline{EG} - trsfr_h) \tag{5.31}$$

政府的收入主要来源于税收，通过对生产活动征税、居民所得征税、企业所得征税及进口商品征税等。政府收入表达式如下：

$$\begin{aligned} YG = & \sum_a PQ_a \cdot QA_a \cdot tp_a + Triff + YENT \cdot ta_{ent} \\ & + YH \cdot tax_h + \sum_c tm_c \cdot pwm_c \cdot QM_c \cdot EXR \end{aligned} \tag{5.32}$$

政府的储蓄为

$$GSAV = YG - EG \tag{5.33}$$

除了居民、政府，还有企业、投资、国外等。根据闭合规则，投资 $\overline{EINV}$ 为外生的；在投资部门对各种商品的投资份额保持不变的情况下，各商品的投资需求 $\overline{QINV_c}$ 是外生的，总投资表达式如下：

$$EINV = \sum_c PQ_c \cdot \overline{QINV_c} \tag{5.34}$$

企业收入来自资本，表达式如下：

$$YENT = share_{ent} \cdot PK \cdot KS \tag{5.35}$$

企业缴纳所得税后，其余储蓄，具体表达式如下：

$$ENTSAV = YENT - tax_{ent} \cdot YENT \tag{5.36}$$

5.4 市场出清及闭合规则的选择

在一般均衡条件下所有市场出清，即产品市场均衡、要素市场均衡，根据瓦尔拉斯法则，$\sum_{i=1}^{n} P_i(X_i^D - X_i^S)$ 为 0。库-塔克条件可以确保超额供给等于零或者是价格等于零。如果超额供给不等于零，库-塔克条件收紧约束，价格等于零，

---

① 闭合规则选取中，选取了约翰森规则，按照规则政府的支出也为外生的。

从而瓦尔拉斯法则成立。在每一个方程中包含了影子变量，因此必须检查方程是否存在着角点解，如果方程没有角点解，库-塔克条件确保方程有解。市场出清方程类似于库-塔克条件，可以实现经济中商品、要素和活动的最优配置。经济系统中的松弛条件是直观的，例如厂商在亏损时就会停止生产。

5.4.1 商品市场均衡与投资储蓄的均衡

国内商品市场出清的条件为，国内市场上任一商品 c 的供给等于国内商品市场上商品 c 的总需求。总需求包括了商品的居民消费需求 QH_c、政府消费需求 $\overline{QG_c}$、投资需求 $\overline{QINV_c}$ 及生产活动部门的中间投入需求 $\sum_a QINX_{ca}$。商品市场的出清条件表达式为

$$QQ_c = \sum_a QINX_{ca} + QH_c + \overline{QINV_c} + \overline{QG_c} \tag{5.37}$$

根据宏观经济学中凯恩斯均衡的均衡要求，在开放经济条件下，总供给等于总需求的均衡表达式①为

$$Y = C + I + G + X - M \tag{5.38}$$

另外，根据国民经济核算，可将 Y 进行分解，具体表达式②为

$$Y = C + S + T \tag{5.39}$$

由式(5.38)、式(5.39)可知，投资等于私人部门储蓄、政府储蓄和国外储蓄之和，具体表达式如下：

$$I = S + T - G + M - X = S + GSAV + FSAV \tag{5.40}$$

通上式可知投资储蓄的均衡是总供给等于总需求的另外一种表达形式，因为在式(5.38)已经平衡的情况下，投资储蓄会自动达到均衡，投资储蓄均衡表达式是多余的。闭合规则选取约翰森规则：投资是外生的，政府支出也为外生的，储蓄为内生，模型由储蓄率的调整达到均衡。

根据上述分析，在数学上投资储蓄均衡表达式是多余的；但是为了宏观经济分析的需要，一般情况下会设置投资储蓄的均衡表达式。在多了一个均衡方程

---

① 表达式的意义及式中符号的意义见宏观经济学教材。
② 表达式的意义及式中符号的意义见宏观经济学教材。

的情况下，为保证CGE模型中方程个数等于变量个数，新设置一个变量 $VBIS$，具体表达式为

$$EINV = HSAV + ENTSAV + GSAV + EXR \cdot FSAV + VBIS \quad (5.41)$$

5.4.2 要素市场的均衡

要素包括了劳动力和资本，劳动力由居民供给，企业生产活动形成对劳动力的需求，按照总供给等于总需求的均衡规则，居民供给的劳动力应该等于各个生产活动部门对劳动力的需求之和，均衡表达式为

$$\sum_a L_a = LS \quad (5.42)$$

由居民和企业各持有一部分资本形成对资本的总供给，各生产活动部门对资本的需求之和形成对资本的总需求，资本供需平衡的表达式为

$$\sum_a K_a = KS \quad (5.43)$$

对于要素市场上闭合规则的选取，不同的文献有不同的做法，但是也要符合实际情况。严斌剑和范金(2009)的研究显示：基于劳动力不完全就业的约翰森闭合更符合中国的短期现实，凯恩斯经济理论更能解释当前中国宏观经济运行的现实现象。樊明太和郑玉歆(2000)采用存在非自愿性失业的约翰森闭合对中国加入WTO的影响进行了短期分析。

根据上述相关文献的结论，我们在劳动市场采用约翰森闭合。若采用劳动力不完全就业的约翰森闭合，劳动力的供给看做内生的，劳动力的价格看做外生的，资本的供给也看做外生的。则应加上下面两个等式：

$$PL = \overline{PL} \quad (5.44)$$

$$KS = \overline{KS} \quad (5.45)$$

由于价格基准的选择还要将资本的价格设置为外生，则有

$$PK = \overline{PK} \quad (5.46)$$

在劳动力价格为外生的情况下，将资本设置为外生的作为基准价格，可以避免将劳动力价格作为基准价格。在将资本价格作为基准价格后，方程组中变量

少了一个，为使方程组的个数等于变量的个数，则应新增加一个变量 WALRAS，资本平衡方程变为

$$\sum_a K_a = KS + WALRAS \tag{5.47}$$

5.4.3　国际收支均衡

国际收支平衡表中包括了经常项目账户和资本项目账户；平衡时，若经常账户为顺差，则主要依靠资本账户的变动来平衡。汇率按照市场化的程度分为固定汇率和浮动汇率，在浮动汇率制度下，国际收支平衡表中经常项目顺差主要靠资本账户的逆差来平衡，此时国外净储蓄为 0；在固定汇率制度下，经常项目靠资本账户不能达到平衡，外汇收支一般不平衡，主要体现为国外净储蓄不为 0。国际收支平衡表达式为

$$\sum_c pwm_c \cdot QM_c = \sum_a pwe_a \cdot QE_a + FSAV \tag{5.48}$$

与汇率制度相对应，CGE 模型中闭合规则的选择有两种：固定汇率制度闭合、浮动汇率制度闭合。根据实际情况选择固定汇率，此时有

$$EXR = \overline{EXR} \tag{5.49}$$

外汇储备 $FSAV$ 为内生变量，通过外汇储备的变化来调节国际收支的均衡。

5.5　参数的确定

式(5.1)的 CES 常数替代弹性函数的名字来源于一个事实：弹性 σ 为常数。对于弹性 σ 的取值，普遍认为 σ 的取值没有严格的限制，不同的人对弹性 σ 取值可能不一样。本书中嵌套 CES 生产函数、Arminton 贸易函数、CET 贸易函数的弹性参数的取值主要参考已有文献中的值。

在弹性参数取值确定的情况下，上述 CES 生产函数、CET 贸易函数、Arminton 贸易函数的其他参数的值可以通过校准的方式得到。在成本一定的情况下，对式(5.1)CES 函数构造拉格朗日函数求其最优化条件，可以推导出 CES 函数参数的校准函数：

$$\theta_1 = \frac{p_1(z_1^*)^{1-\rho}}{p_1(z_1^*)^{1-\rho} + p_2(z_2^*)^{1-\rho}} \tag{5.50}$$

本书的参数校准采用上述函数形式。消费者效用函数是柯布-道格拉斯函数，其份额参数由 SAM 基准数据校准得到。根据闭合规则，政府消费、投资函数是外生的，其他函数的参数都可以由 SAM 基准数据校准得到。

本书中整个 CGE 模型方程组的求解采用的是专门为解线性、非线性和混合互补最优化问题而设计的 GAMS 软件，解算法为互补规划（mix complementary program，MCP），选择的解算器为 PATH。

第6章　基于绿色GDP框架的CGE模型建立

从20世纪80年代后期开始，CGE模型中开始考虑环境问题。关于CGE环境模型的构建，主要是如何把环境因素和经济活动结合起来。考虑环境的CGE模型中，通常将污染的影响以不同的方式内生到生产函数或效用函数之中。

运用CGE模型研究中国环境问题已有一些代表性的研究，Xie（1995）建立了一个静态CGE模型，这个模型包含较多环境政策的选择。利用此模型，在不考虑任何技术进步的假设下对废水减排政策进行了模拟。但他假定减排成本与减排率无关，以及每个部门自我决定的减排率是一样的。Zhang（1996）通过建立一个时间序列的动态CGE模型对在中国征收碳税、减少CO_2排放的影响进行了研究。他的主要贡献在于把CGE模型和线性最优化的MARKEL能源供给模型结合在一起。

在第4章编制的社会核算矩阵中，增加了虚拟污染治理活动部门和虚拟污染治理商品部门。虚拟污染活动部门和虚拟污染治理商品部门的处理方式，与传统生产部门的处理方式相同，第5章CGE建模过程中将环境治理行为纳入一般均衡分析的框架中。

接下来本书将在绿色GDP社会核算矩阵、第5章所建立的CGE模型的基础上，借鉴相关的研究成果进行以下几个方面的扩展：

第一，考虑经济活动和环境之间的相互作用。通过利用每单位产出或传统中间投入品[①]的固定污染系数来考察生产活动对污染物排放的影响，将社会核算矩阵的主体部分与附加的污染物实物核算部分联系起来。在生产函数中设定污染控制成本对产出的影响，以此来反映环境对经济系统的反馈影响。

第二，增加了虚拟污染治理活动部门的治理活动对环境的影响。虚拟污染治理商品在各生产活动部门中的投入与相应活动部门污染治理量在短期内保持固体的比例关系，各生产活动部门虚拟污染治理商品的投入变化影响着污染治理量，即影响着生产活动不达标污染物的排放量。

第三，增加了对绿色 GDP 的考察。生产活动中不达标污染物排放会造成生态环境破坏，根据单位不达标污染物的环境成本[②]进一步考察绿色 GDP 的情况。

第四，增加了污染物排放税，或者对生产活动部门污染物治理进行财政补贴。在不达标污染物排放税的分析中，将不达标污染物排放税以收入形式补贴给居民，居民收入和效用因此发生变化。

在 CGE 模型中政策变量一般以外生变量的形式出现，在具体的形式上要么是与价格有关的政策工具，例如税收、补助等；要么是数量型的政策工具，例如供给、需求方面的限制。政策变量的变动会导致 SAM 中原均衡状态被打破，从而经济系统收敛到新的均衡状态。通过比较新旧状态的不同来评估政策效果。

6.1 经济活动对环境影响分析

绿色 GDP 社会核算矩阵中包括了附加的各生产活动部门污染物产生量实物核算，也包括了附加的各生产活动部门污染物治理量和未达标污染排放量的实物核算。附加账户反映了生产活动与污染物产生、治理及排放的关系，在 CGE 的建模过程中也要考虑生产活动对环境的影响，即生产活动和污染物排放之间的关系。

学术界对于生产活动与污染物产生量的关系有两种做法，一种是直接根据各部门的产量和各部门的污染排放量估算产量与污染物产生量之间的关系；

---

① 虚拟污染治理商品在各生产活动部门的生产过程中不会产生污染物。
② 根据 2004 年绿色 GDP 社会核算得到。

另一种做法相对来说更为细致，认为污染物产生量与中间投入品的数量和生产工艺有关。本书采用第二种做法来处理生产活动和污染物产生量之间的关系。

生产活动部门除了排放污染物以外，生产过程中还会对其产生的污染物进行治理，治理主要通过虚拟的污染物治理商品的投入体现。

综合考虑上述两方面的影响，生产活动与污染物排放关系如图 6.1 所示。根据此图，生产活动中污染物的产生主要由生产工艺和传统的中间投入商品产生。中间投入的污染物排放系数固定不变，生产工艺污染物的产生量与产量保持固定的比例关系。在绿色 GDP 社会核算矩阵及其附加污染实物核算量的基础上，参考 Hettige 等(1995)、Garbaccio 等(2000)、Dessus 等(1994)和O'Connor 等(2003)研究成果中有关做法测算出污染的中间投入排放系数和生产工艺排放系数[①]，排放系数固定不变。

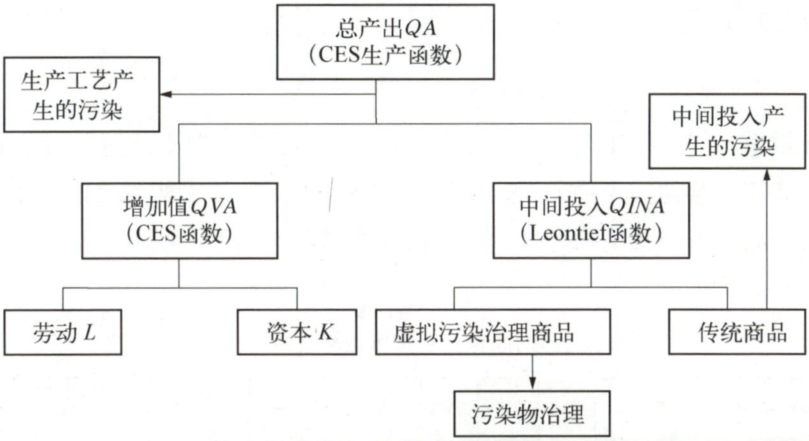

图 6.1　生产活动与污染物排放关系

在生产过程中企业会排放一些污染物，对污染物的分类参考 J. Xie 和 S. Saltzman(1995)的做法，将污染物分为三类：废气、废水、固体废弃物。根据测算出来的排放系数建立生产活动与污染排放之间的关系式。

此外通过图 6.1 还可以发现，生产活动部门生产投入中会有虚拟污染治理商品的投入，该投入意味着生产部门的污染治理。

① 具体排放系数见附录 A。

6.1.1 生产活动与污染物实物产生

生产活动和污染物产生量之间的关系分为两个部分：生产工艺污染物排放部分和中间投入污染排放部分，生产工艺与污染物排放具体关系如表 6.1 所示。

表 6.1 生产工艺与污染物排放关系图

	A1	A2	…	An
污染物 1	$e1_a$			
污染物 2	…			
…	生产工艺污染排放系数矩阵			
污染物 n				

·[1]

	QA
产品 1	QA_a …
产品 2	
…	
产品 n	

=

	A1	A2	…	An
污染物 1	生产工艺产生的污染物实物量			
污染物 2				
…				
污染物 n				

根据上述过程以污染物 1 为例，可得生产部门 a 生产工艺产生的污染物 1 的计算公式如下：

$$TPE1_a = QA_a \cdot e1_a \tag{6.1}$$

在知道部门生产工艺排放系数[2]的条件下，可以根据上述过程计算出生产部门生产工艺其他污染物的产生量。生产活动与污染物产生量之间关系的第二部分为中间投入与污染物产生量之间的关系，以第一种污染物废气为例，具体关系如表 6.2 所示。

表 6.2 中间投入与污染物废气产生量关系

	A1	A2	…	An
C1	中间投入矩阵 $\boldsymbol{QINX}_{ca}$			
C2				
…				
C29				

·[3]

	A1	A2	…	An
C1	中间投入某种污染物的排放系数矩阵 $\boldsymbol{e}\,11_{ca}$			
C2				
…				
C29				

=

	A1	A2	…	An
C1	中间投入的废气排放量矩阵			
C2				
…				
C29				

---

① 表示生产工艺排放系数矩阵的代表某种污染物排放系数的一行和总产出这一列相对应的元素相乘。

② 部门生产活动生产工艺排放系数已根据雷鸣《绿色国民经济核算》、Cornald(1999)的方法估算出，见附录 A。

③ 中间投入矩阵与中间投入污染物排放系数矩阵相对应的元素相乘。

根据上述过程可得生产部门 a 中间投入产生的污染物 1 的计算公式如下：

$$\boldsymbol{TPE}1_{ca} = \boldsymbol{QINX}_{ca} \cdot \boldsymbol{e}11_{ca} \tag{6.2}$$

得到中间投入污染物的排放量矩阵后，对该矩阵的行之和汇总便可得到各生产活动部门中间投入产生的污染物 1 总量，即

$$\sum_c \boldsymbol{TPE}1_{ca} = \sum_c \boldsymbol{QINX}_{ca} \cdot \boldsymbol{e}11_{ca} \tag{6.3}$$

在知道部门生产活动中间投入排放系数①的条件下，可以根据上述过程计算出各生产活动部门中间投入其他污染物的产生量。根据各部门生产工艺污染物的产生量和中间投入污染物的产生量，可以得到各部门污染物 1 的产生总量，具体计算公式为

$$\boldsymbol{TE}1_a = \sum_c \boldsymbol{QINX}_{ca} \cdot \boldsymbol{e}11_{ca} + \boldsymbol{QA}_a \cdot \boldsymbol{e}1_a \tag{6.4}$$

在本书中，污染物分三大类：废气、废水和固体废物，根据上述过程可以分别得到另外两种污染物产生量 $TE2_a$、$TE3_a$ 与生产之间的关系式。

6.1.2　虚拟污染治理活动和商品部门与污染物的治理

在本书的社会核算矩阵中，虚拟的污染治理活动部门有 A27、A28、A29 3 个，相应的虚拟污染治理商品部门也有 C27、C28、C29 3 个。虚拟污染治理商品是从各生产部门中间投入中提取出来的，代表的只是生产部门隐含的污染治理投入，虚拟污染治理商品部门的商品只分布在生产活动部门的中间投入中。变量中间投入的定义域与变量污染物治理量的定义域不同，在 GAMS 程序中，同一变量在两个不同的定义域内要有不同的变量名称，否则容易导致覆盖。以第三种污染物为例，污染物治理量与污染治理商品中间投入的转换过程如表 6.3 所示。

C29 为固体废弃物治理商品部门。上述过程中 $\boldsymbol{icaw}_{ca}$ 矩阵中除最下面一行的元素为 1，其他元素全为 0，根据上述过程最终可得污染物 3 的各生产部门的治理量，表达式为

$$\boldsymbol{INAEC}3_a = \sum_c \boldsymbol{icaw}_{ca} \cdot \boldsymbol{QINX}_{ca} \tag{6.5}$$

---

①　部门生产活动中间投入排放系数已根据雷鸣《中国资源、经济、环境绿色核算》、Cornald(1999)的方法估算出，见附录 A。

表 6.3　污染物治理量与污染治理商品中间投入转换过程

	A1	…	A29
C1	中间投入矩阵 $\boldsymbol{QINX}_{ca}$		
C2			
…			
C29			

· ①

	A1	…	A29
C1	0 $\boldsymbol{icaw}_{ca}$		
C2			
…			
C29	1	1 …	1

=

	A1	…	An
C1	0		
C2			
…			
C29			

同理，根据上述过程可得各生产活动部门污染物 1 和污染物 2 的治理量表达式 $\boldsymbol{INAEC}1_a$、$\boldsymbol{INAEC}2_a$。

6.2　环境对经济活动的影响及环境 CGE 模型的建立

生产活动产生污染物，对环境产生影响，环境的恶化反过来又会对经济系统产生影响。根据已有的关于研究环境问题的 CGE 模型中，环境对经济系统的反馈作用形式主要有以下几种：一是在不改变模型结构的情况下，通过外生改变与环境法规相关的价格和税收对经济系统产生影响；二是在生产函数中设定污染控制成本，或者在生产函数的设定过程中考虑环境质量对产出的影响；三是不仅在模型的生产函数和消费函数中增加环境的影响，而且还设定污染治理行为或技术的生产函数；四是对经济系统的结构进行修改，除传统的生产与消费部门之外，还增设污染治理部门，并按照与生产部门相同的方式处理，并将环境行为纳入一般均衡分析的框架。

本书在构建 CGE 模型分析环境问题时，环境对经济系统反馈作用主要通过对生产活动中的不达标污染物排放征收排污税体现，环境税对经济系统中生产活动的反馈影响如图 6.2 所示。生产过程污染物的排放有两个主要渠道：一个是生产工艺形成的污染物排放，另一个是中间投入形成的污染物排放。通过图 6.2 可以看出：对中间投入形成的污染物征收排污税，相当于提高中间投入品的价格；对生产工艺形成的污染物征收排污税，相当于对产出征收价格税。排污税的征收导致生产成本的增加必然导致生产行为发生变化。

---

① 中间投入矩阵与转换矩阵相对应的元素相乘。

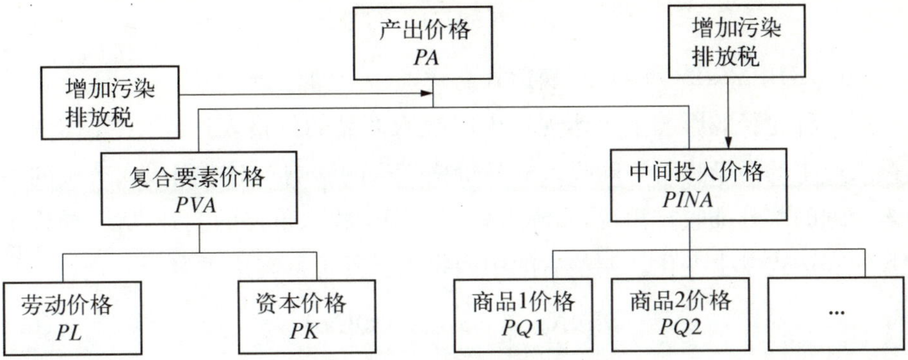

图 6.2 环境反馈影响图

6.2.1 生产活动中引入污染排放税后的生产函数

企业在生产活动中实际上已经伴随减排活动，这些减排的成本已经隐含在企业的中间投入和要素投入中了；但不是所有的污染都已被清理，还是产生了大量的污染物。对企业的未达标污染物排放征收排污税将对企业的生产成本及其生产行为会产生影响。

在传统的生产者行为分析过程中，生产者通过成本最小化或者是利润最大化的最优决策行为来决定最优产量。在将污染排放税考虑进生产函数后，生产的理性行为没有发生变化，只是在传统的生产成本中要额外增加污染排放相关的成本。然后在成本增加的情况下调整产出水平，决定其最优产量。

污染物的排放分成两部分：生产工艺产生的污染物和中间投入产生的污染物。污染物排放税对成本的影响主要通过两种途径影响。

第一种影响的途径直接体现在企业的利润函数中，主要是由生产工艺污染物排放导致的生产成本变化，变化后的企业利润、生产函数如下：

$$\max \pi_a^P = PA_a(1-tp_a)QA_a - (PINA_a \cdot QINA_a + PVA_aQAV_a + tc1_a) \tag{6.6}$$

$$\text{s.t.} \quad QA_a = [\beta_a QINA_a^{(\sigma_a-1)/\sigma_a} + (1-\beta_a)QVA_a^{(\sigma_a-1)/\sigma_a}]^{\sigma_a/(\sigma_a-1)} \tag{6.7}$$

其中 $tc1_a$ 表达式见式(6.8)：

$$\begin{aligned} tc1_a = & (1-abe1_a) \cdot e10_a \cdot QA_a \cdot tw1 + (1-abe2_a) \cdot e20_a \\ & \cdot QA_a \cdot tw2 + (1-abe3_a) \cdot e30_a \cdot QA_a \cdot tw3 \end{aligned} \tag{6.8}$$

其中 $abe1_a$ 的表达式如下：

$$abe1_a = AE1_a / TE1_a \tag{6.9}$$

式(6.8)中 $abe2_a$ 和 $abe3_a$ 表达式与式(6.9)类似。

第二种途径的影响主要体现在中间投入商品的价格表达式，主要体现了中间投入产生的污染物对中间投入商品价格带来的影响。对中间投入产生的污染物未治理的部分征收排污税，实际上相当于中间投入价格的上升，从而导致中间投入的表达式发生变化。调整后的中间投入及其价格表达式为

$$QINX_{c,a} = ica_{c,a} \cdot QINA_a \tag{6.10}$$

$$PINA_a = \sum_c ica_{c,a} PQ_c + tc2_a \tag{6.11}$$

其中 $tc2_a$ 表达式如下：

$$tc2_a = (1 - abe1_a) \cdot \sum_c e11_{c,a} \cdot ica_{c,a} \cdot tw1 + (1 - abe1_a) \cdot \sum_c e12_{c,a} \cdot ica_{c,a} \cdot tw2 + (1 - abe1_a) \cdot \sum_c e13_{c,a} \cdot ica_{c,a} \cdot tw1 \tag{6.12}$$

污染排放税的征收直接导致中间投入品价格的变化，间接导致生产成本的增加。征收排放税后，厂商生产成本增加，对式(6.6)、式(6.7)构造的拉格朗日函数一阶求导，求解得最优化表达式为

$$\frac{PVA_a}{PINA_a} = \frac{1 - \beta_a}{\beta_a} \left(\frac{QINA_a}{QVA_a} \right)^{1/(\sigma_a - 1)} \tag{6.13}$$

征税后，企业的最优产量发生变化，从而对整个经济系统产生影响，但是这种影响不会体现在 CGE 模型的其他方程组表现形式上。

上述文中新增符号的意义如表 6.4 所示。

表 6.4　文中新增加符号的意义

$tw1$	废气排污税	$tw2$	废水排污税	$tw3$	固体废物排污税
$e10_a$	部门 a 生产工艺废气产生系数	$e20_a$	部门 a 生产工艺废水产生系数	$e30_a$	部门 a 生产工艺固体废物产生系数
$abe1_a$	部门 a 废气减排率	$abe2_a$	部门 a 废水减排率	$abe3_a$	部门 a 固体废物减排率
$e11_{c,a}$	部门 a 生产中间投入废气产生系数	$e12_{c,a}$	部门 a 生产中间投入废水产生系数	$e13_{c,a}$	部门 a 生产中间投入固体废物产生系数
$tc1_a$	生产工艺导致的污染排放成本	$tc2_a$	生产中中间投入导致的污染排放成本		

6.2.2　征收排污税后消费者效用最大化行为函数

生产活动产生的污染物会产生外部性，对居民产生影响。存在外部性的情况下市场会失灵，需要政府干预来解决这一问题。政府对生产部门的污染物排放征收排污税，税收将全部补贴给居民，即相当于排污权的交易。征收排污税之后的企业生产行为已经在前文进行了分析。征收的排污税全部补贴给居民后，会导致居民的收入发生变化，居民收入函数变为

$$\begin{aligned} YH = & PL \cdot L + share_h \cdot PK \cdot K \\ & + trnsfr_h + \sum_a (tc1_a + tc2_a) \end{aligned} \tag{6.14}$$

居民收入变化，必然导致消费的变化，但是居民的效用函数及其最优化条件在数学形式上保持不变。

6.2.3　绿色 GDP 的测算关系

根据社会核算矩阵能对传统的 GDP 核算，本书中的绿色 GDP 社会核算矩阵构建了生产活动部门和污染物产生、不达标污染物排放的关系，并将这一关系引入了 CGE 模型，关系如图 6.3 所示。

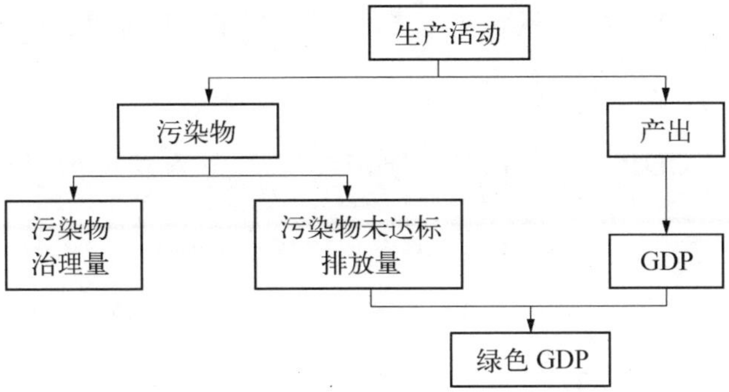

图 6.3　绿色 GDP 核算关系

根据绿色 GDP 的一般定义，绿色 GDP 是传统 GDP 扣除自然资源和环境污染损失之后的值。通过图 6.3 可以清楚地看到，绿色 GDP 由传统的 GDP 和污染物的未达标排放量造成的环境损失决定，与绿色 GDP 的一般定义相吻合。根据 GDP 的基本定义，支出法下 GDP 核算的表达式为

$$GDP = \sum_{c}(QH_c + QG_c + QINA_c - QM_c) + \sum_{a} QE_a \tag{6.15}$$

通过式(6.15)得到的污染物治理量是价值量形式，污染物治理量的实物量和价值量在本质上一致的，代表了相同的污染物治理量。在短期内，各部门污染物治理量的价值量和实物量之间保持一个固定的比例关系，以第一种污染物为例，具体表达式为

$$INAEC1_a = AE1_a \cdot cu1_a \tag{6.16}$$

其中，$cu1_a$的值在短期内是固定不变的，可以根据污染物治理量价值量和实物量的初始值计算得到，$cu2_a$、$cu3_a$的情况与此类似。同理可得 $AE2_a$、$AE3_a$。

根据上述过程得到了各生产活动部门污染物产生量的表达式，得到了各生产活动部门污染物治理量的表达式，进一步推算可得到各生产活动部门未达标污染物排放量的表达式。以污染物 1 为例，具体表达式为

$$EE1_a = TE1_a - AE1_a \tag{6.17}$$

同理可得污染物 2 和污染物 3 的未达标排放量 $EE2_a$、$EE3_a$的表达式。得到了污染物的未达标排放量，另外由社会核算矩阵可以核算得到传统 GDP，再根据绿色 GDP 的基本思想可以核算出绿色 GDP。大部分的绿色 GDP 核算研究认为：绿色 GDP 为扣除环境、生态破坏损失后的 GDP。根据这一思想我们得到的绿色 GDP 具体表达式如下：

$$GGDP = GDP - \sum_{a}(EE1_a \cdot pw1 + EE2_a \cdot pw2 + EE3_a \cdot pw3) \tag{6.18}$$

其中 $pw1$、$pw2$、$pw3$ 分别表示污染物 1、2、3 未达标排放量的单位生态、环境成本。$pw1$、$pw2$、$pw3$ 的计算方式参考雷明等的做法，具体关系为：单位污染的环境退化成本等于该项污染物造成的环境退化总成本①除以该项污染物的未达标排放量，废水、废气和固体废弃物的单位环境退化成本的具体计算数据依据已经对外公开发布的《2004 中国绿色国民经济核算研究报告》。

① 按照《2004 中国绿色国民经济核算研究报告》中的定义，环境退化成本是指环境污染所带来的各种损害，如对农产品产量、人体健康、生态服务功能等的损害。

6.2.4　对生产活动部门的污染治理投入进行财政补贴后的生产行为函数

对生产活动部门的污染治理活动进行财政补贴实际上相当于对污染治理投入征收负的税收。虚拟的污染治理投入商品在本书厂商生产函数的设置中充当中间投入。污染治理补贴后，生产行为函数及其他函数在数学形式上不会发生改变，仅有嵌套CES函数生产函数第二层中间投入函数的价格函数数学形式发生变化，形式如下：

$$PINA_a = \sum_c ica_{ca} PQ_c (1 - t_c) \tag{6.19}$$

式中 t_c 表示对中间投入的补贴，本书中设置为外生政策变量。在具体值设置时，其他商品的补贴都为0，仅考虑污染治理投入商品补贴率的变化。本章中环境CGE模型的核心部分除了包括本章所介绍的部分外，其他部分与第5章所介绍内容基本相同。

6.3　情景模拟分析

减少污染物排放常用的政策手段有对污染物的排放征收排放税，污染的减排进行财政补贴等，对污染物减排活动的补贴实际上相当于对污染物治理商品投入征收负的税收，本书将模拟分析征收污染物排放税和对污染减排活动进行补贴产生的影响。

减少某一部门的污染物排放量有3个渠道：一是减少产出规模；二是改变生产活动的投入结构，采用节能、清洁的投入品；三是生产过程中对污染物进行减排(O Connor 等，2003)。污染物排放税和污染治理投入补贴通过影响上述3个渠道来影响生产活动和污染物的排放量。

6.3.1　基本情景分析

近年来我国对环境污染问题越来越重视，“十二五”规划中明确提出要解决好环境污染问题。但是由于我国人口众多，处于工业化进程中，很难在短期内走完发达国家上百年时间走过的路。现阶段我国的污染问题开始影响到人们的生活，这种状况短期内很难得到缓解。

根据统计局公布的2007年污染物治理和不达标排放量的数据，废气产生排放行业分布情况如图6.4所示，废气的产生量主要集中在A12、A13、A14、A23几个行业(代码所指行业见表6.5)；行业分布主要集中在重工业：其中A23是与能源相关的行业。各生产部门污染治理比例较高，只有少部分的未达标污染物排放。

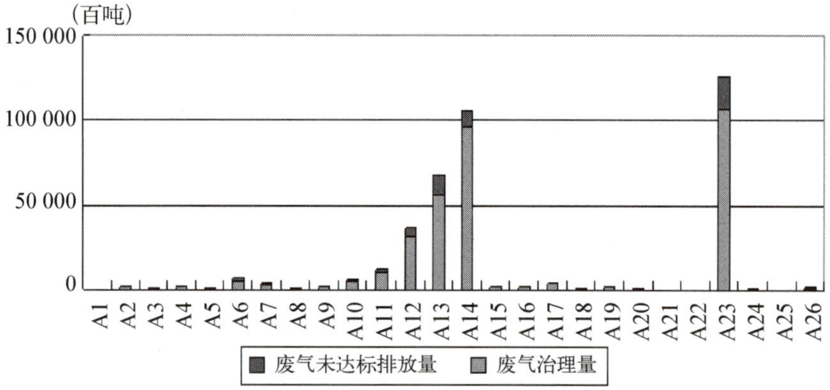

图6.4 污染物治理和不达标排放量(2007)

从图6.5行业废水分布状况可以看到：废水产生较多的行业为A6、A7、A8、A10、A11、A13、A15、A23、A26，其次是A2、A4、A12等行业。相对废气的分布情况而言，废水分布较广。轻工业、重工业是主要的污水排放源头，能源部门污水排放也占了相当的比例。治理方面，污水的治理比例也比较高。

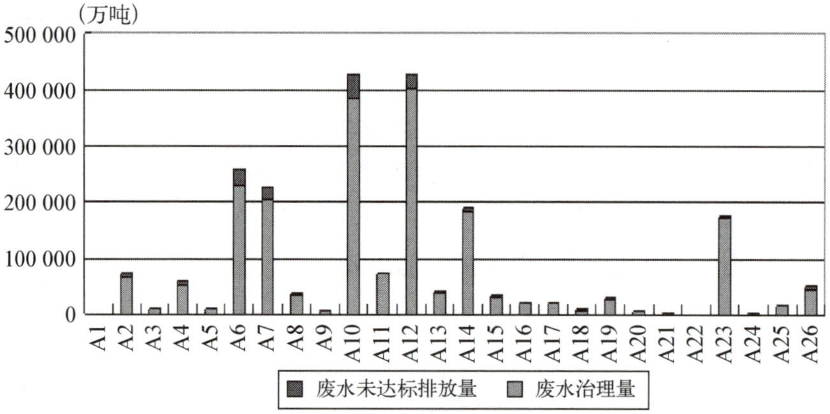

图6.5 行业废水分布情况(2007)

固体废物的产生量主要集中在A2、A4、A12、A14、A16、A23几个行业，从图6.6行业分布特点来看主要是采矿业和重工业，治理和处置比例也相当高。

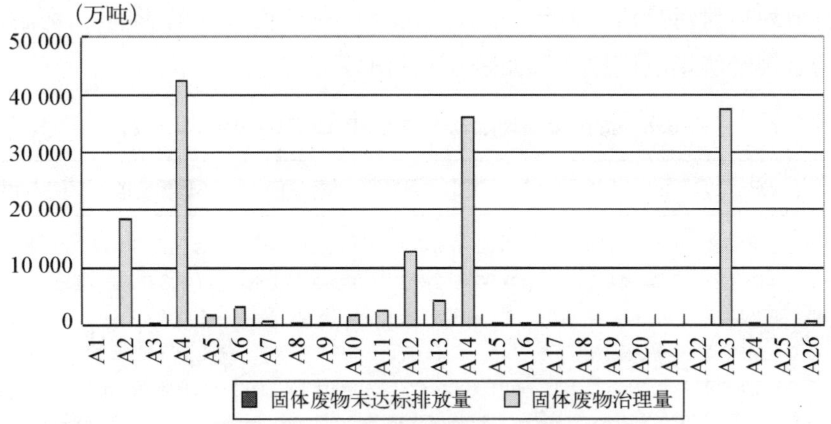

图 6.6　行业固体废物分布情况(2007)

表 6.5　行业代码表

代码	具 体 名 称	代码	具 体 名 称
A1	农林牧渔业	A16	通用、专用设备制造业
A2	煤炭开采和洗选业	A17	交通运输设备制造业
A3	石油和天然气开采业	A18	电气机械及器材制造业
A4	金属矿采选业	A19	通信设备、计算机及其他电子设备制造业
A5	非金属矿及其他矿采选业	A20	仪器仪表及文化办公用品、机械制造业
A6	食品制造及烟草加工业	A21	工艺品及其他制造业
A7	纺织业	A22	废品废料
A8	纺织服装鞋帽皮革羽绒及其制品业	A23	电力、热力的生产和供应业
A9	木材加工及家具制造业	A24	燃气生产和供应业
A10	造纸印刷及文教体育用品制造业	A25	水的生产和供应业
A11	石油加工、炼焦及核燃料加工业	A26	其他行业(是建筑、服务业等行业的集合)
A12	化学工业	A27	废气治理活动部门
A13	非金属矿物制品业	A28	废水治理活动部门
A14	金属冶炼及压延加工业	A29	固体废物治理活动部门
A15	金属制品业		

6.3.2　排污税效果分析

从国际上来看，从 20 世纪 90 年代初期开始，环境税的改革开始在北欧的斯堪的纳维亚半岛兴起。随后许多国家也纷纷开始环境税改革。环境税的基本思想是对污染物的排放和自然资源的使用征税。环境税是减少污染物排放，实现经济、环境协调发展的有效政策工具。我们接下来运用 CGE 模型模拟分析征收污染排放税后对污染治理效果、宏观经济及产业结构方面的影响。污染排放税征收的宏观经济影响模拟结果如表 6.6 所示。

表 6.6　排污税每增加 0.5 与 GDP、GGDP 等的变化(%)

情景	GDP	GGDP	YH	不达标废气	不达标废水	不达标固体废物
0.5	−0.002 602 902	−0.002 297 315	0.000 652 092	−0.002 450 109	−0.001 670 35	−0.000 964 713
1	−0.004 685 223	−0.004 072 514	0.000 652 092	−0.004 378 868	−0.003 183 2	−0.001 769 341
1.5	−0.006 403 138	−0.005 377 807	0.000 326 046	−0.005 890 473	−0.004 231 8	−0.002 462 85
2	−0.008 016 938	−0.005 377 807	0	−0.006 697 372	−0.005 161 8	−0.003 142 9
2.5	−0.009 526 621	−0.006 422 041	−0.000 195 628	−0.007 974 331	−0.006 048 26	−0.003 752 94

表 6.6 反映了污染物排放税每增加 0.5 个单位，GDP、GGDP 及污染的不达标排放等指标的百分比变化情况。通过此表我们可以看出：随着污染排放税的不断提高，污染物不达标排放量增长率以相对较快的速度下降，说明污染排放税具有减排效果。与此同时，宏观经济受到负面的影响：GDP 增长率为负。若以传统的 GDP 作为考量指标，宏观经济的负面影响较大，由此带来的失业、经济衰退等其他连锁反应会对整个社会带来不利影响，这一结论与很多相关研究结论一致。居民收入水平在开始阶段出现了轻微的上涨，随着污染排放税的增加，收入水平开始下降，最后低于初始水平。居民收入水平增加的主要原因是在前面所述 CGE 模型的构造过程中，将对生产活动征收的污染排放税全部补贴给居民，作为污染物排放的补偿，从而导致了居民收入来源增加。

此外，本书还模拟了 GGDP 的变化。相对 GDP 的变化而言，GGDP 变化不明显，有轻微的下降。GGDP 指标相对传统的 GDP 指标来说更能反映整个国民经济的福利状况，若以 GGDP 和居民的收入水平作为社会福利水平考量指标，整个社会受到的负面影响程度要小。

征收污染排放税实际上相当于企业的生产成本的增加，会导致厂商利润下降，产出下降。污染物排放税的征收还会对各行业带来不同的影响，图 6.7 反映了当征收 0.5 个单位的污染排放的情景下不同生产活动部门产出的变动情况。通过图 6.7 可以看出，征收 0.5 个单位的税对各行业的影响较小，相对来说，A2、A7、A8、A14、A19、A23 几个行业的产值有较明显的变化，其他行业变化不明显。

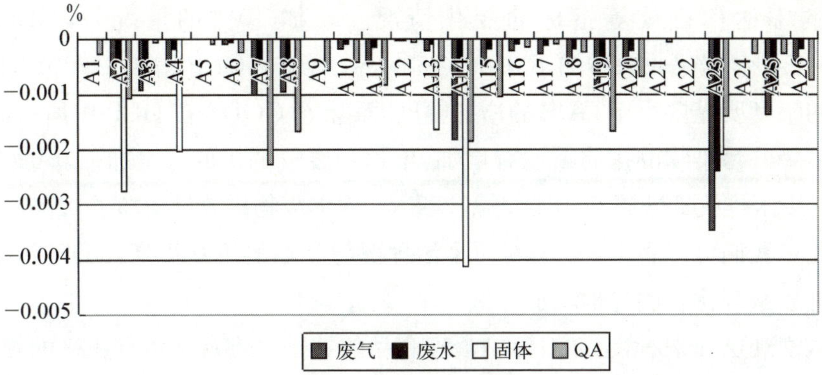

图 6.7 排污情景下不同生产活动部门产出变动情况

产出受到影响，与生产活动相关的污染物排放也受到了影响，从图 6.7 可以看出 A2、A4、A14、A23 和 A25 几个行业的不达标污染物排放降幅较明显，尤其是行业 A2、A14、A23，其他行业降幅相对较小。

征收污染排放税导致产业结构发生变化，从模拟结果可以看出污染排放量比较大的行业受到的负面影响较大，污染物排放量少的行业影响轻微。意味着污染物排放量大，行业产值所占的比例会下降，污染物排放少的第三产业受影响较少，产值比重有所上升，因此排污税的征收有利于产业结构的优化和升级。

6.3.3 污染治理部门进行补贴的影响分析

政府为加大污染治理力度，会采取相应的措施来对生产活动部门的污染治理行为进行鼓励，例如，对生产活动部门的污染治理投入进行财政补贴，补贴实际上是负的价格税收。对企业污染物治理活动进行补贴后的模拟结果如表 6.7 所示。

表 6.7 污染治理补贴后模拟结果

情景	GDP	GGDP	YH	不达标废气	不达标废水	不达标固体废物
10%	0.015 384	0.013 465	0.009 758 4	0.020 31	0.014 73	0.007 258
20%	0.028 418	0.021 732	0.012 752	0.031 52	0.026 85	0.013 692
30%	0.034 274	0.028 647	0.015 142	0.043 527	0.035 27	0.019 247
40%	0.039 438	0.034 264	0.017 685	0.056 741	0.043 69	0.023 729
50%	0.042 426	0.038 957	0.019 374	0.071 531	0.052 17	0.026 375

表 6.7 反映了对污染治理商品的价格补贴每增加 10%，对 GDP、GGDP 及

污染的不达标排放等指标的变化情况。增加 10% 的情况下，GDP 增加 0.015 384%，居民收入增加了 0.009 758 4%；此外，GGDP 增加了 0.013 465%，增加的幅度明显要小于 GDP 的增加幅度，意味着 GGDP 在 GDP 中所占的比例有所下降。污染物的排放量也有增加，不达标废气的排放量增加了 0.020 31%；不达标废水排放量增加了0.014 73%，不达标固体废物排放量增加了 0.007 258%。通过此表我们可以看出：随着对污染治理部门补贴的不断提高，GDP、污染物不达标排放量都比较明显地增加。

从宏观层面来看，增加对污染治理商品的补贴对宏观经济有积极的影响，但不会对污染的治理起到明显效果，反而会导致污染物排放总量增加。从行业层面看，不同行业污染物排放量不一样，污染治理商品补贴对不同行业产生的影响也不一样，实施 10%的补贴后不同行业的产值、污染物排放情况如图 6.8 所示。

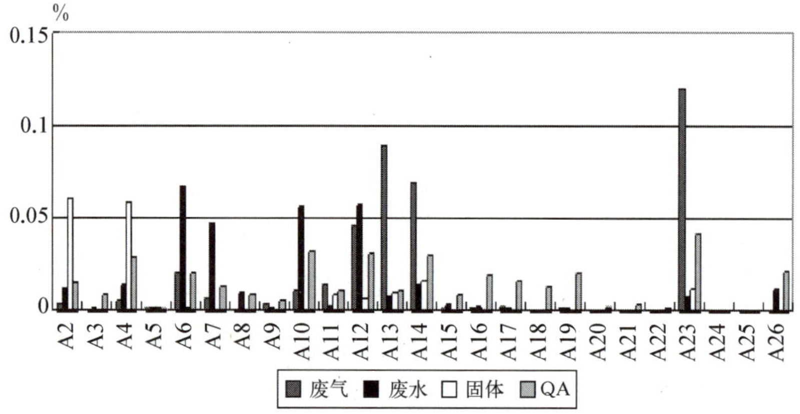

图 6.8　补贴后不同行业产值与污染物排放情况

政府对生产过程中的污染治理商品投入进行价格补贴，厂商成本下降，厂商生产规模扩大，污染物的排放可能出现反弹。通过图 6.8 可以看出：行业 A4、A6、A12、A14、A23 等几个行业的产值增幅较大；污染物排放方面 A2、A4、A6、A7、A10、A12、A13、A14 和 A23 几个行业的不达标污染物排放增加，增加幅度要明显高于各行业产值的增加幅度。

从模拟结果可以看出：污染排放量大的行业从污染治理商品价格补贴政策中受益大，相应的生产扩大，污染物不达标排放量反而有比较大的增加。污染物排放量大的行业产值所占比例上升，污染物排放少的产业受惠较少，产值比重有所下降。污染治理商品价格补贴不利于产业结构的优化和升级。

前面部分通过设计不同的污染排放税情景、污染治理商品价格补贴情景来模拟分析了不同政策情景对经济活动的影响,通过模拟的结果可以初步得出以下一些结论:

在污染排放税方面,排污税的征收对宏观经济产生负面影响,GDP不断下降,GGDP也在下降,绿色国内生产总值的降幅要明显低于传统国内生产总值的降幅。排污税的征收使得各种污染物的排放总量得到了有效的控制。在实现同样的污染控制目标时,由于对污染物征税更能反映这种污染成本的内部化,进而能更有效地减少扭曲。将污染排放税全部补贴给居民作为补偿,居民收入来源增加,有利于居民福利改善。

征收污染排放税导致产业结构发生变化,污染排放量比较大的行业受到的负面影响较大,污染物排放量少的行业影响轻微,产业结构得到优化。各行业产出受到不同程度影响,与生产活动相关的污染物排放也受到了相应影响。

在污染治理行为补贴方面,随着对生产活动中污染治理商品价格补贴的不断提高,GDP、污染物不达标排放量都有比较明显的增加。从宏观层面来看,增加对污染治理商品的补贴对宏观经济有积极的影响,对污染治理行为的补贴不会对污染的治理起到明显的效果,反而会导致污染物排放总量增加。

不同行业污染物排放量不一样,污染治理商品补贴对不同行业产生的影响也不一样。从模拟结果可以看出污染治理商品价格补贴对污染排放量比较大的行业带来较大好处,生产扩大,污染物不达标排放量反而有比较大的增加。污染物排放量大行业产值所占的比例上升,污染物排放少的产业受惠较少,产值比重有所下降。污染治理商品价格补贴不利于产业结构的优化和升级。

总体上来说,污染物排放税的征收将使得整个经济在付出一定的代价的情况下,产业结构得到优化,污染物排放得到控制,有利于经济、环境、社会的可持续发展。厂商污染治理行为得到补贴之后,厂商成本降低,生产规模进一步扩大,宏观经济虽然受到积极影响,但是不达标污染物排放增加,加大了产业结构优化的难度,不利于经济的可持续发展。

第 7 章　可持续增长角度生产路径的动态最优化模拟

通过第 6 章基于绿色 GDP 框架的 CGE 模型建立，我们通过具体参数的设置及分析，能够较为精细地模拟出各行业在考虑了环境成本及污染要素之后的相关情形。并可以根据研究所需，观测到污染治理活动发生变化后可能导致整个宏观经济所受到的变化，同时可据此对各项措施进行比较，这无疑是 CGE 模型较其他方法的优势。CGE 模型的优点在于把控宏观基本面的同时对于具体细节的捕捉，而本章拟在这样的优势上，再立足动态角度，辅助经典的索罗-斯旺模型，力求更完善地讨论我国宏观经济的可持续性。本章就可持续增长角度生产路径的动态最优化进行分析。

7.1　索罗-斯旺模型探讨

在对内生经济增长理论的研究中，哈罗德-多玛模型是比较有影响力的模型。该模型在凯恩斯研究的基础上分析了乘数-加速原理对经济增长的作用。但是该模型采用了生产要素之间缺乏替代弹性的固定替代比例生产函数[①]，该模型中生产要素投入比例是固定的，此模型研究的经济增长是极不稳定的，鉴于这一缺陷，后来研究经济增长理论的经济学家尝试着改变该模型的一些前提假设条件，以使得模型的均衡解是稳定的，就是说地区或国家经济

---

① $Y = \min(K/v, L/u)$，K，L 是资本和劳动的投入量；v，u 分别表示固定的资本和劳动生产技术系数。

中存在稳定经济增长的可能(王海弟,2011)。后人对哈罗德-多玛模型的改进主要有两大类:第一类是卡尔多模型。该模型把整个社会经济总体的总储蓄率看做资本家和工人各自储蓄率的加权平均,这样社会总储蓄率就会随着资本家和工人的收入变化导致储蓄率的变化而引起变化,储蓄率成为一个内生经济变量。由于其内生性,对经济的稳定增长起着调节作用,经济的长期稳定增长才有可能。第二类索罗-斯旺模型,该模型对哈罗德-多玛模型有较大的改变,不再使用固定替代比率生产函数,转而引进新古典技术生产函数。通过引进新古典技术生产函数,索罗-斯旺模型最终得出经济的长期稳定均衡增长是可以存在的。

卡尔多模型在后来的经济发展研究中较索罗-斯旺模型而言缺乏影响力,后者近乎被当做现代经济发展理论的基石。该模型不仅仅能导出稳定增长率的性质,还有在经济增长率速度方面做出了预测,即当国内生产总值的初始水平越低,则经济增长率会越快。这一性质源自于模型中对资本的边际生产力递减的假设。与长期均衡的人均资本相比较,人均国内生产总值越低,导致人均资本存量越低,从而这类经济发展水平的国家拥有较高的资本边际生产力,也就有了较高的经济增长率。但是上述结论成立的前提是在不同国家间比较时,他们的技术水平都是相同的,在技术先进和落后国家间相比较以上结论是不成立的。另外该模型导出如果没有持续的技术进步,经济发展水平将停滞不前。

索罗-斯旺模型最初并没有引进技术变量,这里我们引进 Romer(2000)[①]的理论框架,考虑技术进步,资本的边际生产力递减。模型主要假设有:在一个社会经济体中,有无数的消费者,但是这些消费者是彼此完全同质的,即他们有相同的偏好、收入等。消费者的收入来自通过提供劳动的工资收入和资本收入。经济中还有完全相同的生产厂商按照利润最大化原则雇佣消费者劳动以及其他资本。消费者的工资水平和资本的使用价格在完全竞争的要素市场上由供给和需求决定。由于市场是完全竞争的,利率便是资本的边际生产力,消费者劳动的边际生产力就是工资。并假定厂商的生产函数规模报酬不变,消费者按固定比例消费其工资和资本收入,按总收入的固定比例储蓄以积累资本。由于消费者的完全同质性,整个经济体也按照固定的比例消费和固定储蓄率积累资本。

---

① 戴维・罗默(1999):《高级宏观经济学》,商务印书馆。

7.1.1 模型详述

1. 生产函数假设

假设厂商的生产函数是哈罗德中性技术进步[①]的，即生产函数可表示为

$$Y = F(K, AL)$$

在上面所列公式中，Y 代表社会总产出，A 代表技术储备，K 是总资本，L 是总的劳动投入量。假设生产函数规模报酬不变，边际生产力递减，在生产过程中，劳动和资本投入量缺一不可。而且生产函数具有二阶连续导数，满足稻田条件[②]，即有如下性质：

$$F(\lambda K, \lambda L) = \lambda F(K, L), \quad \forall \lambda > 0$$

$$F_1 > 0, \quad F_{11} < 0, \quad F_2 > 0, \quad F_{22} < 0$$

$$F(0, L) = F(K, 0) = 0, \lim_{x_i \to 0} F_i(x_1, x_2) = \infty, \lim_{x_i \to +\infty} F_i(x_1, x_2) = 0, i = 1, 2$$

令

$$\hat{y} = Y/AL = F(K/AL, 1) \equiv f(\hat{k}) \tag{7.1}$$

式中：$\hat{k} = K/AL$ 表示由技术储备决定的每单位有效劳动的资本量；$\hat{y} = Y/AL$ 表示技术储备决定的单位有效劳动产出水平。于是有

$$f(0) = 0, \quad f'(\hat{k}) > 0, \quad f''(\hat{k}) < 0, \quad \lim_{k \to +\infty} f'(\hat{k}) = 0, \lim_{k \to 0} f'(\hat{k}) = \infty$$

假设技术进步率为 g_A，即：

$$\frac{\dot{A}}{A} = g_A \Rightarrow \frac{\frac{dA}{dt}}{A} = g_A \Rightarrow \int \frac{dA}{A} = \int g_A dt + c_1 \Rightarrow \ln A = g_A t + c_1 \tag{7.2}$$

$$\Rightarrow A(t) = A(0)e^{g_A t}, \quad A(0) = e^{c_1}$$

---

① 王弟海(2011)：《宏观经济学数理模型基础》，上海格致出版社，第六章。一般来说，技术进步会使得厂商投入较少的劳动力或者资本生产出与技术进步前相当的产出，分别称为节约劳动型和资本型技术进步。如果某种技术的出现应用于生产中可以在同等程度的节约资本和劳动力，我们称这种技术进步为中性技术进步。如果对于给定的资本-产出比例，按资本和劳动的边际生产力所获得的相对收入份额是固定的，那么这种技术进步称为哈罗德技术进步。详见参考文献。

② 指某种新古典生产函数，满足：$f(0) = 0$，一阶导数大于 0，二阶导数小于 0，另外，当生产要素投入趋于 0 时，一阶导数的极限无穷大，当生产要素的投入趋于无穷大时，一阶导数的极限等于 0。

由公式(7.2)可知，在我们的模型中和假定条件下，技术的发展是成指数式的倍增的。

假设劳动力的增长率是 n，即

$$\frac{\dot{L}}{L}=n\Rightarrow\frac{\frac{\mathrm{d}L}{\mathrm{d}t}}{L}=n$$

与技术进步推导过程类似，可得到

$$L(t)=L(0)\mathrm{e}^{nt}$$

2. 对生产厂家的假设

在理论模型中，有无数个生产厂家，每个生产者都以利润最大化为导向安排生产计划，厂商面临的生产要素供给市场和产品销售市场都是完全竞争的且生产者的资本折旧率为 δ。于是有

$$r=F_1(K^j,\ AL^j)-\delta,\quad w=AF_2(K^j,\ AL^j) \tag{7.3}$$

公式(7.3)是由利润最大化条件导出的，其中 j 是第 j 个厂商，r，w 分别表示利率水平和工资水平。由于生产要素市场和产品市场是完全竞争的，对每个生产厂家来说，市场利率和工资水平都是一样的，那么在所有厂商之间，单位有效劳动的资本量是一样的，就是对任意厂商 j 来说，都有

$$\hat{k}^j=\hat{k}$$

那么对整个经济体来说就有

$$Y=\sum_{j\in N}Y^j=\sum_{j\in N}AL^j\,\hat{y}^j=\sum_{j\in N}AL^jf(\hat{k})=ALf(\hat{k}) \tag{7.4}$$

由公式(7.4)可知，在这个经济总体中，所有厂商生产和一个代表性厂商生产的情况是一样的，当生产要素市场均衡时，我们有

$$r=F_1(K,\ AL)-\delta,\quad w=AF_2(K,\ AL) \tag{7.5}$$

3. 对消费者的假定

假设每个消费者在每一期的消费支出占其当期可支配收入的比例是固定不变的，这个比例记为 c，即

$$C_j=c(rK_j+wL_j)$$

式中：rK_j+wL_j 是第 j 个消费者的可支配收入。同公式(7.5)的推导我们也可

以得知，在整个社会中所有国民的消费也占国民总收入的一个固定部分 c，整个社会的储蓄率记为 $s=1-c$，那么整个社会的储蓄为

$$S=(1-c)\Big(\sum_j rK_j+\sum_j wL_j\Big)=s(Y-\delta K)=sY-s\delta K \tag{7.6}$$

公式(7.6)中 $Y-\delta K$ 意思是总产出中要拿出一部分来补偿资本折旧，这部分的大小是 δK，所以总产出中扣除这部分补偿资本折旧损失后的余下部分与储蓄率的乘积便是整个社会的总储蓄了。

4. 人均有效资本存量的动态方程

在目前的分析框架中，只有生产者和消费者，当商品市场均衡时，有 $I=S$①，这里的投资 I 表示净投资，由公式(7.6)可知：

$$\frac{\mathrm{d}K}{\mathrm{d}t}=\dot{K}=I=S=s(Y-\delta K) \tag{7.7}$$

式(7.7)中，$\dfrac{\mathrm{d}K}{\mathrm{d}t}=\dot{K}$ 表示资本变化率，若取 $\mathrm{d}t=\Delta t=1$（年），则该式表示一年中资本变化量（流量），这就是投资。由公式(7.7)推出

$$\frac{\dot{K}}{K}=\frac{s(Y-\delta K)}{K}=s\,\frac{Y/AL}{K/AL}-s\delta=s\,\frac{f(\hat{k})}{\hat{k}}-s\delta \tag{7.8}$$

于是有

$$\begin{aligned}\frac{\dot{\hat{k}}}{\hat{k}}&=\frac{\mathrm{d}\Big(\dfrac{K}{AL}\Big)\Big/\mathrm{d}t}{K/AL}=\frac{AL}{K}\,\frac{(\mathrm{d}K/\mathrm{d}t)AL-K[\mathrm{d}(AL)/\mathrm{d}t]}{(AL)^2}\\&=\frac{\mathrm{d}K}{\mathrm{d}t}\,\frac{1}{K}-\frac{\mathrm{d}(AL)}{\mathrm{d}t}\,\frac{1}{AL}=\frac{\dot{K}}{K}-\frac{(\dot{AL})}{AL}\end{aligned} \tag{7.9}$$

$$\begin{aligned}\frac{(\dot{AL})}{AL}&=\frac{1}{AL}\,\frac{\mathrm{d}(AL)}{\mathrm{d}t}=\frac{1}{AL}\Big(\frac{\mathrm{d}A}{\mathrm{d}t}L+A\,\frac{\mathrm{d}L}{\mathrm{d}t}\Big)\\&=\frac{\mathrm{d}A/\mathrm{d}t}{A}+\frac{\mathrm{d}L/\mathrm{d}t}{L}=\frac{\dot{A}}{A}+\frac{\dot{L}}{L}=g_A+n\end{aligned} \tag{7.10}$$

---

① 这里的投资指的是净投资。做如下理解：在收入方面，消费者个人通过提供劳动和资本收入主要用于储蓄和消费，于是有 $Y^d=C+S$，在整个社会经济中，除去折旧后的总产出主要用于消费和投资，那么又有 $Y^d=Y-\delta K=C+I$，显然有 $I=S$。

将式(7.8)、式(7.10)代入式(7.9)，得到

$$\frac{\dot{\hat{k}}}{\hat{k}} = s\frac{f(\hat{k})}{\hat{k}} - s\delta - n - g_A \tag{7.11}$$

式(7.11)便是人均资本存量的动态方程。式(7.11)可变形为

$$\dot{\hat{k}} = s[f(\hat{k}) - \delta\hat{k}] - (n + g_A)\hat{k} \tag{7.12}$$

式(7.12)称为索罗关键方程。该公式意义在于指出人均有效劳动的资本存量的变化率由人均有效劳动的实际投资 $s[f(\hat{k}) - \delta\hat{k}]$ 和抵补持平性投资项 $(n + g_A)\hat{k}$ 决定。抵补项中包括人口的增长所导致的劳动力数量的增长使得人均资本的减少以及技术的进步引发的人均资本存量的减少。

7.1.2　索罗-斯旺模型稳定性分析

1. 分析公式(7.12)决定的方程的根的个数记为$\hat{k}^*$

根的个数记为$\hat{k}^*$，由式(7.11)，令 $H(x) = s\frac{f(x)}{x} - s\delta - n - g_A$，对 x 求微分可得

$$\frac{\mathrm{d}H(x)}{\mathrm{d}x} = s\left[\frac{xf'(x) - f(x)}{x^2}\right]$$

由前提假设知，$f''(x) < 0$，易知 $f'(x)$ 是减函数，可得

$$\forall x > y,\ f'(x) < f'(y) \Rightarrow f(x) = \int_0^x f'(y)\mathrm{d}y > \int_0^x f'(x)\mathrm{d}y = xf'(x) \tag{7.13}$$

$\Rightarrow xf'(x) < f(x) \Rightarrow \frac{\mathrm{d}H(x)}{\mathrm{d}x} = s\left[\frac{xf'(x) - f(x)}{x^2}\right] < 0$，所以 $H(x)$ 是严格递减函数。

又有：

$$\lim_{x\to+\infty} H(x) = \lim_{x\to+\infty} sf(x)/x - (\delta + n + g_A) = \lim_{x\to+\infty} sf'(x) - (\delta + n + g_A) < 0$$

$$\lim_{x\to0} H(x) = \lim_{x\to0} sf(x)/x - (\delta + n + g_A) = \lim_{x\to0} sf'(x) - (\delta + n + g_A) > 0$$

所以根据介值定理直到在(0，$+\infty$)内有且仅有一个 $x=\hat{k}^*$，使得 $H(x)=0$。

2. 分析 $H(x)=0$ 根的稳定性

由公式(7.12)得

$$\dot{\hat{k}}=sf(\hat{k})-(s\delta+m+g_A)\hat{k}$$

利用一元函数泰勒公式：

$$f(x)=f(x_0)+f'(x_0)(x-x_0)+\frac{f''(x_0)}{2I}(x-x_0)^2$$

$$+\cdots+\frac{f^{(n)}(x_0)}{nI}(x-x_0)^n+R_n$$

式中：$R_n=\dfrac{f^{(n+1)}(\varepsilon)}{(n+1)I}(x-x_0)^{(n+1)}$，“$I$”表示阶乘符号。

将 $h(x)=sf(x)-(s\delta+n+g_A)x$ 在点$\hat{k}^*$ 处一阶线性化，得

$$h(x)=h(x_0)+h'(x_0)(x-x_0)$$
$$=[sf(x_0)-(s\delta+n+g_A)x_0]+[sf'(x_0)-(s\delta+n+g_A)](x-x_0)$$

式中：$x=\hat{k}$，$x_0=\hat{k}^*$，易得

$$\dot{\hat{k}}=h(\hat{k})=[sf'(\hat{k}^*)-(s\delta+n+g_A)](\hat{k}-\hat{k}^*) \tag{7.14}$$

又由先前的论述可知当 $x=\hat{k}^*$ 时，$sf(\hat{k}^*)-(s\delta+n+g_A)\hat{k}^*=0$；即

$$sf(\hat{k}^*)/\hat{k}^*=(s\delta+n+g_A)$$

又 $f''(x)<0$ 和公式(7.13)得

$$sf'(\hat{k}^*)<sf(\hat{k}^*)/\hat{k}^*=(s\delta+n+g_A)\Rightarrow sf'(\hat{k}^*)-(s\delta+n+g_A)<0$$

则有

$$\dot{\hat{k}}=\begin{cases}>0, & \hat{k}<\hat{k}^*\\ <0, & \hat{k}>\hat{k}^*\end{cases}$$

即当人均资本存量小于均衡的人均资本存量时，资本存量变化率大于零，人均资本存量趋于增加，反之，人均资本存量减少。这证明了式(7.12)在$\hat{k}^*$邻域内是稳定的。对于全局的情况可以证明满足式(7.12)的$\hat{k}^*$也是全局均衡的。简要证明如下：

令 $G(x) = sf(x)/x \Rightarrow G'(x) = s[f'(x)x - f(x)]/x^2$，由式(7.13)知 $G'(x) < 0$，又因为 $sf(\hat{k}^*) - (s\delta + n + g_A)\hat{k}^* = 0$；则有

$$\dot{\hat{k}} = \begin{cases} \hat{k}[sf(\hat{k})/\hat{k} - (s\delta + n + g_A)] > 0, & \hat{k} < \hat{k}^* \\ \hat{k}[sf(\hat{k})/\hat{k} - (s\delta + n + g_A)] < 0, & \hat{k} > \hat{k}^* \end{cases}$$

这便说明式(7.12)也是全局平稳的。

7.1.3 可持续经济增长因素分析

在本章中，我们认为保证经济可持续增长的关键在于技术进步，为简化起见，假定技术就是污染治理的最关键因素，因为技术在生产函数中的体现最为直观。在分析影响经济增长的因素时，将生产函数设定为希克斯中性技术进步生产函数①，即

$$Y = AF(K, L) \tag{7.15}$$

式(7.15)满足前文中生产函数设定为哈罗德生产函数的一切性质。对式(7.15)两端分别对时间变量 t 求导，得

$$\frac{\mathrm{d}Y}{\mathrm{d}t} = \frac{\mathrm{d}A}{\mathrm{d}t}F(K, L) + A\left[\frac{\mathrm{d}F(K, L)}{\mathrm{d}t}\right] = \frac{\mathrm{d}A}{\mathrm{d}t}F(K, L) + A\left[F_K\frac{\mathrm{d}K}{\mathrm{d}t} + F_L\frac{\mathrm{d}L}{\mathrm{d}t}\right]$$

$$\Rightarrow \frac{\mathrm{d}Y/\mathrm{d}t}{Y} = \frac{\mathrm{d}A/\mathrm{d}t}{A} + \frac{KF_K}{F}\,\frac{\mathrm{d}K/\mathrm{d}t}{k} + \frac{LF_L}{F}\,\frac{\mathrm{d}L/\mathrm{d}t}{L} \tag{7.16}$$

式(7.16)中 $\frac{KF_K}{F}$、$\frac{LF_L}{F}$ 分别是资本和劳动的产出比例，那么有 $\frac{KF_K}{F} + \frac{LF_L}{F} = 1$，从式(7.16)可知，整个社会的总产出的增长率来自于资本增长率 $\frac{\mathrm{d}K/\mathrm{d}t}{K}$、人口增长率 $\frac{\mathrm{d}L/\mathrm{d}t}{L}$ 和技术进步增长率 $\frac{\mathrm{d}A/\mathrm{d}t}{A}$，不难看出资本和人口的增长对总产出增长作用没有技术进步对总产出的促进作用大，这可以从式(7.16)中资本增长率和人口增长率前面都各自乘以一个系数②看出。

---

① 这里如果将生产函数设置其他形式的生产函数，我们所得到的主要结论不变。但索罗剩余会有所不同。为说明技术进步在经济增长(或转型升级)中的作用，我们采用希克斯中性技术进步生产函数。

② $\frac{KF_K}{F}$，$\frac{LF_L}{F}$，记为 α, β, $\in (0, 1)$ 满足 $\alpha + \beta = 1$。

7.2 基于变分法的社会效用最大化模型研究[①]

在前述的模型框架内，经济增长（转型升级）的源头是人口增长、资本增长和技术进步。然而当前中国的实际情况是由于计划生育的政策，近年来人口增长率较低；资源方面尽管国家在持续拓宽外贸渠道以获取各种资源来维持经济的高速增长，但资源稀缺仍然是我国经济健康持续稳步发展的一大瓶颈。所以要使得经济在最大程度上不断增长，我们只有最优化利用社会上一切可获得的资源，不断进行资本积累、增加劳动力、发展科学技术，才能促使经济不断增长。在接下来的研究中我们考虑以上经济增长的三要素对社会总产出增长和促进经济转型升级的作用，技术进步的作用是至关重要的。我们假设在有限个生产者中，生产者完全“同质”，利润最大化是生产者的唯一目的，从而可以找出一个代表性厂商来代表整个社会的总产出，假设一个经济社会在任何时候的社会福利都源自于消费产生的效用，假定这个社会的管理者的目标是在有限资源的情况下，不断调整生产中投入的生产要素进行生产，消费使得社会个体的效用最大化。我们利用动态最优化方法[②]来推导技术、资本、劳动力对产出增加从而影响消费效用的关键路径。为便于数学公式推演，说明一些必要的符号意义。

7.2.1 符号意义及变分模型

Q：社会总产出；U：整个社会的效用函数；K，L：分别为生产函数的投入要素；A：技术变量；t：时间变量；I：投资。

如前面所述，一个经济体的福利来自于消费效用，而消费的量是总产出中未储蓄（投资）的量。假设生产函数 $Q = Q(A, K, L)$，投资 I 用来弥补折旧，这样自然能够得出社会总消费量的表达式：

$$C = Q(A, K, L) - I = Q(A, K, L) - K' \quad (7.17)$$

[③]

式中 $I = K'$ 表示净投资。那么效用函数就可表示为

$$U(C) = U[Q(A, L, K) - K']$$

① 赵志君（2011），《收入分配与社会福利函数》，《数量经济与技术经济》，第 64—71 页。
② 蒋中一（1999），《动态最优化基础》，商务印书馆，第 18—21 页。
③ 蒋中一（1999），《动态最优化基础》，商务印书馆，第 21 页。

我们的目的是使得整个社会在时期[0, T]上的效用总和最大，则可得

$$
\begin{aligned}
W(\Psi) &= \int_0^T U[Q(t,\ A,\ L,\ K,\ A',\ L',\ K') - K']\mathrm{d}t, \\
\Psi^T &= [A(t),\ L(t),\ K(t)] \\
&\quad [A(t),\ L(t),\ K(t)] \in C^n([0,\ T];\ \Omega)
\end{aligned} \tag{7.18}
$$

①

式(7.18)所表示的积分不是一个普通的积分，而是一个泛函积分，C 是 (0, T) 内所有具有 n 阶连续导数的函数组成的函数空间(集合)，$A(t)$、$L(t)$ 和 $K(t)$ 均是该空间中的元素。于是我们所要处理的是一个泛函变分问题，因为在被积函数中 A、K、L 都是自变量为 t 的在当前不确定的一元函数，我们的目的便是找到 A、K、L 随 t 变化的动态最优路径(函数)，以使得 W 最大化。A、K、L 运动的左右端点分别是

$$A(0)=0,\ A(T)=A_T;\quad K(0)=0,\quad K(T)=K_T;\quad L(0)=0,\quad L(T)=L_T$$

于是问题变为

$$
\begin{aligned}
\operatorname{Max} W(\Psi) &= \int_0^T U[Q(t,\ A,\ L,\ K,\ A',\ L',\ K') - K']\mathrm{d}t,\ \Psi^T \\
&= [A(t),\ L(t),\ K(t)] \\
&\quad \begin{cases} A(0)=0, & A(T)=A_T \\ K(0)=0, & K(T)=K_T \\ L(0)=0, & L(T)=L_T \end{cases}
\end{aligned} \tag{7.19}
$$

这是一个形如式(7.20)的依赖于多个一元函数泛函变分问题[②]，使得

$$J[y_1(x),\ y_2(x),\ y_3(x)] = \int_{x_0}^{x_1} F(x,\ y_1,\ y_2,\ y_3,\ y_1,\ y_2,\ y_3)\mathrm{d}x \tag{7.20}$$

取其极值且满足固定边界条件：

$$
\begin{cases}
y_1(x_0) = y_{10}, & y_1(x_1) = y_{11} \\
y_2(x_0) = y_{20}, & y_2(x_0) = y_{21} \\
y_3(x_0) = y_{30}, & y_3(x_0) = y_{31}
\end{cases}
$$

① $C^n(\Omega)$：具有 n 阶导数的连续函数全体形成的线性空间。

② 相关知识详见老大中(2015)《变分法基础》，国防工业出版社。

那么所求曲线必满足如下欧拉-拉格朗日方程组：

$$\begin{cases} \dfrac{\partial F(\cdot)}{\partial y_1} - \dfrac{\mathrm{d}}{\mathrm{d}x}\left(\dfrac{\partial F}{\partial y'_1}\right) = 0 \\ \dfrac{\partial F(\cdot)}{\partial y_2} - \dfrac{\mathrm{d}}{\mathrm{d}x}\left(\dfrac{\partial F}{\partial y'_2}\right) = 0 \\ \dfrac{\partial F(\cdot)}{\partial y_3} - \dfrac{\mathrm{d}}{\mathrm{d}x}\left(\dfrac{\partial F}{\partial y'_3}\right) = 0 \end{cases}$$

在理论上，由此微分方程组和端点条件便得到 $y_1(x)$，$y_2(x)$，$y_3(x)$ 的表达式。用欧拉方程求解泛函极值问题的方法称为泛函间接方法，该方法一般适用于泛函对应的微分方程易于求出解析解的情况。然而，现实的问题中用变分法建立的模型所得目标泛函经常出现欧拉方程(方程组)的解析解不存在或者很难求出解析解的情况，这时，需要用泛函直接方法。

这里式(7.19)的欧拉-拉格朗日方程组为

$$\begin{cases} U'\dfrac{\partial Q}{\partial A} - \dfrac{\mathrm{d}}{\mathrm{d}t}\left(U'\dfrac{\partial Q}{\partial A'}\right) = 0 \\ U'\dfrac{\partial Q}{\partial K} - \dfrac{\mathrm{d}}{\mathrm{d}t}\left(U'\dfrac{\partial Q}{\partial K'} - 1\right) = 0 \\ U'\dfrac{\partial Q}{\partial L} - \dfrac{\mathrm{d}}{\mathrm{d}t}\left(U'\dfrac{\partial Q}{\partial L'}\right) = 0 \end{cases} \tag{7.21}$$

7.2.2 定量研究分析

目前我们所用的效用函数和生产函数都是抽象的，要求得 $A(t)$，$K(t)$，$L(t)$ 的具体形式，必须对效用函数 U 和生产函数 Q 具体化。这里假设的具体数学模型可能与真实的社会经济有一定的距离①，但是考虑假设是否合理，不应该武断地用假设与社会真实经济情况的距离来度量，更为可取的做法应该是根据模型所得出的结论对其假设的依赖程度以及该假设在研究中的作用来评判其合理性(王弟海，2011)。

为简化研究，我们假设对一个经济体来说，物质消费越多，其效用越大，如此效用便是消费的增函数，不妨设其为线性函数：

---

① 应该说没有哪个经济模型可以对现实经济问题进行完美的描述。

$$U(c) = a_0 c - b_0; \quad 0 < a_0 < 1, \quad b_0 > 0 \tag{7.22}$$

即当消费为零时，效用为负数①。将时期$[0, T]$分为短期和长期两种情况研究，并假设在短期内只有劳动力 L 为可变生产要素，A、K 均为不变生产要素，且投资 I 为零 $(K' = 0)$，即短期中没有折旧。而在长期内所有生产要素均可变。

1. 短期情况

现在我们考虑短期情况，假定可变生产要素只有劳动力并假设生产函数为 $Q = a_1 + a_2 L + a_3 L'^2$，$a_1$，$a_2$，$a_3$ 是已知常数，即劳动力投入量和劳动力投入变化率②直接影响总产出，此时目标泛函为

$$\int_0^T [a_0(a_1 + a_2 L + a_3 L'^2) - b_0] \mathrm{d}t \tag{7.23}$$

此时的欧拉-拉格朗日方程为

$$a_0 a_2 - 2a_0 a_3 \frac{\mathrm{d}^2 L}{\mathrm{d}t^2} = 0$$

解此二阶常微分方程得

$$L = \frac{a_2}{4a_3} t^2 + c_0 t + c_1$$

再由临界条件 $L(0) = 0$，$L(T) = L_T$ 可求得 c_0，c_1：

$$\begin{cases} c_1 = 0 \\ c_0 = \dfrac{4a_3 L_T - a_2 T^2}{4a_3 T} \end{cases}$$

$$\Rightarrow L(t) = \frac{a_2}{4a_3} t^2 + \frac{4a_3 L_T - a_2 T^2}{4a_3 T} t \tag{7.24}$$

到目前为止我们考虑的都是从 0 到 T 整个期间内的效用总和，这可从式(7.18)至式(7.23)的积分中看出。现在如果我们的目标变为求从 0 到 T 整个期间内的效用贴现总和，求 A，K，L 随时间 t 变化的最优路径。于是有

① 这里作如此理解：整个社会的消费为零，社会成员没有任何消费，组成经济体的个体将无法维持自身存在，那么这个经济体将会崩溃，此时的社会效用不单单是零了，而是负的。

② 生产函数中年含有劳动力变化率平方项，我们认为这是合理的。比如，生产厂商面临订单大量增加的情况下，临时大量增加劳动力将会对产量产生显著影响。

$$\int_0^T [a_0(a_1 + a_2 L + a_3 L'^2) - b_0] \mathrm{e}^{-\rho t} \mathrm{d}t \text{ ①} \tag{7.25}$$

此时的欧拉-拉格朗日方程为

$$-2a_3 \frac{\mathrm{d}^2 L}{\mathrm{d}t_2} + 2a_3\rho \frac{\mathrm{d}L}{\mathrm{d}t} + a_2 = 0$$

临界条件 $L(0) = 0$，$L(T) = L_T$，解此二阶常微分方程得

$$L(t) = \frac{1/2a_2 T + \rho a_3 L_T}{a_3\rho(\mathrm{e}^{\rho T} - 1)} \mathrm{e}^{\rho t} - \frac{a_2}{2a_3\rho} t - \frac{1/2a_2 T + \rho a_3 L_T}{a_3\rho(\mathrm{e}^{\rho T} - 1)} \tag{7.26}$$

对比式(7.24)和式(7.26)可见，在两种不同的优化目的下，劳动随时间的动态变化路径是截然不同的。

2. 长期情况

在长期情况，存在折旧(K'不为零)，也分为效用总和和效用贴现总和两种。此时劳动力、资本、技术都可随时间变化并影响总产出。假设此时的生产函数为：

$$Q = a_1 L'^2 + a_2 L + b_1 A'^2 + b_2 A + c_1 K'^2 + c_2 K + \mathrm{d}AK \tag{7.27}$$

目标泛函为

$$\int_0^T \{a_0[(a_1 L'^2 + a_2 L + b_1 A'^2 + b_2 A + c_1 K'^2 + c_2 K + \mathrm{d}AK) - K'] - b_0\} \mathrm{d}t$$

左右端点情况如式(7.19)所示。

此时欧拉-拉格朗日方程组为

$$\begin{cases} \dfrac{\mathrm{d}^2 K}{\mathrm{d}t^2} = \dfrac{c_2}{2c_1} + \dfrac{d}{2c_1} A \\ \dfrac{\mathrm{d}^2 A}{\mathrm{d}t^2} = \dfrac{b^2}{2b_1} + \dfrac{d}{2b_1} K \\ \dfrac{\mathrm{d}^2 L}{\mathrm{d}t^2} = \dfrac{a_2}{2a_1} \end{cases} \tag{7.28}$$

左右固定端点如式(7.19)所示。求解该微分方程组，其中易得到

① ρ是既定的贴现率。

$$L(t)=\frac{a_2}{4a_1}t^2+\frac{4L_Ta_1-a_2T^2}{4a_1T}t$$

将含有 A'' 的微分方程左右两端求两次导数代入 K'' 并结合固定边界条件得到①

$$\begin{aligned}A(t)=&c_{20}\mathrm{e}^{-t\#4}-\frac{c_2}{d}+c_{19}\mathrm{e}^{-t\#4i}\\&-\frac{\mathrm{e}^{-t\#4i}(c_2+\mathrm{d}A_T-c_2\mathrm{e}^{T\#4}+c_{19}d\mathrm{e}^{T\#4}+c_{20}d\mathrm{e}^{T\#4}-\#3-\#2)}{\#1}\\&+\frac{\mathrm{e}^{t\#4}(c_2+\mathrm{d}A_T-c_2\mathrm{e}^{T\#4i}-\#3-\#2+c_{19}d\mathrm{e}^{T\#4i}+c_{20}d\mathrm{e}^{T\#4i})}{\#1}\end{aligned}$$

式中：$\#1=d(\mathrm{e}^{T\#4}-\mathrm{e}^{T\#4i})$，　$\#2=C_{19}d\mathrm{e}^{-T\#4i}$，　$\#3=C_{20}d\mathrm{e}^{-T\#4}$，　$\#4=\sqrt[4]{(d^2/4b_1c_1)}$，　$i^2=-1$。

同样将含有 K'' 的方程求两次导数代入 A'' 方程结合固定边界条件得到

$$\begin{aligned}K(t)=&c_{34}\mathrm{e}^{-t\#4}-\frac{b_2}{d}+c_{33}\mathrm{e}^{-t\#4i}\\&-\frac{\mathrm{e}^{t\#4i}(b_2+dK_T-b_2\mathrm{e}^{T\#4}+c_{33}d\mathrm{e}^{T\#4}+c_{34}d\mathrm{e}^{T\#4}-\#3-\#2)}{\#1}\\&+\frac{\mathrm{e}^{t\#4}(b_2+dK_T-b_2\mathrm{e}^{T\#4i}-\#3-\#2+c_{33}d\mathrm{e}^{T\#4i}+c_{34}d\mathrm{e}^{T\#4i})}{\#1}\end{aligned}$$

式中：$\#1=d(\mathrm{e}^{T\#4}-\mathrm{e}^{T\#4i})$，　$\#2=C_{33}d\mathrm{e}^{-T\#4i}$，　$\#3=C_{34}d\mathrm{e}^{-T\#4}$，　$\#4=\sqrt[4]{(d^2/4b_1c_1)}$，　$i^2=-1$。

尽管欧拉方程求得的解析解在数学上很完美，但其中虚数的存在使得解的经济意义很模糊，为便于政策分析，我们有必要用泛函直接方法求出数值解。

这里采用里茨法②，方法涉及函数空间的概念，即我们所要求的极值曲线必在此函数空间中，则极值曲线可用该空间的基函数(坐标)来表示。里茨法的基本思想是选定线性无关的函数序列的线性组合去逼近变分问题的极值曲线。

设 n 个函数 $\varphi_1(x)$，$\varphi_2(x)$，$\varphi_3(x)$，…，$\varphi_n(x)$，线性无关且满足线性泛函

① 如非特殊说明，本章中所有符号运算均用用数学软件 Matlab 计算。

② 老大中：《变分法基础》，北京：国防工业出版社，2015，第 70—73 页。

的边界条件。

$$J[y]=(Ty, y)-2(f, y) \tag{7.29}$$
[1]

设 $\varphi_k(x)(k=1, 2, \cdots, n)$ 的线性组合为

$$y_n=\sum_{k=1}^{n} a_k\varphi_k(x) \tag{7.30}$$

式中：a_k 为待定常数；$\varphi_k(x)(k=1, 2, \cdots, n)$ 是取自完备函数系[2]的一组线性无关函数(基函数或坐标函数)。将式(7.30)代入式(7.29)中，由于 T 是线性的，则有

$$J[y_n]=\sum_{i, j=1}^{n} a_i a_j(T\varphi_i, \varphi_j)-2\sum_{i=1}^{n} a_i(\varphi_i, f) \tag{7.31}$$

此时泛函 $J[y_n]$ 是自变量 $a_1, a_2, \cdots, a_n$ 的函数，令 $J[y_n]$ 取得极值，则有

$$\frac{\partial J}{\partial a_1}=0, \quad \frac{\partial J}{\partial a_2}=0, \quad \cdots, \quad \frac{\partial J}{\partial a_n}=0 \tag{7.32}$$

从而可确定出 $a_1, a_2, \cdots, a_n$，得到变分问题的近似解为

$$y_n=\sum_{k=1}^{n} a_k\varphi_k(x)$$

该解称为式(7.29)的第 n 次近似解。

对于泛函：

$$\int_0^T\{a_0[(a_1L'^2+a_2L+b_1A'^2+b_2A+c_1K'^2+c_2K+dAK)-K']-b_0\}\mathrm{d}t \tag{7.33}$$

在左右端点固定的情况下，有

$$\begin{cases}A(0)=0, & A(T)=A_T\\ K(0)=0, & K(T)=K_T\\ L(0)=0, & L(T)=L_T\end{cases} \tag{7.34}$$

取 $A(t)$，$K(t)$，$L(t)$坐标函数 $\varphi(t)$，$\Psi(t)$，$\omega(t)$分别为

---

① T 是线性微分算子。

② 完备函数系是指任一函数都可用此函数系列表示。

$$\varphi_1(t)=t^3+[(A_T-T^3)/T]t,\ \varphi_2(t)=(K_T/T)t,\ \varphi_3(t)=t^2+[(A_T-T^2)/T]t$$

则有

$$A(t)=l_1\varphi_1(t)=l_1\{t^3+[(A_T-T^3)/T]t\}$$

$$K(t)=l_2\varphi_2(t)=l_2\{t^2+[(K_T-T^2)/T]t\}$$

$$L(t)=l_3\varphi_3(t)=l_3(L_T/T)t$$

则

$$A'=l_1[3t^2+(A_T-T^3)/T],\quad K'=l_2[2t+(K_T-T^2)/T],\quad L'=l_3(L_T/T)$$

将以上两式代入式(7.33),并利用式(7.32)计算可得

$l_1=\dfrac{(10T^2\xi_1)}{\zeta_1}$，式中：

$$\begin{cases}\xi_1=(-24c_2dK_T^2T^5+48dK_T^2T^4+180b_2c_1K_T^2T^3+60A_Tc_2dK_T^2T^2\\ \quad -120TA_TdK_T^2-360A_Tb_2c_1K_T^2+17dc_2K_TT^7-18dK_TT^6\\ \quad -35c_2A_TdK_TT^4+30A_TdK_TT^3-3c_2dT^9+60b_2c_1T^7\\ \quad +5A_Tc_2dT^6-120b_2c_1A_TT^4)\\ \zeta_1=(-400A_T^2K_T^2T^4d^2+14\,400b_1c_1A_T^2K_T^2+200A_T^2K_TT^6d^2\\ \quad -25A_T^2T^8d^2+4\,800b_1c_1A_T^2T^4+320A_TK_T^2T^7d^2-200A_TK_TT^9d^2\\ \quad +30d^2A_TT^{11}-64d^2K_T^2T^{10}+11\,520b_1c_1K_T^2T^6+48K_TT^{12}d^2\\ \quad -9T^{14}d^2+3\,840b_1c_1T^{10})\end{cases}$$

$l_2=\dfrac{(15T\xi_2)}{\zeta_2}$，式中：

$$\begin{cases}\xi_2=(480b_1A_T^2K_T+384K_Tb_1T^6+64b_1c_2T^9-3b_2dT^{11}+11db_2T^8A_T\\ \quad -192b_1c_2K_TT^7+8db_2K_TT^9+80b_1c_2A_T^2T^3-10A_T^2b_2dT^5\\ \quad -240A_T^2b_1c_2TK_TA_T^2-36b_2dA_TK_TT^6+40b_2dA_T^2K_TT^3)\\ \zeta_2=(-400A_T^2K_T^2T^4d^2+14\,400b_1c_1A_T^2K_T^2+200A_T^2-25A_T^2T^8d^2\\ \quad +4\,800b_1c_1A_T^2T^4+320d^2A_TK_T^2T^7-200A_TK_TT^9d^2+30A_TT^{11}d^2\\ \quad -64K_T^2d^2T^{10}+11\,520b_1c_1K_T^2T^6+48K_TT^{12}d^2-9T^{14}d^2+3\,840b_1c_1T^{10})\end{cases}$$

$$l_3=-\frac{a_2T^2}{4a_1L_T}$$

分别将以上三式代入 $A(t)$，$K(t)$，$L(t)$ 表达式中得到使社会效用最大化的技术、资本、劳动力的最优运动路径如下：

$$
\begin{aligned}
A(t) &= \frac{(10T^2\xi_1)}{\zeta_1}\{t^3+[(A_T-T^3)/T]t\} \\
K(t) &= \frac{(15T\xi_2)}{\zeta_2}\{t^2+[(K_T-T^2)/T]t\} \qquad (7.35) \\
L(t) &= -\frac{a_2T^2}{4a_1L_T}(L_T/T)t
\end{aligned}
$$

7.2.3 基于时间序列数据的实证验证

本章研究目的重在探究在社会经济体中，假设存在式(7.22)那样的线性效用函数，这个社会的管理者如何在某一固定时期内在时间变化的同时不断调整劳动 L、资本 K、技术 A 为主的生产要素投入量进行生产，供给构成这个经济体的个体消费，从而使得整个社会以效用测度的社会福利最大化。在一系列假定条件下，从理论上得到了式(7.35)那样的最优运动路径。下面根据中国的相关实际数据对我国实际产出、生产要素投入量的运动轨迹进行实证分析。

1. 变量数据①

生产要素投入为劳动、资本、技术，考虑到数据的可获得性，我们用就业人员平均实际货币工资指数②(上年＝100)来测度 t 时刻劳动力的投入量 $L(t)$(单位：万人)，用国内专利发明授权(单位：项)来测度技术进步 $A(t)$，以及用全社会固定资产投资总额(单位：亿元)来测度资本投入量。先绘制三种生产投入要素的时间序列图形，初步判断其运动轨迹，如图 7.1、图 7.2、图 7.3、图 7.4 所示。

从图 7.1 中可见随时间变化的劳动投入量呈现出很好的线性关系。资本投入量、技术进步与时间的关系则可能是二次或者三次的函数关系。下面用拟合方法进一步分析。

---

① 数据均从历年中国国家统计年鉴整理获得。

② 职工平均工资指数指报告期职工平均工资与基期职工平均工资的比率，是反映不同时期职工货币工资水平变动情况的相对数。

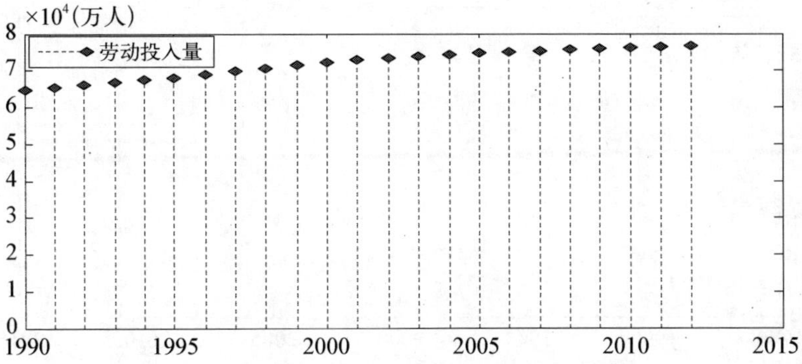

图 7.1　劳动投入量

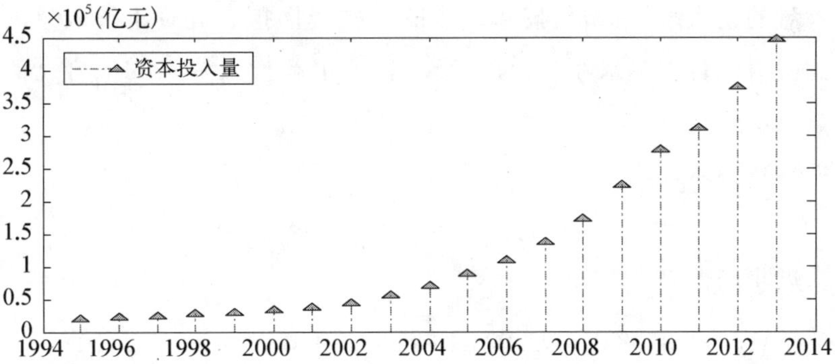

图 7.2　资本投入量

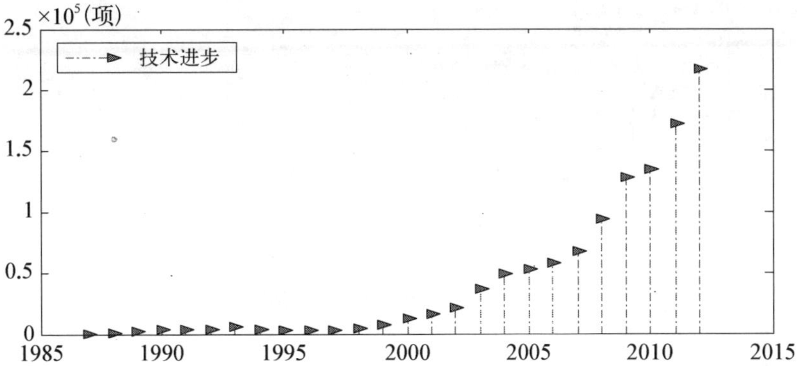

图 7.3　技术进步

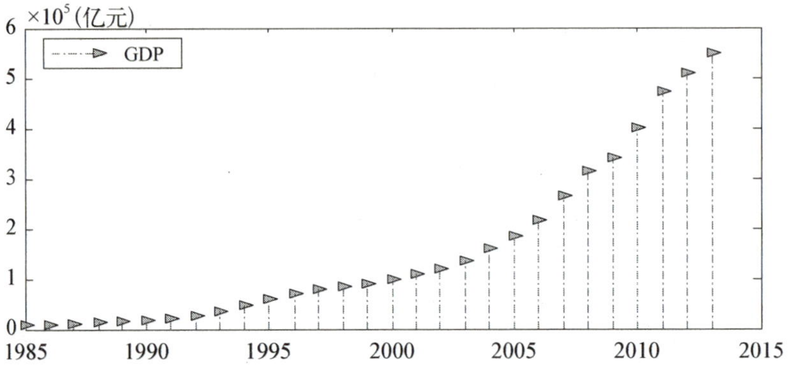

图 7.4 GDP 指标

分别对劳动投入量、技术进步、资本投入量进行数值拟合分析，拟合后发现劳动投入量的一次线性拟合，技术进步的三次线性拟合和资本投入量的二次线性拟合能使得拟合误差最小(见图 7.5)，各个生产投入要素的拟合近似表达式分别为

劳动投入函数：

$$L(t)=562.2915t-1053351$$

技术进步函数：

$$A(t)=33.85t^3-2.0\times10^5t^2+4.0\times10^8t-2.7\times10^{11}$$

资本投入函数：

$$K(t)=2021.4t^2-8.081\times10^6t+8.076\times10^9$$

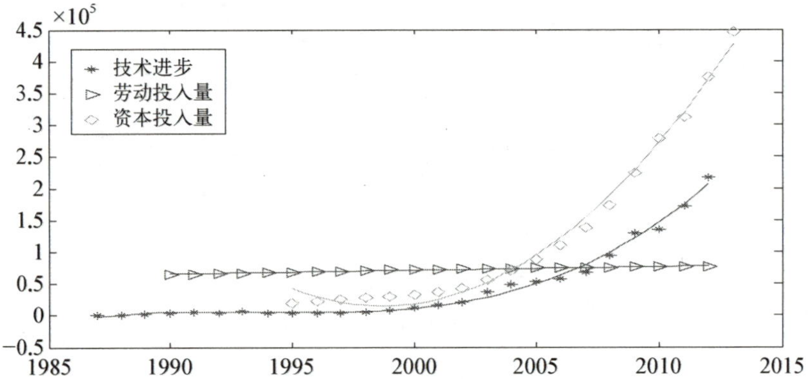

图 7.5 生产要素数值拟合

以上数据说明在我们统计范围内，技术、资本、劳动基本是沿着我们的理论模型导出的投入产出的最优路径式(7.35)运动的，这也正是是我国经济持续高速增长的原因之一①。

2. 计量回归分析

在进行计量回归之前，为避免出现伪回归现象，需要分析变量间的平稳性，显然从图 7.1、图 7.2、图 7.3、图 7.4 中很难认为数据是平稳的，下面用 Eviews7 软件进行数据的平稳性检验和协整检验。

1）平稳性分析

表 7.1　变量平稳性分析

变量	ADF 检验值	1%临界值*	5%临界值**	10%临界值***	p 值	显著性
GDP	0.61	−2.74	−1.97	−1.60	0.84	非平稳
A	8.20	−2.71	−1.96	−1.61	1.0	非平稳
K	1.15	−2.74	−1.97	−1.60	0.93	非平稳
L	0.42	−2.72	−1.96	−1.61	0.80	非平稳

注：*，**，*** 分别表示 1%，5%，10%的显著性水平。

2）协整分析

从本质上讲协整检验就是协整回归方程残差的单位根检验。用麦金农临界值表分析，我们这里采集的是 1995—2012 年间数据，样本容量是 28。设定协整回归方程为

$$GDP_t = \beta_0 + \beta_1 A_t + \beta_2 K_t + \beta_3 L_t + u_t \tag{7.36}$$

回归方程估计结果如表 7.2 所示。

表 7.2　协整方程估计结果

变量	系　数	标准误	T 值	p 值	结　论
A	1.5	0.41	3.66	0.001 2	平稳
K	1.30	0.23	5.78	0.000 0	平稳
L	9.04	1.93	4.68	0.000 4	平稳
常数	−585 999.40	138 491.9	−4.23	0.000 8	平稳

① 本文中所用数据是均采用 1978 年以后的，且数据起止年份由于统计的原因并不完全一致，对此之前的历史数据进行同样拟合分析却发现与文中所到的最优变化路径差很多，这也从一个方面说明了改革开放的国策使我国走上了正确的经济发展方向。

麦金农临界值表如表 7.3 所示。

表 7.3 麦金农临界值表

变量	ADF 检验值	1%临界值	5%临界值	10%临界值	显著性
$\hat{u}_t$	−3.99	−5.34	−3.86	−2.89	平稳

注：残差$\hat{u}_t$ 来自式(7.36)。

由表 7.3 可知协整回归方程的残差在 5%的显著性水平上是平稳的。即 GDP、A、K 和 L 之间存在协整关系。

经过上面的分析，我们证明了国内生产总值与技术进步、劳动投入、资本之间存在协整关系。即变量之间有一种长期或者均衡的关系。然而在短期中则有可能产生偏离均衡的情况。把式(7.36)中的残差视作均衡误差：

$$u_t = GDP_t - \beta_0 - \beta_1 A_t - \beta_2 K_t - \beta_3 L_t \tag{7.37}$$

现在考虑如下模型：

$$\Delta GDP_t = \alpha_0 + \alpha_1 \Delta A_t + \alpha_2 \Delta K_t + \alpha_3 \Delta L_t + \alpha_4 u_{t-1} + \varepsilon_t \tag{7.38}$$

这里的 $u_{t-1} = GDP_t - \beta_0 - \beta_1 A_t - \beta_2 K_t - \beta_3 L_t$（即 ECM 项）。式(7.37)的实证结果为

$$\Delta \hat{GDP}_t = 21\,061.19 + 0.08\Delta A_t + 0.74\Delta K_t - 20.37\Delta L_t - 0.93ECM_{t-1}$$

表 7.4 误差修正模型

变量	系　数	标准误	T 值	p 值	显著性
常数项	21 061.19	7 521.85	2.80	0.29	非平稳
ΔA	0.08	0.04	2.24	0.05	平稳
ΔK	0.74	0.31	2.37	0.03	平稳
ΔL	−20.37	22.58	−0.90	0.38	非平稳
u_{t-1}	−0.93	0.32	−2.92	0.01	平稳

如表 7.4 所示，在误差修正模型中尽管有不显著项的存在，但是误差修正项 ECM(u_{t-1})的系数为负数，这正符合我们的预期。因为当 ECM 项大于零时，这意味着 GDP_t 太高而偏离均衡，而误差修正项系数为负数，使得两者之积为负数从而在下一期将前一期因太高而偏离均衡的 GDP_t 拉低向均衡方向靠近，反之亦然。

在全球经济增长速度放缓的大背景下，中国经济持续高速增长已成为过去，高速增长所付出的代价已开始显现，因而在考虑增长可持续性的前提下，宏观经济中的各部门急需不断调整以适应新的发展环境，本章是从动态的角度，将技术因素作为可持续增长的关键因素，研究如何调整生产要素投入和经济中的各个组成部分使得社会经济发展沿着最优路径运动。在本章分析中，我们引入希克斯中性技术进步生产函数，由此推导的经济可持续增长(污染治理)源自于技术进步、资本积累和人口增长，其中技术进步对经济增长的贡献尤为显著。我们认为，从全球范围来看，经济发展速度减缓是一个大趋势。世界范围内都在发生着深刻而快速的经济变革，在这样的环境下，我国经济的各个方面也必须随之变化以适应新的全球经济环境。而后在我们自己设定的变分模型中假设存在代表社会整体的效用函数，而效用产生自消费，整个社会的消费是总产出扣除投资后的余额，这样这个社会在一定时期内的社会福利最大化等价于使得在该时期内的消费效用总和最大。基于此，我们设定具体的效用函数和总产出函数后，使用变分法推导出了式(7.35)所示的生产要素投入的最优运动轨迹。数据拟合发现20世纪90年代后中国经济发展中的生产要素投入量的变化高度契合我们模型导出的结果。在实证分析中，估计了式(7.36)的协整回归方程，发现在5%的显著性水平下方程的残差不存在单位根，这证实了以GDP度量的总产出和技术进步、资本和劳动力之间存在协整关系。接着估计了误差修正模型式(7.38)，实证结果是修正项系数为负且显著非零修正。这正说明了以GDP度量的总产出和技术进步、资本和劳动力之间的长期均衡关系。这里我们给出的建议是，在新的全球经济大背景下，政府对生产要素的投入需要沿着式(7.35)的最优路径运动，不断加大对技术研发的资金投入，用于环境污染治理及激励创造创新，制定各项政策鼓励创业，促进就业，使得中国经济持续健康向前发展。

第8章 环境质量重要参数估算及EKC曲线实证分析

在前面CGE模型的设计及模拟中，对于参数的科学性进行了必要的讨论，并以2007年不同行业的数据进行了相关分析。而在更为具体的研究工作中，对于各项污染指数的估算无疑是CGE模型最重要的支撑基础。本章即将详细给出环境质量指标的选取与估算方法及结果。目的之一是为CGE模型的后续研究提供一个参数计算借鉴，目的之二则希望通过这些数据去验证一下我国的EKC曲线具体情形，从而能够证明之前基于绿色GDP框架所得的CGE模型是合理的。考虑到我国地区分布及经济发达程度的极为不同，同时为了更多样本的分析EKC理论在我国的适用性，本章各指标的分析将立足区域截面。遗憾的是，基于地区层面的行业数据很难在相关统计年鉴中获取，考虑到之前已做过分行业分析，加上EKC理论并未有严苛的分行业数据要求，所以本章的遗憾是未能给出更多的行业分析，只是将更多的研究内容体现在不同地区的环境质量表现上。

8.1 环境质量指标的选取、估算及其选取的重要性

本章将对我国1995年至2012年间的各类环境污染排放量与经济增长的区域和省域情况进行比较分析，这不仅可以知晓我国各类环境污染物与经济增长的概况，而且还可为接下来的实证研究分析提供良好的基础。

在此需要说明的是本章及后面的章节提到的区域划分是依据

《中国统计年鉴》中的地域划分方法，包括东、中、西部三大地区。东部地区有：北京、天津、河北、辽宁、上海、江苏、浙江、福建、山东、广东、海南共11个省。中部地区有：山西、内蒙古、吉林、黑龙江、安徽、江西、河南、湖北、湖南。西部地区有：四川、贵州、广西、云南、陕西、甘肃、青海、宁夏、新疆。

8.1.1 能源消耗产生的二氧化碳

1. 二氧化碳排放量数据的来源

目前为止并没有任何权威机构公布中国各省的二氧化碳排放量，这就需要对我国各省二氧化碳的排放量作出估算。

据《中国气候变化第二次国家信息通报》的内容，2005年二氧化碳排放量占温室气体排放总量的80.03%，其中二氧化碳的排放量中能源活动占比将近90.4%，工业生产活动占比9.5%。其中工业生产活动导致的二氧化碳排放主要来源于水泥、石灰、电石及钢铁的工业生产，水泥占比57.9%，石灰石占比31.2%，电石与钢铁的占比不足10%[①]。由于各省的石灰石数据不全面，因此我们通过计算能源消耗量与水泥的生产量来近似估算二氧化碳的排放量。估算方法参考了“国家发展和改革委员会国家气候变化对策协调小组办公室”(2007)与“联合国政府间气候变化专门委员会(IPCC)”提供的方法，即能源消耗与水泥生产导致的二氧化碳排放量可以通过测算各种能源消耗产生的二氧化碳与水泥生产量导致的二氧化碳总和而得。

在能源方面，文章选取了煤炭、焦炭、原油、汽油、煤油、柴油、燃料油及天然气。各省的能源消耗量的数据来自1995—2012年《中国能源统计年鉴》中的“地区能源平衡表(实物量)”。由于西藏数据缺失，故不予考虑，另因1996年前四川数据包括重庆，故1996年后也将重庆数据并入四川。

2. 二氧化碳排放量的估算方法

1) 能源消耗产生的二氧化碳估算方法

根据“联合国政府间气候变化委员会”(IPCC)(2007)提供的“国家温室气体清单指南”，能源消费产生的二氧化碳核算方法包括“一次能源消费法”和“终端能源消费法”。一次能源消费法是指核算直接从自然界中取得而未经任何转变的能源消费量所产生的二氧化碳量。终端能源消费法是指通过利用地区能源平

---

① 数据来源于《中国气候变化第二次国家信息通报》。

衡表中的各类能源的终端消费量(不计加工转换、运输和分配过程中损失能源的二氧化碳排放)来核算二氧化碳的排放量;具体的计算步骤如下。

第一步,将煤炭、焦炭、原油、汽油、煤油、柴油、燃料油及天然气的消费实物量的单位转换为标准煤。公式为

$$E_i = Q_i \cdot \alpha_i \quad (i = 1, 2, \cdots, 8)$$

式中：E_i 为各地区第 i 类能源的消费量(标准煤);Q_i 为第 i 类能源的消费量;α_i 为第 i 类能源的标准煤折算系数。各能源的标准煤折算系数参考了《中国能源统计年鉴》中的附录,具体值如表 8.1 所示。

表 8.1　各能源的标准煤折算系数

能　源	煤炭	焦炭	原油	汽油	煤油	柴油	燃料油	天然气
标准煤系数(千克标准煤/千克)	0.7143	0.9741	1.4286	1.4714	1.4714	1.4571	1.4286	1.3300

第二步,计算各能源的二氧化碳排放量,公式为

$$EC = \sum_{i=1}^{8} E_i \cdot \beta_i \cdot 44/12$$

式中：EC 为各地区二氧化碳的排放总量;β_i 为碳排放系数;$\beta_i \cdot 44/12$ 为二氧化碳排放系数。各能源的碳排放系数来源于国家发改委能源研究所与美国能源署,具体值如表 8.2 所示。

表 8.2　各类能源的碳排放系数表

能　源	煤炭	焦炭	原油	汽油	煤油	柴油	燃料油	天然气
碳排放系数(千克碳/千克标准煤)	0.7559	0.8850	0.5857	0.5538	0.5714	0.5921	0.6185	0.4483

2) 水泥生产过程产生的二氧化碳

根据《联合国政府间气候变化专门委员会》2006 年温室气体清单指南提供的方法,并结合现有的统计数据条件,计算水泥生产过程产生的二氧化碳公式如下：

$$EC = M_c \cdot C_{cl} \cdot EF_{clc}$$

式中：EC 为各地区二氧化碳的排放总量；M_c 为水泥产量；C_{cl} 为水泥熟料比例；

EF_{clc} 为水泥熟料碳排放因子。

水泥产量数据来源于 1995—2012 年的《中国统计年鉴》。水泥熟料比为 0.6，水泥熟料碳排放因子为 0.52，数据来源于《联合国政府间气候变化专门委员会》(2006)的温室气体清单指南。

3. 二氧化碳排放量的区域和省域比较

结合图 8.1，在人均二氧化碳排放量上，三大地区在统计年份里不相上下，且于 2002 年之前人均二氧化碳排放量的变化幅度很小，2002 年后有了较为明显的上升。

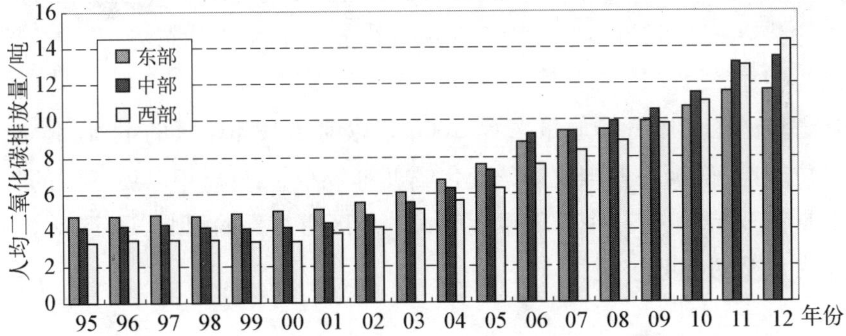

图 8.1　东、中、西部人均二氧化碳的排放量

从排放量的变化趋势角度来看，中部地区的人均二氧化碳排放量呈现出先略微上升后略微下降再明显上升的正 N 型态势，东、西两部在统计年份里均维持着单调上升的趋势，但西部地区的人均排放增长率要高于东部的增长率。

基于省域的角度分析，各省的二氧化碳排放量均在 2000 年以后开始增长，其中增长幅度较大的省份有内蒙古、山西和宁夏。2012 年排放量最大的是内蒙古，达到了人均 35.31 吨，宁夏排放量为人均 32.15 吨，位居其次，山西排放量为人均 23.78 吨，位居第三。

8.1.2　工业三废(工业废气、工业废水、工业固体废弃物)

1. 各省工业三废污染数据的来源

考虑到数据的完整性，文章的工业三废数据来源于 1995—2010 年的《中国环境统计年鉴》与《中国统计年鉴》，之所以没有选取 2011—2012 年的数据是因为这两年的数据统计口径发生了一些变化。

2. 工业三废排放量的区域和省域比较

1) 工业废气

总体上看，在 2000 年之前，东、中、西部的人均工业废气排放量总体维持在 10 吨以下，增长率接近零，而 2000 年以后三大区域的人均工业废气排放量均开始增长，最高数值接近 48 吨。基于各区域角度分析，东部的人均工业废气排放量在 2008 年之前明显高于中、西部的排放量，而 2008 年后的增长率明显降低，甚至有下降的趋势。中、西两部在 2009 年之前的人均工业废气排放量水平几乎一致，而 2009 年后西部的人均工业废气排放却远高于西部。

基于三大区域的比较，东部地区的人均工业废气排放量有着先上升后略微下降的趋势，中、西部两部的人均工业废气排放均呈现上升态势，其中西部上升幅度较为明显。

从省域的工业废气排放量来看，2000 年以前属东部地区的上海、北京、辽宁排放量位于前三位，各省排放量的变化幅度都较小。2000 年以后各省的工业废气排放量都开始增长，其中增长幅度较大的地区有东部的河北、辽宁、天津、中部的内蒙古以及西部的宁夏。

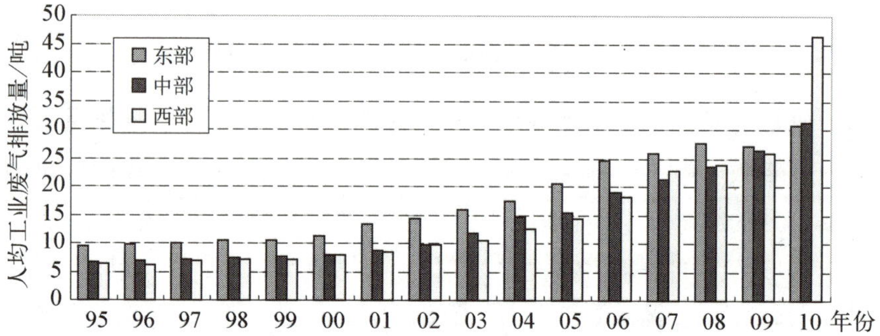

图 8.2 东、中、西部人均工业废气的排放量

2) 工业废水

如图 8.3 所示，在统计的年份中，东部的人均工业废水排放量均远高于中、西两部。中部与西部人均排放的差距逐年减少，2005 年之后两地区排放量几乎持平。

基于各区域角度来看，东部的人均排放量均在 20 吨之上。相比东部而言，中、西两部的人均排放量处于较低的水平。这也可能基于三大地区的水资源分布存在较大差异而导致的结果，因此不能绝对地说中、西两部水体污染程度低。

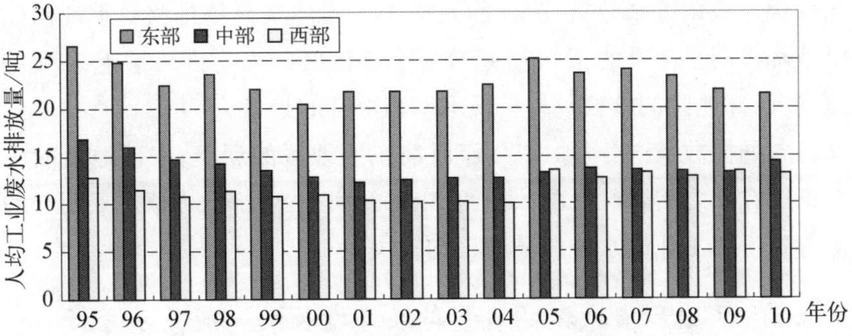

图 8.3　东、中、西部人均工业废水的排放量

结合上述分析，东部的人均工业废水排放量在统计年份中呈现出先下降后上升再下降的倒 N 型变化趋势，中部地区此指标的人均排放呈现出单调下降的趋势，而西部地区的人均排放呈现出先下降后上升的正 U 型态势。

从省域的角度分析，各省的工业废水排放量呈下降趋势，主要是因为我国近些年来对于污水处理的力度较大。其中在 2000 年之前东部地区上海的排放量远高于其他地区，最高达到了人均 101.88 吨，辽宁、北京、江苏位居其次，最高均达到了人均 38 吨。2000 年以后要属东部的江苏和浙江、西部的广西和宁夏排放量较高，排放值达人均 40 吨。

3）工业固体废弃物

如图 8.4 所示，可以观察到在统计年份里中部地区的人均工业固体废弃物排放量均在其他两地区之上。2005 年之前东、西两部的人均排放量几乎趋于一致，2005 年后虽两地区的人均排放均在增加，但西部的增加幅度显然要比东部大。

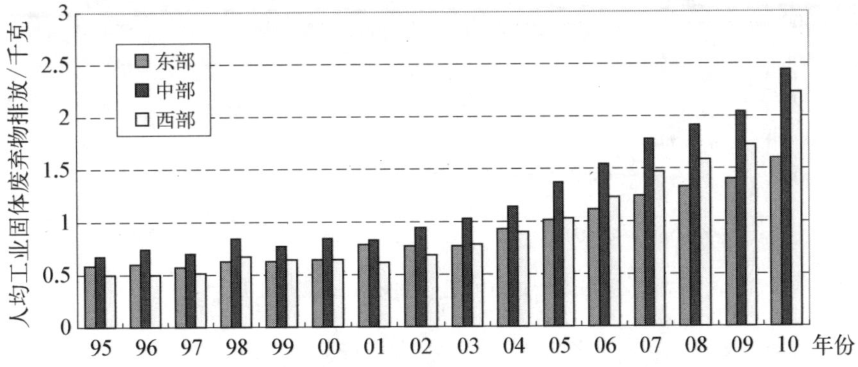

图 8.4　东、中、西部人均工业固体废弃物的排放量

从变化趋势角度来分析，东部的人均工业固体废弃物排放量呈现出先上升后略微下降再明显上升的正N型趋势。中部地区的人均排放量正N型趋势较为明显，而西部地区的排放量却呈现出单调上升的趋势。

从各省的排放状态分析，2000年以前东部地区的辽宁、中部地区的山西排放量较高。在此之后，除了辽宁、山西、东部的河北、中部的内蒙古及西部的宁夏和青海等省份的工业废水排放量增长均较快。

8.1.3 区域和省域环境质量与经济增长的一般关系分析

1. 经济增长的区域和省域比较

本章选取人均实际GDP来衡量经济增长指标，其数据的跨度为1995—2012年，来源于历年的《中国统计年鉴》和《中国人口统计年鉴》，且数据均选取2000年为基期剔除了价格因素。

从图8.5可以观察到，三大地区均呈现出较快的增长趋势，其中东部地区的实际人均GDP水平远比中、西两部要高。东部地区中，上海、北京、天津无论是在绝对量上还是增长幅度上都领先于其他地区，到2012年这3个城市的实际人均GDP都超越了50 000元。中部地区属内蒙古的增幅最大，平均增幅14.5%，最大增幅23.3%，到2012年该省的实际人均GDP达到了38 907.4元。西部地区整体水平都较低，但平均增长幅度却并不低于中部地区的增长幅度。各省1995—2012年的实际人均GDP数值及计算方法详见附录E。

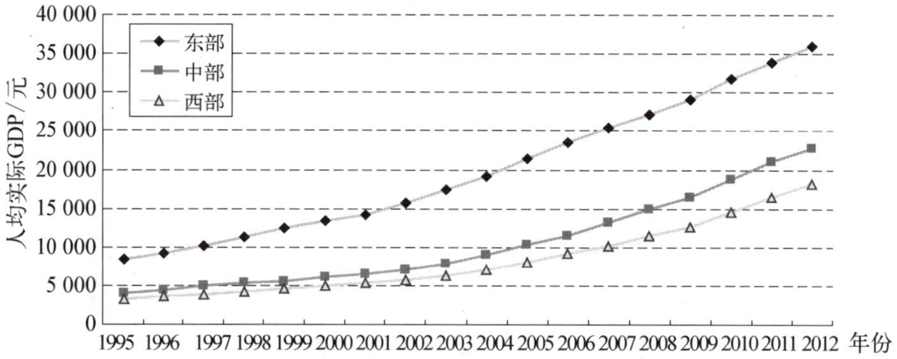

图8.5 东、中、西部的人均实际GDP

2. 二氧化碳与经济增长率的一般关系分析

除经济总量外，经济增长率也是一个衡量国家或地区经济发展状况的重要指标。年均增长率的计算公式为：$m=\sqrt[n]{\dfrac{B}{A}}-1$，其中 B 为最后一年，A 为第一年，$n=B-A$。

依据图 8.6，东、中、西部地区相比较，东部地区的大部分省份的人均二氧化碳排放增长率都较低，中部与西部大部分省份较东部地区的人均二氧化碳排放率要高。对于中、西部而言，人均 GDP 增长率越高，人均二氧化碳排放增长率越大。例如，中、西部宁夏、内蒙古等省份的排放增长率最高达 170%，但其人均 GDP 的增长率相比于其他省份也较高。

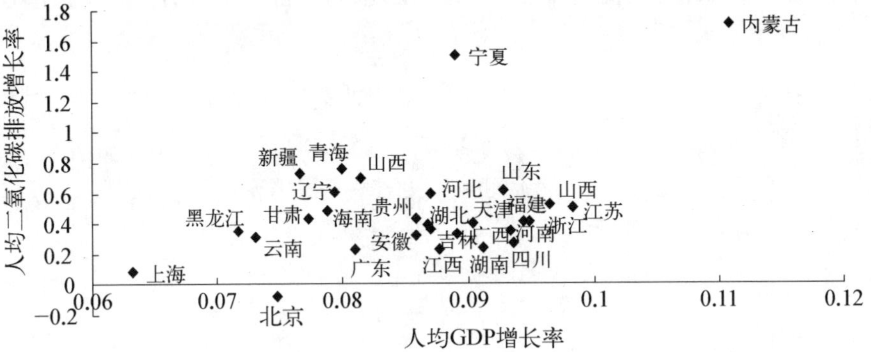

图 8.6　人均二氧化碳排放增速与人均 GDP 增长率之间的关系

3. 工业三废与经济增长的一般关系分析

1) 工业废气

图 8.7 显示，人均工业废气增长率与人均 GDP 增长率呈正相关关系。东部

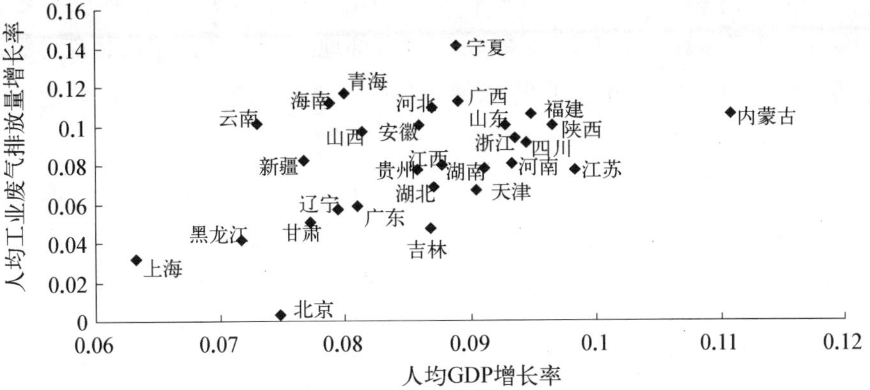

图 8.7　人均工业废气排放增速与人均 GDP 增长率之间的关系

地区如北京、上海、辽宁省份的人均工业废气排放增长率和人均 GDP 增长率都处于比较低的水平，而中、西部的贵州、江西、福建、宁夏、内蒙古等省份的人均工业废气增长率和人均 GDP 增长率处于较高的水平值。

2）工业废水

依据图 8.8，可以清楚地看到大部分省份的人均工业废水排放率都为负值，也即人均工业废水排放量呈现逐年递减的特征，这归因于我国近些年来对于废水的严格治理。从整体角度分析，可以看出人均工业废水增长率与人均 GDP 增长率呈正相关关系。其中，东部地区的上海、北京、辽宁等城市的排放增长率处于较低水平，中、西部地区如浙江、福建、陕西、新疆、宁夏、内蒙古等省份的排放增长率较高。

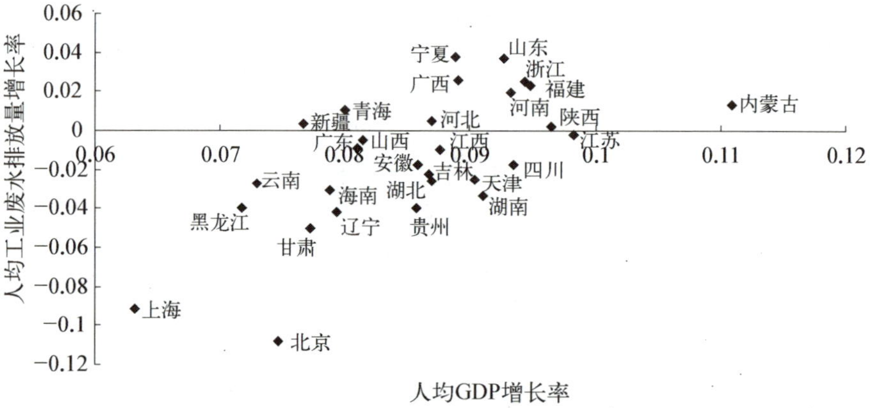

图 8.8　人均工业废水排放增速与人均 GDP 增长率之间的关系

3）工业固体废弃物

图 8.9 与人均工业废气排放增长率的图形类似，人均工业固体废弃物与人均 GDP 增长率大致呈正相关关系。其中，东部地区的辽宁、上海、北京排放增长率较低，而东部地区的浙江、江苏、天津等省份排放增速较高。中、西部地区大部分省份的排放增速与人均 GDP 增速均处于较高水平。

综合上述图形，显而易见，东部地区的北京、上海、辽宁各项污染排放增速都较低。中、西部地区的宁夏、内蒙古的各项污染排放增速都较高。比较东、中、西三部，可以看出人均污染物排放增速几乎相同，但人均 GDP 增速却相差很大，并且可以发现人均 GDP 几乎相同时，人均污染物排放增速却相差较大，如浙江省和其他中、西部省份。这归因于各区域的不平衡发展和 GDP 的复杂构成，GDP 也表现为多样性的增长。因为产业结构、城镇化率、科研投入等因素的不同，人

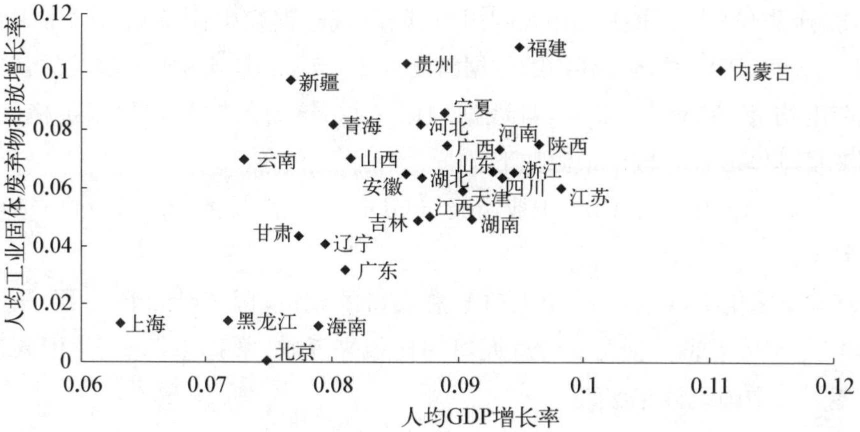

图8.9 人均工业固体废弃物排放增速与人均GDP增长率之间的关系

均排放增长率较小的省份，人均GDP的增长率却相差很大。

8.1.4 指标选取的便利性及其合理性

环境污染主要是指对大气、土地及水资源造成的污染，结合现有数据的条件，我们将大气污染指标细分为二氧化碳排放与工业废气的排放，土壤污染指标选取工业固体废弃物，采用工业废水指标来代表水资源污染。当然我们选取的这些指标的全面性还有待考量。上面通过描述上述环境污染指标与经济发展程度在我国各地区的差异说明了指标选取的合理性。

8.2 环境库兹涅茨曲线的绘制与分析

8.2.1 变量的选取与数据的来源及统计描述

为了考察我国东、中、西部地区的环境质量与经济发展之间的关系，我们的环境指标如前所述分别选取了人均二氧化碳（PCO_2）、人均工业废气（PIWG）、人均工业废水（PIWW）及人均工业固体废弃物（PISW）排放量，也即这些指标作为因变量；经济增长选取了实际人均GDP指标来衡量，作为自变量；此外，考虑到环境库兹涅茨曲线可能会受到一些外在因素的影响，还选取了工业结构占比（IS）、城镇化率（UR）、科研投入（RD）、外商直接投资占比（FDI）、就业人口的受教育程度（DOE）等因素作为控制变量纳入模型。

环境指标和经济增长指标的数据来源前已提到，在此就不再赘述。文章选取了29个省份(由于重庆已并入四川，且因西藏数据缺失而排除)，除了工业废气、工业废水、工业固体废弃物的数据跨度为1995—2010年，本书涉及的其他变量的跨度均为1995—2012年，且数据均以2000年为基期并剔除了价格因素。控制变量具体形式与数据来源如下：

(1) 工业结构占比(IS)：工业份额与GDP的比值，数据来源于历年的《中国统计年鉴》。

(2) 城镇化率(UR)：城镇人口与总人口的比值，因统计口径问题，该指标2004年之前采用非农业人口与总人口的比值来反映，数据来源于《中国人口统计年鉴》与《中国统计年鉴》。

(3) 科研投入占比(RD)：研究与发展经费支出与GDP的比值，该指标在一定程度上可以反应省际的科技进步对环境质量改善的效率。该指标的数据来源于历年《全国科技经费投入统计公报》与《中国科技统计年鉴》。

(4) 外商直接投资占比(FDI)：实际利用外资额与GDP的比值，数据来源于历年各省的《国民经济和社会发展统计公报》，并按当年的平均汇率进行换算过。

(5) 就业人员受教育程度(DOE)：该指标来源于历年的《中国劳动统计年鉴》。

本章选取的面板数据一方面避免了时间序列和截面数据序列的缺点，一定程度上控制了个体的差异性和内生性问题，同时增加了自由度以致一定程度提高了参数的有效性；另一方面，基于我国的地域性的较大差异，不同地区不同时间的环境质量与经济增长之间的关系可能也会有所不同，而面板数据正好能够较好地捕捉这种特征。

相关变量的统计描述如表8.3所示。

表8.3 变量的描述性统计表

变　　量	单位	均值	标准差	最小值	最大值
人均二氧化碳排放量的对数值 $\ln PCO_2$	吨	1.686 2	0.670 1	−0.109 3	3.564 1
人均工业废气排放量的对数值 $\ln PIWG$	吨	2.437 0	0.708 0	0.596 8	5.227 5
人均工业废水排放量的对数值 $\ln PIWW$	吨	2.684 0	0.527 1	1.179 3	4.407 5
人均工业固体废弃物排放量的对数值 $\ln PISW$	千克	6.637 2	0.691 6	4.505 9	8.835 6
人均GDP的对数值 $\ln Y$	元	9.273 1	0.717 8	7.578 0	10.946 3
就业人员受教育程度 DOE	年	8.129 1	1.445 6	4.628 3	20.574 3
城镇化率 UR	%	0.423 6	0.168 9	0.135 2	0.893 0
外商直接投资占比 FDI	%	0.032 4	0.032 4	0.000 7	0.250 8
工业结构占比 IS	%	0.417 8	0.102 8	0.112 0	0.642 1
科研投入占比 RD	%	0.010 7	0.010 69	0.000 2	0.068 3

8.2.2　环境库兹涅茨曲线模型的设定

到目前为止，学者们对于环境库兹涅茨曲线模型的设定可以归纳为：线性模型、二次模型及三次模型这三种类型。标准的环境库兹涅茨曲线模型应设定为二次形式，即环境污染指标为人均 GDP 的二次函数。但基于我国与其他一些西方发达国家的差异以及以往一些对我国环境库兹涅茨曲线相关研究的参考，二次形式的模型并不一定适合，因此本章将 EKC 模型设定为三次形式：

$$
\begin{aligned}
E_{it} = {} & \beta_0 + \beta_1 Y_{it} + \beta_2 Y_{it}^2 + \beta_3 Y_{it}^3 + \beta_4 IS_{it} + \beta_5 UR_{it} \\
& + \beta_6 FDI_{it} + \beta_7 DOE_{it} + \beta_8 RD_{it} + \varepsilon_{it}
\end{aligned}
$$

式中：E_{it} 为人均环境污染排放指标（人均二氧化碳排放量 PCO_2、人均工业废气排放量 $PIWG$、人均工业废水排放量 $PIWW$ 及人均工业固体废弃物排放量 $PISW$）；Y_{it} 为人均 GDP；IS_{it} 为工业结构占比；UR_{it} 为城镇化率；FDI_{it} 为外商直接投资占比；DOE_{it} 为就业人员受教育程度；RD_{it} 为科研投入占比；ε_{it} 为随机误差。

同时，为了避免数据间可能存在的异方差以及考虑到各序列间的协整关系，因此将模型形式设定为部分对数形式，即

$$
\begin{aligned}
\ln E_{it} = {} & \beta_0 + \beta_1 \ln Y_{it} + \beta_2 (\ln Y_{it})^2 + \beta_3 (\ln Y_{it})^3 + \beta_4 IS_{it} + \beta_5 UR_{it} \\
& + \beta_6 FDI_{it} + \beta_7 DOE_{it} + \beta_8 RD_{it} + \varepsilon_{it}
\end{aligned}
$$

上述模型中，参数 β_1、β_2、β_3 的大小和正负对于人均污染排放量与人均国内生产总值曲线形状的判断有着非常重要的作用，在此将所有可能的情形列于如下：

(1) $\beta_1 \neq 0$, $\beta_2 = 0$, $\beta_3 = 0$ 时，人均污染排放量与人均国内生产总值呈线性关系。

(2) $\beta_1 > 0$, $\beta_2 < 0$, $\beta_3 = 0$ 时，曲线刚好符合倒 U 型假定。

(3) $\beta_1 < 0$, $\beta_2 > 0$, $\beta_3 = 0$ 时，曲线呈 U 型。

(4) $\beta_1 > 0$, $\beta_2 < 0$, $\beta_3 > 0$ 时，曲线将呈现 N 型。

(5) $\beta_1 < 0$, $\beta_2 > 0$, $\beta_3 < 0$ 时，曲线将呈现倒 N 型，即 U+倒 U 型。

若在式子中对 $\ln Y_{it}$ 求一阶导并令其为零，就可求出曲线的拐点值。具体过程如下：

$$\beta_1 + 2\beta_2 \ln Y_{it} + 3\beta_3 (\ln Y_{it})^2 = 0$$

当β_1、β_2、β_3的值为(2)、(3)种情形，则曲线的拐点值为$\ln Y_{it} = -\beta_1/2\beta_2$，则$Y_{it} = \exp(-\beta_1/2\beta_2)$；当$\beta_1$、$\beta_2$、$\beta_3$的大小满足(4)、(5)时，曲线的拐点值为$\ln Y_{it} = (-\beta_2 \pm \sqrt{\beta_2^2 - 3\beta_1\beta_3})/(3\beta_3)$，则$Y_{it} = \exp[(-\beta_2 \pm \sqrt{\beta_2^2 - 3\beta_1\beta_3})/(3\beta_3)]$。

8.2.3 面板单位根检验

因面板数据综合了时间序列和截面序列数据，这就说明面板数据也可能存在一定的不平稳性。我们采用了 Eviews6.0 中的 LLC 检验、Breitung 检验、IPS 检验、ADF-Fisher 检验以及 PP-Fisher 检验。其中 LLC 检验和 Breitung 检验为同质单位根(截面系数相同的单位根)下的检验，其余的检验均为异质单位根(截面系数不同)下的检验，且所有检验的零假设均为“存在单位根”。序列的一阶差分检验结果如表 8.4 所示。

表 8.4 面板单位根检验结果

变量检验	LLC	Breitung	IPS	ADF-Fisher	PP-Fisher
$\Delta\ln PCO_2$	−6.918 24 (0.000 0)	−3.990 18 (0.000 0)	−3.962 83 (0.000 0)	102.442 (0.000 0)	103.343 (0.000 0)
$\Delta\ln PIWG$	−14.484 4 (0.000 0)	−5.335 61 (0.000 0)	−11.412 3 (0.000 0)	214.097 (0.000 0)	286.022 (0.000 0)
$\Delta\ln PIWW$	−15.373 0 (0.000 0)	−5.140 29 (0.000 0)	−13.203 9 (0.000 0)	234.903 (0.000 0)	315.432 (0.000 0)
$\Delta\ln PISW$	−13.852 5 (0.000 0)	−5.585 47 (0.000 0)	−10.520 4 (0.000 0)	196.983 (0.000 0)	266.510 (0.000 0)
$\Delta\ln Y$	−8.222 14 (0.000 0)	−3.110 08 (0.000 9)	−5.585 13 (0.000 0)	124.270 (0.000 0)	157.846 (0.000 0)
$\Delta\ln Y^2$	−8.254 98 (0.000 0)	−1.997 76 (0.022 9)	−5.009 88 (0.000 8)	116.545 (0.001 7)	145.108 (0.002 7)
$\Delta\ln Y^3$	−8.098 55 (0.000 0)	−1.276 92 (0.100 8)	−4.787 25 (0.000 0)	112.902 (0.000 0)	125.715 (0.000 0)
$\Delta\ln IS$	−18.619 2 (0.000 0)	−1.071 81 (0.141 9)	−15.044 6 (0.000 0)	264.494 (0.000 0)	363.675 (0.000 0)
$\Delta\ln UR$	−14.106 2 (0.000 0)	−7.826 50 (0.000 0)	−7.400 51 (0.000 0)	148.285 (0.000 0)	188.582 (0.000 0)

（续表）

变量检验	LLC	Breitung	IPS	ADF-Fisher	PP-Fisher
$\Delta\ln FDI$	−13.406 5 (0.000 0)	−8.888 43 (0.000 0)	−9.213 37 (0.000 0)	181.890 (0.000 0)	250.032 (0.000 0)
$\Delta\ln DOE$	−20.188 0 (0.000 0)	−4.821 60 (0.000 0)	−18.582 2 (0.000 0)	323.151 (0.000 0)	426.633 (0.000 0)
$\Delta\ln RD$	−16.120 6 (0.000 0)	−7.980 70 (0.000 0)	−13.714 7 (0.000 0)	248.517 (0.000 0)	321.016 (0.000 0)

注：表中括号内的值是各检验 p 值。

根据 Eviews 中的检验结果，表中除了 $\Delta\ln Y^3$ 与 $\Delta\ln IS$ 序列有一种检验(Breitung 检验)未通过外，其他序列的一阶差分均在5%的水平上拒绝了原假设，甚至有些差分序列在1%的水平上显著。对于 $\Delta\ln Y^3$ 与 $\Delta\ln IS$ 这两个变量，5 种检验只有一种检验未通过，这可能是因为我们选取样本的时间维度只有 18 年的原因，所以在一定程度上影响了 Breitung 检验的功效。综上所述，所有数据序列虽不平稳，但均服从一阶单整 I(1) 过程，因此可以进行下一步的回归。

8.2.4　固定效应与随机效应模型的选择

面板数据模型的种类可以归纳为三类：第一类是混合横截面模型，第二类是变系数模型，第三类是变截距模型，其中变截距模型又可以分为固定效应模型和随机效应模型。由于我们着重研究各个区域、省域存在的差异性，变系数模型则难以反映这种差异，所以本书不考虑变系数模型。因混合模型不能反映个体的差异性，所以我们主要以变截距模型进行研究，即在固定效应模型和随机效应模型中进行选择。

实证采用 Eviews6.0 进行分析，所有数据经面板单位根检验，均一阶平稳，同时对数据进行 F 检验和 Hausman 检验，F 检验的目的是判断应选择混合模型还是变截距模型，Hausman 检验的目的是判断应选择固定效应模型还是随机效应模型，此外模型采用了 Cross-section SUR(似然不相关法)法进行估计，这样可以避免异方差和自相关带来的影响。

8.2.5　东、中、西部各污染物模型回归结果与分析

我们根据相关数据，将东、中、西部各污染物模型回归结果与分析总结如下：

1. 二氧化碳库兹涅茨曲线的结果与分析

各区域人均二氧化碳库兹涅茨曲线的回归结果如表 8.5 所示。

表 8.5　各区域人均二氧化碳库兹涅茨曲线的回归结果

变　量	全国总体（随机效应）	东部（固定效应）	中部（固定效应）	西部（固定效应）
常数 β_0	98.14***	108.9***	−169.5***	−5.489***
人均实际 GDP 的对数 $\ln Y_{it}$	−32.85***	−37.31***	51.08***	0.751***
人均实际 GDP 对数的平方 $(\ln Y_{it})^2$	3.646***	4.177***	−5.124***	
人均实际 GDP 对数的立方 $(\ln Y_{it})^3$	−0.131***	−0.152***	0.174***	
工业结构占比 IS_{it}	0.242 76*	1.238***	0.038 093	0.720***
城镇化率 UR_{it}	0.949***	0.307***	0.473 3**	0.764***
科研投入占比 RD_{it}	−17.06***	−19.38***	−4.025 392	−24.54***
外商直接投资占比 FDI_{it}	0.268 448	−0.621***	3.189***	1.652***
就业人员受教育程度 DOE_{it}	−0.036 72*	0.019***	−0.016 327	−0.008***

注：括号内的数值表示系数对应的 p 值，***、**、* 分别表示系数在 1%、5%、10%的水平内显著。

各区域人均二氧化碳库兹涅茨曲线的形状如图 8.10 所示。

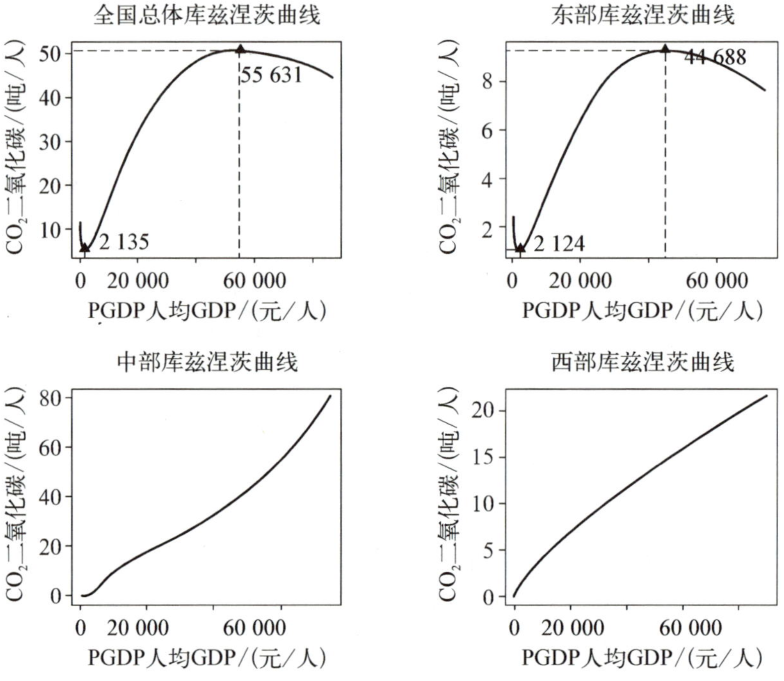

图 8.10　各区域人均二氧化碳库兹涅茨曲线

从表8.5和图8.10可以观测到，各区域的人均二氧化碳EKC并没有呈现出“倒U型”。其中东部地区的人均二氧化碳排放随着人均收入的增长先下降后上升再下降的“倒N型”，中部地区呈现出“N型”，但从图可以看出其拐点是虚值，导致整体图形呈上升态势。西部地区呈直线上升趋势。

从拐点值来看，东部第二拐点值要比全国整体第二拐点值低。其中东部地区只有“北京、天津、上海”超过了第二拐点值，其他省份均处于第一拐点与第二拐点之间。

上述结果中，各区域其他因素对人均二氧化碳排放的影响也不同，工业结构占比对东部的影响最大，城镇化率对于东、中、西部均有显著影响，且影响力依次递增。三大地区科研投入占比的系数值均为负，且东部和西部的系数值要比中部小，说明科研投入的加强是降低二氧化碳排放的有效途径。而外商直接投资占比与就业人员受教育程度在三大地区的系数值有正有负，其中FDI占比的扩大对于东部地区的二氧化碳的降低是有利的，就业人员受教育程度的加强对于中、西部地区的二氧化碳排放的降低是有利的。

2. 工业废气库兹涅茨曲线的回归结果与分析

工业废气库兹涅茨曲线的回归结果如表8.6所示。

表8.6　各区域人均工业废气排放的库兹涅茨曲线回归结果

变　量	全国总体（固定效应）	东部（固定效应）	中部（固定效应）	西部（固定效应）
常数 β_0	117.67***	39.29***	−165.3***	−8.953***
人均实际GDP的对数 $\ln Y_{it}$	−39.18***	−15.19***	49.29***	1.167***
人均实际GDP对数的平方 $(\ln Y_{it})^2$	4.330***	1.846***	−5.915 7**	
人均实际GDP对数的立方 $(\ln Y_{it})^3$	−0.155***	−0.070***	0.165 8**	
工业结构占比 IS_{it}	0.173 324	1.590***	0.515 6**	0.182 404
城镇化率 UR_{it}	1.471***	1.175***	0.691 6**	0.918 6**
科研投入占比 RD_{it}	−16.320**	−12.03***	−9.95***	−13.505**
外商直接投资占比 FDI_{it}	0.552 524	1.039***	2.350 3**	−1.619 9**
就业人员受教育程度 DOE_{it}	−0.010 61*	−0.002 896	−0.016 583	−0.003 576

注：括号内的数值表示系数对应的 p 值，***、**、*分别表示系数在1%、5%、10%的水平内显著。

各区域人均工业废气库兹涅茨曲线的形状如图8.11所示。

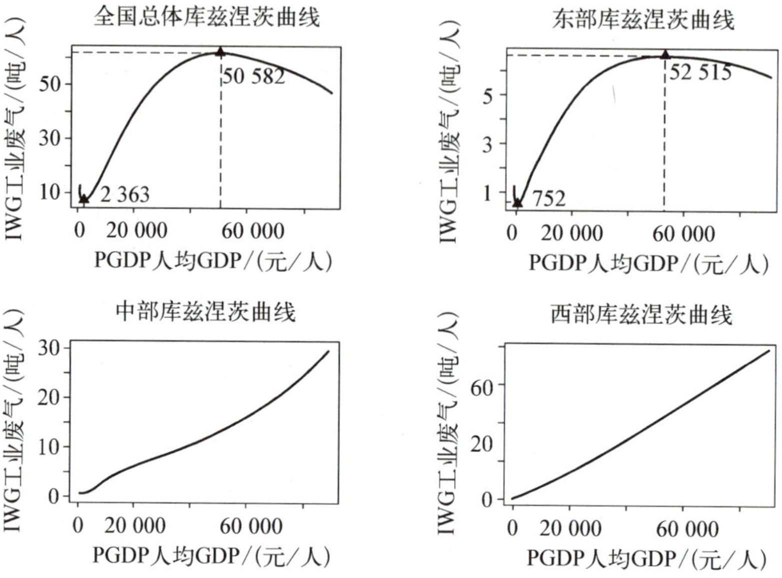

图 8.11　各区域人均工业废气库兹涅茨曲

根据表 8.6 和图 8.11 的回归结果，各区域的人均工业废气 EKC 与各区域的人均二氧化碳 EKC 趋势差不多，即东部地区呈现出人均工业废气排放随人均收入先下降后上升再下降的“倒 N 型”，中部地区的“倒 N 型”由于拐点值是虚值，导致图形整体呈现上升趋势，而西部地区的三次回归结果中二次项与三次项系数均不显著，使得西部的曲线呈直线上升态势。

从拐点值来看，东部地区的第二拐点值较全国整体要高，其中东部地区只有“北京、天津”超过了第二拐点值，其他省份均处于第一拐点到第二拐点之间。

上述结果中，各区域其他因素对人均工业废气排放的影响也不同。其中工业结构占比对于三大地区的影响系数均为正值，对东部的影响最大，中部次之，西部的影响不显著。城镇化率对三大地区人均工业废气的影响系数皆显著为正，其中对东部的影响最大，几乎为对中、西部影响力的 2～3 倍。科研投入占比因素对三大地区人均工业废气排放的影响系数均显著为负，其中对东、西部的人均工业废气减排有较大作用。外商直接投资占比对东部和中部的人均工业废气排放的影响系数显著为正，而对西部的人均工业废气排放的影响系数显著为负。就业人员受教育程度在三大地区中对于人均工业废气的排放影响系数均不显著。

3. 工业废水库兹涅茨曲线的结果与分析

各区域人均工业废水库兹涅茨曲线的回归结果如表 8.7 所示。

表 8.7　各区域人均工业废水库兹涅茨曲线回归结果

变　量	全国总体（随机效应）	东部（随机效应）	中部（固定效应）	西部（固定效应）
常数 β_0	202.8***	100.10**	14.32***	175.3***
人均实际 GDP 的对数 $\ln Y_{it}$	−64.64***	−32.81***	−2.582***	−54.60***
人均实际 GDP 对数的平方$(\ln Y_{it})^2$	6.958***	3.679***	0.128***	5.740***
人均实际 GDP 对数的立方$(\ln Y_{it})^3$	−0.250***	−0.136***		−0.201***
工业结构占比 IS_{it}	2.160***	0.551***	1.483***	2.191***
城镇化率 UR_{it}	1.986***	0.242***	2.338***	1.125***
科研投入占比 RD_{it}	−9.410***	4.609***	−22.00***	−0.065 800
外商直接投资占比 FDI_{it}	0.782 424	0.163 492	2.484***	−3.500***
就业人员受教育程度 DOE_{it}	−0.060***	0.010***	−0.135***	−0.026***

注：括号内的数值表示系数对应的 p 值，***、**、* 分别表示系数在 1%、5%、10% 的水平内显著。

各地区人均工业废水库兹涅茨曲线的形状如图 8.12 所示。

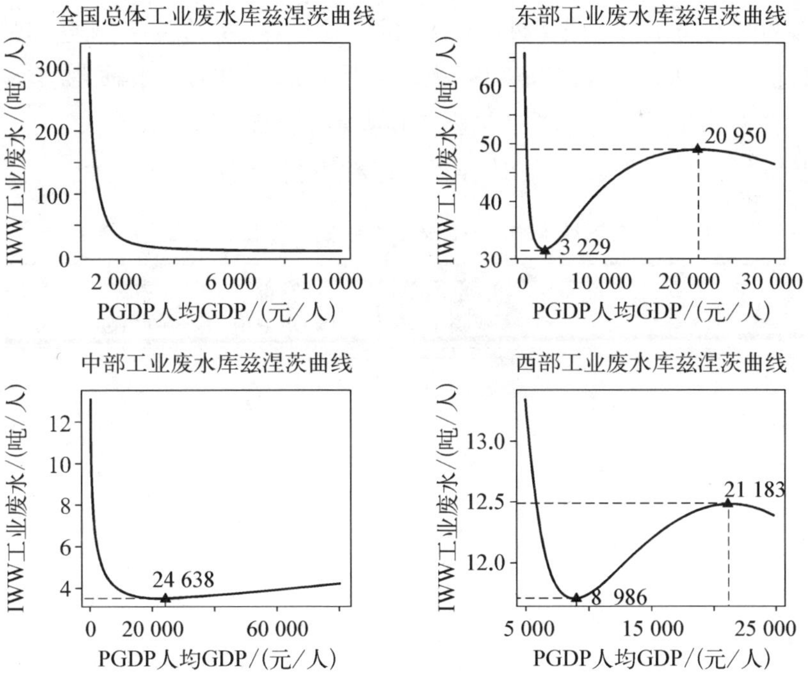

图 8.12　各区域人均工业废水库兹涅茨曲线图

据表 8.7 的回归结果及与各区域的人均工业废水排放的库兹涅茨曲线图 8.12，东部和西部呈现出人均工业废水的排放量随着人均收入先下降后上升再下降的“倒 N 型”，中部呈现出人均工业废水的排放量随着人均收入先下降后上升的“U 型”。仔细观察图形，发现图形在第一拐点前有较长的下降趋势，这源于近些年国家对于工业废水的严格治理措施，使得工业废水整体呈现下降趋势。

从拐点值来看，东部和西部的第二拐点值比其他几项污染物要低很多，这源于工业废水的数据取得是净值，而非总体数据。东部地区的大部分省份都超过了第二拐点值，西部地区所有省份几乎都未超过第二拐点。对于中部地区，除了“内蒙古、吉林”超过了拐点 24 638 元（即人均排放量随着人均收入的增加而上升），其他省份均处于下降阶段，这也很可能源于国家治理废水的措施。

从各区域其他因素对于人均工业废水排放的作用结果分析，工业结构占比对于东、中、西部的人均工业废水排放的影响皆显著为正，且对于东、中、西部的影响系数依次递增。城镇化率对三大地区人均工业废水的排放的影响系数也均显著为正，对中部影响最大，西部次之，东部最小。科研投入占比在三大地区的系数正负不一，其中对东部的人均废水排放显著为正，对中部的影响系数却显著为负，而对于西部的影响系数虽为负值但不显著。外商直接投资占比只对西部的人均工业废水的减排有促进作用。就业人员受教育程度的扩大对于中西的人均工业废水减排是有利的。

4. 工业固体废弃物库兹涅茨曲线的结果与分析

表 8.8 是各区域人均固体废弃物的库兹涅茨曲线回归结果。

表 8.8　各区域人均工业固体废弃物的库兹涅茨曲线回归结果

变　　量	全国总体（固定效应）	东部（固定效应）	中部（固定效应）	西部（固定效应）
常数 β_0	57.92***	38.38***	−1.357***	−198.2***
人均实际 GDP 的对数 $\ln Y_{it}$	−18.26***	−12.70***	0.858***	70.36***
人均实际 GDP 对数的平方$(\ln Y_{it})^2$	2.061***	1.486***		−8.102***
人均实际 GDP 对数的立方$(\ln Y_{it})^3$	−0.074***	−0.056***		0.314***
工业结构占比 IS_{it}	0.603 78*	2.159***	0.089 983	0.374 59
城镇化率 UR_{it}	0.763***	0.704***	0.643***	−0.443 720
科研投入占比 RD_{it}	−11.703**	−6.926***	−15.81***	6.511 0**
外商直接投资占比 FDI_{it}	2.306***	1.683***	4.868***	4.736***
就业人员受教育程度 DOE_{it}	−0.019 240	−0.022***	−0.028 286	0.027 3**

注：括号内的数值表示系数对应的 p 值，***、**、* 分别表示系数在 1%、5%、10%的水平内显著。

图 8.13 是各区域人均工业固体废弃物库兹涅茨曲线形状图。

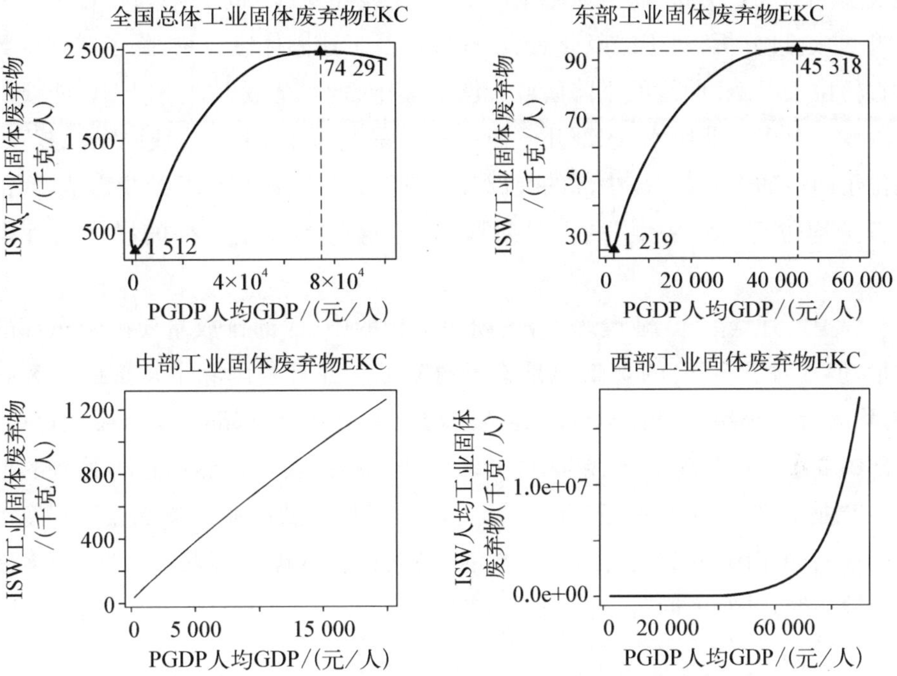

图 8.13 各区域人均工业固体废弃物库兹涅茨曲线图

根据表 8.8 的回归结果与各区域的人均工业固体废弃物排放的库兹涅茨曲线图 8.13，其图形与人均二氧化碳、人均工业废气的图形走向差不多，即东部呈现"倒 N 型"，中部、西部呈现上升趋势，但西部的上升趋势比中部的要强烈。

从拐点值来看，东部的第二拐点值要远低于全国整体值，其中东部地区除了"北京、天津、上海"超过了第二拐点值，其他省份均处于第一拐点和第二拐点间。

从各区域其他因素对于人均工业固体废弃物排放的作用结果分析，工业结构占比只对东部人均工业固体废弃物的排放有显著的正向作用，城镇化率对东、中部的影响系数显著为正，但对于西部地区的影响系数却显著为负。科研投入占比对于东、中两部的人均工业固体废弃物有显著的减排效应，而对西部的人均工业固体废弃物却有显著的正向作用。外商直接投资对于三大地区的影响系数均显著为正，其中中、西两部的系数值要大于东部的系数值。就业人员受教育程度对于东、中部的人均工业固体废弃物的减排有显著的促进作用。

综合上述图形的分析，各污染物在东部的 EKC 曲线形状呈"先下降后上升再下降”的“倒N型”，二氧化碳、工业废气及工业固体废弃物在中、西部的EKC曲线呈“上升的”形状，而工业废水的EKC曲线在中、西部分别呈现“U型”和“倒N型”。通过分析，对于二氧化碳、工业废气及工业固体废弃物，除了东部少数发达省份位于EKC曲线的下降阶段，其他东、中、西部省份均处于EKC曲线的上升阶段。对于工业废水，东部几乎所有省份都超过了EKC曲线的第二拐点，从而位于曲线的下降阶段，中部的大部分省份都非常接近“U型”的拐点值，西部所有省份均位于“倒N型”的上升阶段，这与近些年我国严格的废水治理措施有关。

综上所述，除了工业废水外，各项污染物的中、西部排放量要高于东部的排放量，但其对于GDP的贡献也是不可忽略的。并且我国除了东部的少数省份外，均表现为环境污染排放随着经济的增长而上升，且东部的上升幅度比中、西两部的要小。这与韩玉军、陆旸(2009)的研究结果类似。然而这种趋势的形成是受产业结构、城镇化率、科研投入、外商直接投资及就业人员受教育程度等多种因素共同作用的结果。因此，需要对“各污染物的库兹涅茨曲线”进行多因素的分段研究，并对不同阶段分别进行考察。

8.3 基于环境库兹涅茨曲线的门槛效应分析

本节将在上两节分析的基础上进一步讨论我国环境库兹涅茨曲线可能的具体细节特征。我们将基于Hansen发展的门槛面板模型对各污染物的库兹涅茨曲线的形成机制进行实证分析，即探讨产业结构、城镇化率、科研投入、外商直接投资及就业人员受教育程度五大因素在各污染物的库兹涅茨曲线中的门槛效应。

Hansen发展的门槛面板模型可以根据数据本身的特点内生的对数据进行分组，进而确定门槛值。该方法的优点就是以“内生分组”代替了“外生分组”，能够更为准确地揭示上述五大因素不同阶段中经济增长与二氧化碳排放之间的变化关系。

8.3.1 门槛回归原理的介绍

自经济学家们开始重视环境问题以来，库兹涅茨曲线一直是首选的研究理论基础，寻找曲线拐点及具体形状的研究也因而层出不穷，其中门槛回归法即为学者们备受推崇的方法之一,其一该方法可以通过丰富的数据较为精准的刻画曲线的细节特征,其二该方法操作起来较为简便。首先对于本书中将用到的相关方法做一简单介绍。

1. 基本模型的设定

参考 Hansen(2000)门槛回归方法,可设定单一面板门槛模型为

$$y_{it} = \eta_i + \beta_1 x_{it} I(q_{it} \leqslant \gamma) + \beta_2 x_{it} I(q_{it} > \gamma)_i + \varepsilon_{it} \tag{8.1}$$

式中:i 为第 i 个省份;t 为第 t 个年份;y_{it} 为被解释变量;x_{it} 为解释变量向量;q_{it} 为门槛变量;q_{it} 可以是也可以不是 x_{it} 的一部分;γ 为未知门槛;$\varepsilon_{it} \sim iid(0, \delta^2)$ 为随机扰动项;$I(\cdot)$是一个指示函数,也即

$$I(q_{it} \leqslant \gamma) = \begin{cases} 1 & q_{it} \leqslant \gamma \\ 0 & q_{it} > \gamma \end{cases}, \quad I(q_{it} > \gamma) = \begin{cases} 1 & q_{it} > \gamma \\ 0 & q_{it} \leqslant \gamma \end{cases} \tag{8.2}$$

门槛变量 q_{it} 的作用是将样本划分为不同的组(内生分组),采用 Hansen (2000)的门槛回归方法,以门槛变量为体制改变的转折点,模型中不同体制就是通过门槛变量大于或小于某一门槛值来表示。

对于任意门槛值 γ,可以通过求解方程的残差平方和 $S_1(\gamma) = e_i(\gamma)' e_i(\gamma)$ 得到各参数的估计值。而最优门槛值 $\hat{\gamma}$ 应该使 $S_1(\gamma) = e_i(\gamma)' e_i(\gamma)$ 在所有平方和中最小,即 $\hat{\gamma} = \text{argmin} S_1(\gamma)$。

2. 模型的显著性检验

该检验的目的是检验门槛值划分的两组样本其模型估计参数是否显著不同。因此,不存在门槛值的零假设为:$H_0: \beta_1 = \beta_2$,同时构造 LM(lagrange multiplier)统计量,对零假设进行统计检验,其次,构造统计量 F:

$$F = n \frac{S_0 - S_n(\hat{\gamma})}{S_n(\hat{\gamma})} \tag{8.3}$$

式中:S_0 表示在零假设下的残差项平方和加总;S_n 为存在门槛效果下的残差项平方和加总。

然而对上式统计检验在零假设下 $\hat{\gamma}$ 是无法识别的,这将造成传统的检验统计量其大样本分布并非“卡方分布”,而是受到干扰参数影响的“非标准非相似(non-standard non-similar)分布”,使得分布的临界值无法以模拟方式得到。为了克服这一问题,Hansen(1996)以统计量本身的大样本分布函数来转换,得到

大样本的渐进 p 值。在零假设成立下，该 p 值统计量的大样本分布为均匀分布，并且可以由“自助抽样法”(bootstrap)来计算。这种方法的基本思路是：在解释变量和门槛给定的前提下，模拟产生一组因变量序列，并使其服从 $N(0, \hat{e}^2)$，其中 $\hat{e}$ 是式(8.1)的残差项。每得到一个自抽样本，就可以计算出一个模拟的 LM 统计量。将这一过程重复 1 000 次，Hansen(1996)认为模拟产生的 LM 统计量大于式(8.4)的次数占总模拟次数的百分比就是“自助抽样法”估计得到的 p 值。这里的 Bootstrap p 值类似于普通计量方法得出的相伴概率 p 值。

3. 门槛值置信区间的确定

当确定某一变量存在“门槛效应”时，还需要进一步确定其门槛值的置信区间。即对零假设 $H_0: \gamma = \gamma_0$ 进行检验，“似然比统计量”(likelihood ratio statistic)可表示为

$$LR_n(\gamma_0) = n\frac{S_n(\gamma) - S_n(\hat{\gamma})}{S_n(\hat{\gamma})} \tag{8.4}$$

LR_1 同样为非标准正态分布。而 Hansen(2000)计算了其置信区间，即在显著性水平为 α 时，当 $LR_1(\gamma_0) \leqslant c(\alpha) = -2\ln[1-\sqrt{(1-\alpha)}]$ 时，不能拒绝零假设。其中，在 95%的置信水平下 $c(\alpha) = 7.35$。

除了一个门槛值的检验程序外，为确定是否存在两个或两个以上的门槛值，必须再进行两个门槛值的检验。当拒绝 LM 检验，表示至少存在一个门槛值，接着假设一个估计得到的 $\hat{\gamma}_1$ 为已知，再进行下一个门槛值 $\hat{\gamma}_2$ 的搜寻。在确定了两个门槛之后，继续进行 3 个门槛的检验，以此类推，直到无法拒绝零假设为止，多个门槛检验的原理与一个门槛的情况相同。

8.3.2 基于环境质量与经济增长关系的门槛面板模型构造

1. 基本模型的构造

$$\begin{aligned}\ln E_{it} = {} & \beta_0 + \beta_1 \ln Y_{it} I(q_{it} \leqslant \gamma) + \beta_2 \ln Y_{it} I(q_{it} > \gamma) + \beta_3 IS_{it} \\ & + \beta_4 UR_{it} + \beta_5 RD_{it} + \beta_6 FDI_{it} + \beta_7 DOE_{it} + \varepsilon_{it}\end{aligned} \tag{8.5}$$

式中：E_{it} 为人均环境污染排放指标(人均二氧化碳排放量 PCO_2、人均工业废气排放量 $PIWG$、人均工业废水排放量 $PIWW$ 及人均工业固体废弃物排放量 $PISW$)；Y_{it} 为人均 GDP；IS_{it} 为工业结构占比；UR_{it} 为城镇化率；FDI_{it} 为外

商直接投资占比；DOE_{it} 为就业人员受教育程度；RD_{it} 为科研投入占比；ε_{it} 为随机误差。

2. 门槛变量的选取

依次选取 IS_{it}（工业结构占比）、UR_{it}（城镇化率）、RD_{it}（科研投入占比）、FDI_{it}（外商直接投资占比）、DOE_{it}（就业人员受教育程度）作为式(8.5)中的门槛变量 q_{it}。

利用 Hansen(2000)的门槛回归方法检验这些门槛变量是否存在门槛值使得经济增长对环境污染影响的系数发生改变，若存在，其门槛值的大小、个数以及该门槛值下影响系数的增减均可得知。根据各门槛变量在各区域的回归结果可以对各区域提出相应的政策建议来推动环境质量与经济增长之间的可持续发展。

8.3.3　我国总体各污染物的门槛回归结果与分析

我们依次选取 IS_{it}（工业结构占比）、UR_{it}（城镇化率）、RD_{it}（科研投入占比）、FDI_{it}（外商直接投资占比）、DOE_{it}（就业人员受教育程度）作为门槛变量对上述门槛模型进行估计，结果如下。

1. 二氧化碳 EKC 曲线的门槛特征分析

二氧化碳面板门槛估计结果如表 8.9 所示。

表 8.9　二氧化碳面板门槛估计结果

	IS	*UR*	*RD*	*FDI*	*DOE*
门槛值 γ_1	0.211**	0.355**	0.003***	0.032**	8.260***
置信区间	[0.21, 0.21]	[0.35, 0.41]	[0.003, 0.003]	[0.031, 0.09]	[8.01, 8.35]
门槛值 γ_2		0.782**	0.022**	0.089**	10.107**
置信区间		[0.76, 0.78]	[0.019, 0.050]	[0.08, 0.09]	[9.90, 10.27]
LPGDP $I(q\leqslant\gamma_1)$	0.788***	0.706***	0.666***	0.825***	0.701***
LPGDP $I(\gamma_1\leqslant q\leqslant\gamma_2)$	0.847***	0.726***	0.698***	0.812***	0.721***
LPGDP $I(q\geqslant\gamma_2)$	0.847***	0.678***	0.667***	0.789***	0.686***

注：***、**、*分别表示系数在 1%、5%、10%的水平内显著。

表 8.9 表明了 IS_{it}（工业结构占比）、UR_{it}（城镇化率）、RD_{it}（科研投入占

比)、FDI_{it}(外商直接投资占比)及 DOE_{it}(就业人员受教育程度)对于人均二氧化碳排放与经济增长之间的关系均存在显著的门槛效应。其中，除了 IS_{it}(工业结构占比)只有一个门槛外，其他门槛变量均显著的存在双重门槛值。

表中结果显示，当 IS_{it}(工业结构占比)低于 21.1%时，经济每增长 1 个单位将会增加 0.788 吨的人均二氧化碳排放量，当工业结构占比高于 21.1%时，经济每增长 1 个单位将会增加 0.847 吨的人均二氧化碳排放量。当 UR_{it}(城镇化率)低于 35.5%时，经济每增长 1%将使排放量增加 0.706 吨，当城镇化率位于 35.5%与 78.2%之间时，经济增长对人均二氧化碳排放量系数呈现增加趋势，而当城镇化率超过 78.2%时，经济每增长 1 个单位将使排放量的增加减少为 0.678 吨。当 RD_{it}(科研投入占比)小于 0.3%时，经济每增加 1 个单位将导致 0.666 吨的人均二氧化碳排放量，当 RD_{it} 大于 0.3%小于 2.2%时，经济增长的系数将增加为 0.698，当 RD_{it} 大于 2.2%时，经济每增长 1 个单位将使排放量的增加减少为 0.667 吨。对于 FDI_{it}(外商直接投资占比)，从小于 3.2%，到大于 3.2%小于 8.9%，再到大于 8.9%，经济增长对于人均二氧化碳排放量的系数将依次递减。对于 DOE_{it}(就业人员受教育程度)，只有当它的值大于 10.107 时，经济增长每增长 1 个单位才使排放量的增加减小为 0.686 吨。

对比各门槛值的经济增长系数，属科研投入占比的经济增长系数最低。

2. 工业废气 EKC 曲线的门槛特征分析

工业废气 EKC 曲线的门槛特征如表 8.10 所示。

表 8.10 工业废气面板门槛估计结果

	IS	*UR*	*RD*	*FDI*	*DOE*
门槛值 γ_1	0.211***	0.355**	0.003**	0.002***	8.191**
置信区间	[0.20, 0.21]	[0.20, 0.40]	[0.001, 0.022]	[0.002, 0.002]	[6.73, 9.67]
门槛值 γ_2	0.294***	0.780**	0.042**	0.092**	10.203**
置信区间	[0.29, 0.30]	[0.20, 0.78]	[0.042, 0.042]	[0.081, 0.094]	[9.57, 10.40]
LPGDP I($q\leqslant\gamma_1$)	0.898***	0.809***	0.873***	0.824***	0.887***
LPGDP I($\gamma_1\leqslant q\leqslant\gamma_2$)	0.978***	0.835***	0.893***	0.884***	0.900***
LPGDP I($q\geqslant\gamma_2$)	1.008***	0.791***	0.807**	0.836***	0.862***

注：***、**、*分别表示系数在 1%、5%、10%的水平内显著。

依据表 8.10，各门槛变量对于人均工业废气排放与经济增长之间的关系均存在显著的门槛效应，且都是双重门槛。

表中结果显示，IS_{it}（工业结构占比）从低于 21.1%，到大于 21.1%小于 29.4%，再到大于 29.4%，经济增长对于人均工业废气的排放量的边际系数依次递增，最大达到 1.008，这表现了在不同门槛值域相应变量有了增速表现。当 UR_{it}（城镇化率）低于 35.5%时，经济每增长 1 个单位会增加 0.809 吨的人均工业废气排放，当 UR_{it} 大于 35.5%小于 78%时，经济每增长 1 个单位带来的人均工业废气增加将上升为 0.835 吨，而当 UR_{it} 大于 78%时，经济增长对于人均工业废气的排放的边际系数将减少为 0.791。RD_{it}（科研投入占比）对于经济增长与人均工业废气之间的作用与 UR_{it}（城镇化率）类似，当 RD_{it} 大于第二门槛值 4.2%时，经济增长对于人均工业废气的系数减少为 0.807。对于 FDI_{it}（外商直接投资占比），从小于 0.2%，到大于 0.2%小于 9.2%，再到大于 9.2%时，经济每增长 1 个单位将导致的人均工业废气增加量呈现先上升后下降的趋势。DOE_{it}（就业人员受教育程度）对于经济增长与人均工业废气排放量之间的关系与 FDI_{it}（外商直接投资占比）呈现类似的趋势。

3. 工业废水 EKC 曲线的门槛特征分析

工业废水的门槛面板分析如表 8.11 所示。

表 8.11　工业废水的门槛面板分析

	IS	*UR*	*RD*	*FDI*	*DOE*
门槛值 γ_1	0.256**	0.791**	0.003**	0.004**	6.189**
置信区间	[0.25, 0.26]	[0.79, 0.79]	[0.003, 0.004]	[0.003, 0.004]	[6.08, 6.45]
门槛值 γ_2	0.427**		0.042***	0.007**	11.086**
置信区间	[0.41, 0.43]		[0.042, 0.042]	[0.004, 0.008]	[11.05, 11.22]
LPGDP $I(q\leqslant\gamma_1)$	−0.176***	0.113***	−0.046***	−0.054***	0.368***
LPGDP $I(\gamma_1\leqslant q\leqslant\gamma_2)$	−0.099***	0.010***	−0.016***	−0.006***	0.322***
LPGDP $I(q\geqslant\gamma_2)$	−0.068***	0.010***	−0.148**	0.025***	0.241***

注：***、**、*分别表示系数在 1%、5%、10%的水平内显著。

依据表 8.11，各门槛变量对于人均工业废水排放与经济增长之间的关系均存在显著的门槛效应，其中除了 UR_{it}（城镇化率）只有一个门槛值外，其余门槛变量均有双重门槛值。

表中结果显示，IS_{it}（工业结构占比）从低于25.6%，到大于25.6%小于42.7%，再到大于42.7%，经济增长对于人均工业废气的排放量的边际系数虽然为负，但减速放缓。UR_{it}（城镇化率）低于79.1%时，经济每增长1个单位将导致人均工业废水排放量增加0.113吨，当其值大于79.1%时，经济每增长1个单位，人均工业废水排放量增加仅为0.01吨。RD_{it}（科研投入占比）的值低于0.3%时，经济每增加1个单位，人均工业废水排放量将减少0.046吨，当RD_{it}大于0.3%小于4.2%时，经济每增加1个单位会导致人均工业废水排放量的减少降低为0.016吨，当RD_{it}大于4.2%时，经济增长每增加1个单位，人均工业废水排放量将减少0.148吨。对于FDI_{it}（外商直接投资占比），从小于0.4%，到大于0.4%小于0.7%，再到大于0.7%时，经济每增长带来的人均工业废气增加量呈现先上升后下降的趋势。DOE_{it}（就业人员受教育程度）从低于6.189%，到大于6.189%小于11.086%，再到大于11.086%，经济增长对于人均工业废气的排放量的边际系数依次递减。

从各门槛的经济增长系数角度分析，由于近些年来我国对于工业废水的严格治理，导致整体的工业废水排放量依次递减，因此表中有些系数为负。表中UR_{it}（城镇化率）和DOE_{it}（就业人员受教育程度）的系数变化较大，说明这两类因素对于经济增长与人均工业废水排放之间关系的影响力较大。

4. 工业固体废弃物EKC曲线的门槛特征分析

工业固体废弃物的面板门槛结果如表8.12所示。

表8.12　工业固体废弃物的面板门槛结果

	IS	*UR*	*RD*	*FDI*	*DOE*
门槛值γ_1 置信区间	0.211** [0.21, 0.21]	0.204** [0.19, 0.21]	0.003** [0.003, 0.003]	0.044** [0.038, 0.046]	10.661** [10.27, 11.1]
门槛值γ_2 置信区间	0.256** [0.25, 0.28]	0.795** [0.77, 0.84]	0.014** [0.012, 0.015]	0.092** [0.081, 0.094]	
LPGDP $I(q \leqslant \gamma_1)$	0.568***	0.670***	0.381***	0.604***	0.613***
LPGDP $I(\gamma_1 \leqslant q \leqslant \gamma_2)$	0.678***	0.703***	0.437***	0.570***	0.580***
LPGDP $I(q \geqslant \gamma_2)$	0.749***	0.664***	0.399**	0.506***	0.580***

注：***、**、*分别表示系数在1%、5%、10%的水平内显著。

依据表 8.12，各门槛变量对于人均工业固体排放与经济增长之间的关系均存在显著的门槛效应，其中除了 DOE_{it}（就业人员受教育程度）只有一个门槛值外，其余门槛变量均有双重门槛值。

表中结果显示，IS_{it}（工业结构占比）从低于 21.1%，到大于 21.1% 小于 25.6%，再到大于 25.6%，经济增长对于人均工业废气的排放量的边际系数依次递增。UR_{it}（城镇化率）与 RD_{it}（科研投入占比）的大小对人均工业固体废弃物的排放与经济增长之间关系的影响类似，从低于第一门槛值到位于两个门槛值之间再到大于第二个门槛值，经济增长对于人均固体废弃物的排放量系数呈现先上升后下降的趋势。对于 FDI_{it}（外商直接投资占比），当其值小于 4.4% 时，经济每增长 1 个单位，人均固体废弃物排放量将增加 0.604 千克，当其值位于 4.4% 与 9.2% 之间时，经济每增长 1 个单位，人均固体废弃物排放量将增加为 0.57 千克，而当其值大于 9.2% 时，经济每增长 1 个单位，人均固体废弃物排放的增量仅为 0.506 千克。对于 DOE_{it}（就业人员受教育程度），当其值小于门槛值 10.661 时，经济每增长 1 个单位将导致 0.613 千克的人均固体废弃物增加量，而当其大于 10.661 时，经济每增长 1 个单位导致的人均固体废弃物增加量将减少为 0.58 千克。

从各门槛的经济增长系数角度分析，属科研投入占比的经济增长系数最低。

8.3.4　基于门槛变量门槛值的东、中、西部各省的分类

我们将基于门槛变量门槛值的各地区分类特征总结在表 8.13～表 8.16。

表 8.13　基于二氧化碳 EKC 曲线门槛效应结果的分类

IS	$q \leqslant 0.211$	$q \geqslant 0.211$
系数	0.788***	0.847***
东部		上海、江苏、北京、海南、浙江、福建 广西、天津、河北、辽宁、山东、广东
中部		黑龙江、湖北、湖南 山西、内蒙古、吉林、安徽、江西、河南
西部		四川、贵州、云南、甘肃、宁夏、新疆

（续表）

UR	$q \leqslant 0.355$	$0.355 \leqslant q \leqslant 0.782$	$q \geqslant 0.782$
系数	0.706^{***}	0.726^{***}	0.678^{***}
东部		河北、辽宁、江苏、浙江 福建、山东、广东、广西、海南	北京 天津、上海
中部		山西、吉林、安徽、内蒙古 黑龙江、江西、河南、湖北、湖南	
西部		四川、贵州、云南、陕西、甘肃、青海、宁夏、新疆	
RD	$q \leqslant 0.003$	$0.003 \leqslant q \leqslant 0.022$	$q \geqslant 0.022$
系数	0.666^{***}	0.698^{***}	0.667^{***}
东部		河北、辽宁、浙江、福建 山东、广东、广西、海南	北京、天津 上海、江苏
中部		山西、吉林、内蒙古、黑龙江 安徽、江西、河南、湖北、湖南	
西部		四川、贵州、云南、陕西、甘肃、青海、宁夏、新疆	
FDI	$q \leqslant 0.032$	$0.032 \leqslant q \leqslant 0.089$	$q \geqslant 0.089$
系数	0.825^{***}	0.812^{***}	0.789^{***}
东部	河北、浙江、福建 山东、广东、广西	北京、辽宁 上海、江苏、海南	天津
中部	山西、吉林、内蒙古 黑龙江、河南、湖北、湖南	安徽、江西	
西部	贵州、云南、陕西、甘肃、青海、宁夏、新疆	四川	
DOE	$q \leqslant 8.260$	$8.260 \leqslant q \leqslant 10.107$	$q \geqslant 10.107$
系数	0.701^{***}	0.721^{***}	0.686^{***}
东部		河北、辽宁、江苏、浙江 福建、山东、广东、广西、海南	北京 天津、上海
中部		内蒙古、黑龙江、吉林 安徽、江西、河南、湖北、湖南	山西
西部	云南	贵州、四川、甘肃、青海、宁夏、新疆	陕西

注：***、**、*分别表示系数在1%、5%、10%的水平内显著。

表8.14　基于工业废气EKC曲线门槛效应结果的分类

IS	$q \leqslant 0.211$	$0.211 \leqslant q \leqslant 0.294$	$q \geqslant 0.294$
系数	0.898***	0.978***	1.008***
东部		北京、海南	天津、河北、辽宁、上海、江苏 浙江、福建、山东、广东、广西
中部			山西、内蒙古、黑龙江、吉林 安徽、江西、河南、湖北、湖南
西部			四川、贵州、云南、陕西 甘肃、青海、宁夏、新疆
UR	$q \leqslant 0.355$	$0.355 \leqslant q \leqslant 0.780$	$q \geqslant 0.780$
系数	0.809***	0.835***	0.791***
东部		河北、广西、辽宁、江苏 浙江、福建、山东、广东、海南	北京 天津、上海
中部		安徽、江西、河南、湖南 黑龙江、内蒙古、吉林、山西、湖北	
西部		四川、云南、陕西、青海、宁夏、新疆	
RD	$q \leqslant 0.003$	$0.003 \leqslant q \leqslant 0.042$	$q \geqslant 0.042$
系数	0.873***	0.893***	0.807**
东部		河北、辽宁、浙江、福建、海南 山东、广东、广西、天津、上海、江苏	北京
中部		山西、内蒙古、黑龙江、吉林、 安徽、江西、河南、湖北、湖南	
西部		四川、贵州、云南、陕西 甘肃、青海、宁夏、新疆	
FDI	$q \leqslant 0.002$	$0.002 \leqslant q \leqslant 0.092$	$q \geqslant 0.092$
系数	0.824***	0.884***	0.836***
东部		广西、天津、辽宁、上海、北京 河北、江苏、浙江、福建、山东、广东、海南	
中部		吉林、内蒙古、黑龙江、山西 安徽、江西、河南、湖北、湖南	
西部	甘肃	贵州、青海、宁夏、新疆、四川、云南、陕西	

（续表）

DOE	$q\leqslant 8.191$	$8.191\leqslant q\leqslant 10.203$	$q\geqslant 10.203$
系数	0.887***	0.900***	0.862***
东部		河北、辽宁、江苏、浙江 福建、山东、广东、广西、海南	北京 天津、上海
中部		内蒙古、吉林、黑龙江、安徽 江西、河南、湖北、山西、湖南	
西部		四川、贵州、云南、陕西、甘肃、青海、宁夏、新疆	

注：＊＊＊、＊＊、＊分别表示系数在1%、5%、10%的水平内显著。

表 8.15　基于工业废水 EKC 曲线门槛效应结果的分类

IS	$q\leqslant 0.256$	$0.256\leqslant q\leqslant 0.427$	$q\geqslant 0.427$
系数	−0.176***	−0.099***	−0.068***
东部	北京、海南		天津、河北、辽宁、江苏、上海 浙江、福建、山东、广东、广西
中部			山西、内蒙古、黑龙江、吉林 安徽、江西、河南、湖北、湖南
西部		贵州、云南	四川、陕西、青海、甘肃、宁夏、新疆
UR		$q\leqslant 0.791$	$q\geqslant 0.791$
系数		0.113***	0.010***
东部		河北、辽宁、江苏、广西、浙江、福建、山东、广东、海南	北京 天津、上海
中部		山西、内蒙古、黑龙江、河南、吉林、安徽、江西、湖北、湖南	
西部		贵州、云南、甘肃、新疆、四川、陕西、青海、宁夏	
RD	$q\leqslant 0.003$	$0.003\leqslant q\leqslant 0.042$	$q\geqslant 0.042$
系数	−0.046***	−0.016***	−0.148**
东部		河北、海南、福建、广西、江苏 浙江、山东、广东、天津、上海、辽宁	北京
中部		山西、内蒙古、黑龙江 吉林、江西、河南、湖南、安徽、湖北	
西部		贵州、云南、甘肃、青海、宁夏、新疆、四川、陕西	

(续表)

FDI	$q \leqslant 0.004$	$0.004 \leqslant q \leqslant 0.007$	$q \geqslant 0.007$
系数	-0.054^{***}	-0.006^{***}	0.025^{***}
东部	广西		天津、辽宁、上海、江苏、海南 北京、浙江、河北、山东、福建、广东
中部			安徽、江西、河南、湖南 内蒙古、黑龙江、山西、吉林、湖北
西部	甘肃	新疆	贵州、青海、宁夏、云南、陕西、四川
DOE	$q \leqslant 6.189$	$6.189 \leqslant q \leqslant 11.086$	$q \geqslant 11.086$
系数	0.368^{***}	0.322^{***}	0.241^{***}
东部		河北、辽宁、江苏、浙江 天津、福建、山东、广东、广西、海南	北京、上海
中部		内蒙古、吉林、黑龙江 江西、河南、湖北、安徽、山西、湖南	
西部		四川、贵州、云南、陕西、甘肃、青海、宁夏、新疆	

注：＊＊＊、＊＊、＊分别表示系数在 1%、5%、10%的水平内显著。

表 8.16 基于工业固体废弃物 EKC 曲线门槛效应结果的分类

IS	$q \leqslant 0.211$	$0.211 \leqslant q \leqslant 0.256$	$q \geqslant 0.256$
系数	0.568^{***}	0.678^{***}	0.749^{***}
东部		北京、海南	天津、河北、辽宁、江苏、上海 浙江、福建、山东、广东、广西
中部			山西、内蒙古、黑龙江、吉林 安徽、江西、河南、湖北、湖南
西部			四川、陕西、青海、甘肃、宁夏、新疆、贵州、云南
UR	$q \leqslant 0.204$	$0.204 \leqslant q \leqslant 0.795$	$q \geqslant 0.795$
系数	0.670^{***}	0.703^{***}	0.664^{***}
东部		河北、辽宁、江苏、西 浙江、福建、山东、广东、海南	北京 天津、上海
中部		山西、内蒙古、黑龙江、河南 吉林、安徽、江西、湖北、湖南	
西部		贵州、云南、甘肃、新疆、四川、陕西、青海、宁夏	

（续表）

RD	$q \leqslant 0.003$	$0.003 \leqslant q \leqslant 0.014$	$q \geqslant 0.014$
系数	0.381***	0.437***	0.399**
东部		河北、海南、福建、广西	北京、江苏、浙江、山东 广东、天津、上海、辽宁
中部		山西、内蒙古、黑龙江 吉林、江西、河南、湖南	安徽、湖北
西部		贵州、云南、甘肃、青海、宁夏、新疆	四川、陕西
FDI	$q \leqslant 0.044$	$0.044 \leqslant q \leqslant 0.092$	$q \geqslant 0.092$
系数	0.604***	0.570***	0.506***
东部	广西、北京、浙江 河北、山东、福建、广东	天津、辽宁 上海、江苏、海南	
中部	安徽、江西、河南、湖南 内蒙古、黑龙江、山西、吉林、湖北		
西部	新疆、甘肃、贵州、青海、宁夏、云南、陕西	四川	
DOE	$q \leqslant 10.661$		$q \geqslant 10.661$
系数	0.613***		0.580***
东部	河北、辽宁、江苏、浙江、天津、福建、山东、广东、广西、海南		北京 天津、上海
中部	内蒙古、吉林、黑龙江、江西、河南、湖北、安徽、山西、湖南		
西部	四川、贵州、云南、陕西、甘肃、青海、宁夏、新疆		

注：＊＊＊、＊＊、＊分别表示系数在1%、5%、10%的水平内显著。

根据各污染物库兹涅茨曲线的门槛效应分析结果，产业结构、城镇化率、科研投入、外商直接投资及就业人员受教育程度确实在各污染物的库兹涅茨曲线中存在显著的门槛效应，即随着经济的增长，各污染物排放增量会明显受到产业结构、城镇化率、科研投入、外商直接投资及就业人员受教育程度的影响。且从结果中可看出，对于二氧化碳、工业废气及工业固体废弃物，除了 IS_{it}（工业结构占比）外，UR_{it}（城镇化率）、RD_{it}（科研投入占比）、FDI_{it}（外商直接投资占比）、DOE_{it}（就业人员受教育程度）四大因素都存在相应的门槛值使得当其值达到或超过这一门槛值时，经济增长带来的各污染排放增加量会显著的减少，IS_{it}（工业结构占比）却随着其值达到或大于门槛值时，经济增长带来的各污染排放量会相应增加，这与贾登勋、黄杰（2015）的研究结果一致。对于工业废水，除了 IS_{it}（工业结构占比）与 FDI_{it}（外商直接投资占比）随着门槛值的增加经济增长带来的污染物排放增加量会增加，UR_{it}（城镇化率）、RD_{it}（科研投入占比）和 DOE_{it}（就业人员受教育程度）都存在相应的门槛值使得当其值达到或超过这一门槛值时，经济增长带来的各污染排放增加量会显著的减少。但结合基于门槛效应结果的东、中、西部省份的分类表，我国除了东部和中部的少数省份，其余省份都未达到或超过使得经济增长带来污染排放量增加或降低的门槛值。这也解释了为什么我国东、中、西部绝大部分省份在各污染物的环境库兹涅茨曲线中位于“上升阶段”。且比较各污染物各因素门槛值对应的经济增长系数，可以发现工业废水、工业固体废弃物、二氧化碳、工业废气依次上升。

8.4　我国环境库兹涅茨曲线的相关结论

本章基于 1995—2012 的省域面板数据对我国二氧化碳、工业三废（工业废气、工业废水、工业固体废弃物）与经济增长之间的关系进行了研究，根据相关实证结果分析，我国各污染物的环境库兹涅茨曲线的形状并未呈现经典的“倒 U 型”，而是呈现先下降后上升再下降的“倒 N 型”和“直线上升型或曲线上升型”。这与吴振信、万埠磊（2012）的研究结果相近。

对于二氧化碳、工业废气及工业固体废弃物，东部地区的 EKC 曲线图呈现出先下降后上升再下降的“倒 N 型”，且上升阶段区间远比下降阶段区间要长。而对于中、西部地区，呈现随着经济增长污染物排放也上升的趋势状态。经分析，除东部地区的北京、上海、天津处于环境库兹涅茨曲线的下降阶段，其他省份均位于曲线的上升阶段，这与毛晖、汪莉（2013）得出的结果一致。而这种现象背后的动因正是源于环境库兹涅茨曲线的形成与工业结构、城镇化率、R&D、外商直接投资、就业人员受教育程度等因素的大小息息相关。也即这些因素的大小在环境污染与经济增长的关系中存在显著的门槛效应。经分析，对于工业结构、城镇化率、R&D、外商直接投资、就业人员受教育程度，我国除了东部和中部的少数省份，其余省份都未达到或超过使得经济增长带来污染排放量增加或降低的门槛值。这也解释了为什么我国东、中、西部绝大部分省份位于环境库兹涅茨曲线的上升阶段。另外，通过比较各污染物各因素门槛值对应的经济增长系数，可以发现工业固体废弃物、二氧化碳、工业废气依次上升。这表明了二氧化碳和工业废气的 EKC 曲线的倾斜度较大。

对于工业废水，东部地区 EKC 曲线图与其他三类污染一样呈现出先下降后上升再下降的“倒 N 型”，但东部几乎所有省份都超过了 EKC 曲线的第二拐点，从而位于曲线的下降阶段。中部地区的 EKC 曲线表现为“U 型”，且中部的大部分省份都位于 U 型的下降阶段。而西部地区的 EKC 曲线与其他 3 项污染物不一致，表现为“倒 N 型”，但西部所有省份均位于“倒 N 型”的上升阶段。工业废水 EKC 曲线的门槛效应虽表明了“工业结构、城镇化率、R&D、外商直接投资、就业人员受教育程度”的显著门槛效应且五大因素所处的阶段几乎都使得经济增长对工业废水排放增量较高，但近些年我国在东、中部的废水治理方面有着非常严格的措施，这很可能是东、中部都处于 EKC 曲线的下降阶段的真正原因。

对于 IS_{it}（工业结构占比），结果显示，工业结构占比门槛值越大，对应的经济增长带来的污染物排放增加量也越大。且结合基于门槛效应结果的东、中、西部省份的分类表可知，东、中、西部大部分省份的 IS_{it} 值均超越了最大门槛值，导致经济增长带来的污染排放量的增加系数较大。这表明随着 GDP 中工业份额占比越高，相应的能源需求导致各类污染排放量会相应增加。比较各污染物 IS_{it} 门槛值对应的经济增长系数，工业废水、工业固体废弃物、二氧化碳、工业废气依次上升。

对于 UR_{it}（城镇化率），结果表明城镇化率一定程度的提高会增加温室气体、能源需求及工业发展，从而增加二氧化碳和工业三废的排放量，当城镇化率达到某个门槛值时，人们会要求经济增长的同时降低污染量的排放。结合基于门槛效应结果东、中、西部省份的分类表，各污染物 UR_{it}（城镇化率）的第二门槛值几乎位于 78.2% 左右，除了东部省份北京、天津、上海的城镇化率超越了 78.2%，其余省份的城镇化率均小于 78.2%，且处于 EKC 曲线倾斜度较大的阶段，这与张栋华等(2014)得出的结果一致。这表明我国绝大部分地区的城镇化率偏高，且并未达到使得经济增长带来污染排放量增加放缓的门槛值。

对于 RD_{it}（R&D 投入占比），结果显示各污染物的 RD_{it} 指标均有两个显著的门槛值，两个门槛值构成了 RD_{it} 值的 3 个区间。当 RD_{it} 值从第一个区间增加到第二个区间时，经济增长带来的各污染物排放量的增加在上升，这是因为 R&D 投入的增加会提高相关产业的科研投入和劳动生产率，从而较快地促进经济的增长与环境污染治理技术的提高，但此时经济的增长往往会大幅度地增加环境的污染，从而抵消 R&D 投入对环境污染的减排作用。而当 RD_{it} 值从第二个区间增加到第三个区间时，经济增长带来的各污染物排放量的增加会降低。

因为此时的经济增长方式已渐渐从粗放式过渡到集约式，从而 R&D 的投入增加使得 EKC 的倾斜度降低。再结合基于门槛效应结果东、中、西部省份的分类表，除了少数发达与较发达省份出现了第二门槛值，其余省份均位于第二区间。

对于 FDI_{it}（外商直接投资占比），结果显示各污染物的 FDI_{it} 指标均有两个显著的门槛值，从而将 FDI_{it} 值划分为 3 个阶段。对于二氧化碳、工业废气、工业固体废弃物，EKC 曲线的倾斜度在这 3 个阶段呈现为显著的先上升后下降。对于工业废水，EKC 曲线的倾斜度在这 3 个阶段呈现为显著的依次上升，有加速表现。这种结果表明，外商投资对各污染物的 EKC 曲线作用效应并不一致。再结合基于门槛效应结果东、中、西部省份的分类表，对于二氧化碳、工业废气及工业固体废弃物，除了少数发达与较发达省份，其余省份的外商直接投资都未达到或超过使得经济增长带来污染排放量增加或降低的门槛值。对于工业废水，绝大部分省份，尤其是东部都处于 EKC 曲线正向倾斜度最大的阶段。

对于 DOE_{it}（就业人员受教育程度），结果显示，各污染物存在相应的门槛值，使得经济增长带来的污染排放量的增加下降，且可以发现各污染物的最大门槛值几乎相近。再结合基于门槛效应结果东、中、西部省份的分类表，只有北京、天津、上海等城市超越了最大门槛值。比较各污染物 DOE_{it} 门槛值对应的经济增长系数，工业废水、工业固体废弃物、二氧化碳、工业废气依次上升。

综合上述研究分析，我国大部分省份位于环境库兹涅茨曲线的上升阶段的主要原因在于工业化水平与城市化的过快发展，R&D 投入、就业人员受教育程度的不足，以及外商直接投资利用渠道的偏颇，使得规模效应与结构效应之和大于技术效应，因而整体环境恶化状况仍处于上升态势。而我国不同污染物在不同区域存在着非均衡性，因此需要对不同区域实行不同的政策，以使其尽快达到 EKC 曲线的转折点或使得所处阶段的 EKC 曲线变得更加平缓。因而以下一些措施就显得尤为必要。

1）加快经济结构转型升级

我国多年来的粗放型经济增长对环境已经造成了严重的影响，产业结构亟待转型升级。由本章的实证结果可知，产业结构对环境污染起着非常重要的作用，应积极有效地降低 GDP 中的工业份额，尤其是中、西部地区，使其值降低到 21.1%以内，这样能使经济增长带来的污染排放增加量降低。

2）降低城市化速度，走新型城镇化道路

城市化进程的加快给我国环境污染减排策略带来了一定程度的冲击。现阶段应积极控制中、西部地区的城镇化率水平，使其值降低至35.5%以内，同时应加快城市化发展中洁净能源的推广以及能源使用效率的提高。

3）扩大R&D投入规模

R&D的投入在治理环境方面具有非常重要的作用，它可以为认识和治理环境污染提供新的技术，有利于培养人们的环保意识，也是提高资源利用效率的有效途径。结合门槛效应结果，应将R&D投入规模扩大到4.2%以上。结合分类表，东、中、西部都应积极扩大R&D的投入规模。

4）加强外商直接投资的有效利用

从实证结果分析来看，外商直接投资在各污染物的EKC曲线表现出不一致的门槛效应。对二氧化碳、工业废气及工业固体废弃物存在相应的门槛值使得经济增长带来的污染物排放的增加量下降，而对于工业废水，却随着门槛值的增大，其经济增长带来的工业废水排放增加量也会相应的提高。因此，我国应有目的地调整和规范外资的引进，力求提高外资的质量。同时对于不同行业应慎重选择FDI的引入，优化FDI的产业导向，限制低技术高污染FDI的进入。另一方面，外商对我国的直接投资并未呈现出明显的污染产业转移倾向，我国并未成为世界的“污染避难所”，这与众多学者的研究结论相同。同时结合分类表，中、西部地区应适当的加强FDI的引入。

5）提高就业人员的受教育程度

在现基础上，就业人员的受教育程度的提高即有利于经济的可持续发展，又可一定程度提升相应的环保意识，从而降低污染的排放量。结合以上的实证结果，就业人员的受教育程度应提高至11年以上才会使得经济增长带来的污染排放增加量降低。且根据分类表，中、西部地区更应加强就业人员的受教育程度。

结论中已表明，比较四大污染物，其他因素对于经济增长带来的二氧化碳和工业废气排放增量处于较高的值，因此未来我国应制定出控制这两大污染排放的相关政策措施。

本章在研究过程中的遗憾是没能考虑“环境承载能力阈值”，如果在拐点到来之前触及“环境承载能力阈值”，很可能对一国的经济发展及环境恢复带来不可修复的损伤，其次，环境质量指标的选取上仍不全面，没有涉及生物多样性、自然资源消耗、湿地面积等生态环境指标，不能完全反应生态环境的质量。

第9章　能源CGE模型及政策情景分析

在详细讨论了环境CGE模型的建立，并辅助相关实证研究讨论了我国的环境状况之后，为了使基于绿色框架下的CGE模型设计更完整，本书剩余章节将继续构建其他基于可持续发展的重要部门的CGE模型。

近年来中国经济持续高速增长，同时伴随着环境的恶化和能源的枯竭。这种粗放式的经济增长是不可持续的，对经济的长期增长形成了制约。如何解决这一问题已经成为政府、学术界重点关注的话题。

2013年2月27日发布的《能源发展“十二五”规划》提出，“十二五”期间，实施能源消费强度和消费总量双控制，到2015年，全国能源消费总量和用电量分别控制在40亿吨标准煤和6.15万亿千瓦时左右，将能源和电力消费总量分解到各省（区、市），由省级人民政府负责落实。

与此同时，十八大提出：2020年中国将实现国内生产总值和城乡居民人均收入比2010年翻一番。中国是一个人口大国，只有经济的快速发展才能解决中国的很多问题。如何在保证经济高速增长的同时实现节能减排的目标是摆在中国政府面前的一道难题。

世界银行（1997）将节约能源和控制污染的措施分为行政命令与规制、征税、基于产权理论的“创建市场”政策等。目前我国涉及能源、环境的税收基本都是零星分散在其他税收政策（如资源税、增值税、消费税、车船使用税、车辆购置税等）之中，还没有专门的能源、环境税收政策。

能源总量控制需要通过节能和改变产业结构来实现，改变产业结构到2015年见效应该很难，所以通过节能达到能源消费总量控制目标是一个主要途径。资源税改革使能源价格反映能源稀缺和环境成本，对高耗能产业形成倒逼机制，对完成控制能源消费总量目标有重要的意义。

CGE模型被称为“政策实验室”，是政策分析的重要工具。CGE模型在能源、环境政策分析方面也有着广泛的运用，积累了大量的经验。本书在第4章构建的微观绿色社会核算矩阵、第5章CGE模型的建立及第6章环境CGE模型基础上，模拟分析提高能源税和能源效率对环境系统和经济系统的影响。

9.1 能源政策对环境、经济的影响分析

《能源发展“十二五”规划》提出到2015年全国能源消费总量控制在40亿吨标准煤左右，根据图9.1中2009年、2010年、2011年和2012年能源消耗总量和由此形成的趋势线，除非经济形势特别不好，否则2015年40亿吨标准煤的总量目标很容易被超越。而图9.2是取自联合国千年发展目标网的数据，图中描述了1990—2009年以来，美国1 000单位生产总值的能源消耗，我们可以较清晰地看到美国的能源消耗近年来平缓的下降趋势。

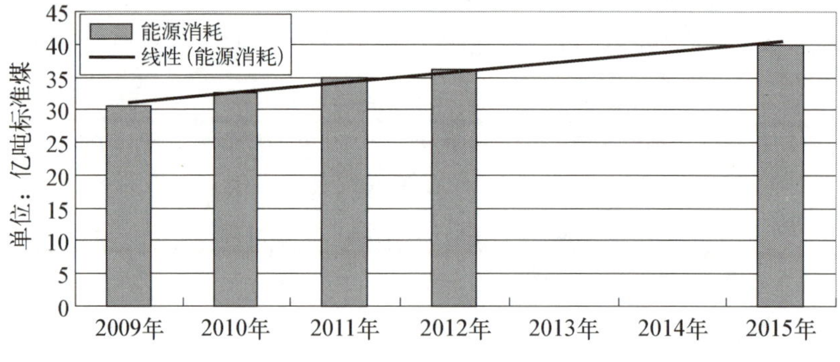

图9.1 能源消耗总量

要实现2015年能源总量控制目标，必须实行相应的总量控制措施，能源税是实现该目标的有效措施。何建武、李善同(2009)的研究成果表明：实施能源税和环境税能实现污染减排目标，但是将会给宏观经济带来负面影响。因此必

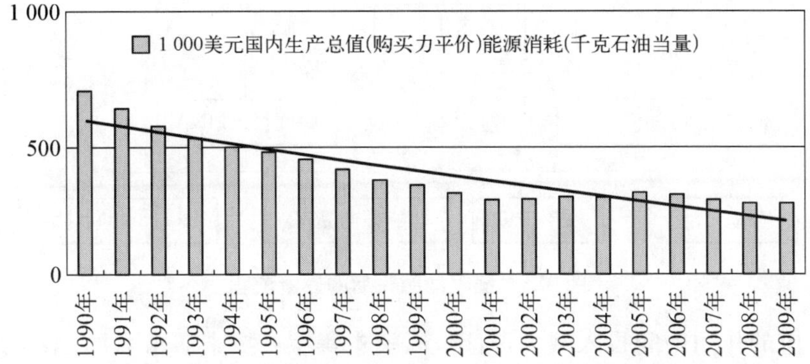

图 9.2 美国单位国内生产总值能源消耗

数据来源：联合国千年发展目标网 数据更新日期：2012 年 7 月

须在经济增长和能源效率总量之间进行权衡。

与此同时，还需要提升能源效率以防止类似 2013 年 1 月份的雾霾天气再度发生。能源效率被认为是减少能源消耗、确保能源安全、控制环境污染的有效措施。查冬兰、周德群(2010)的研究结果表明：我国煤炭、石油和电力在农业、工业等 7 个部门的加权平均能源效率回弹效应分别为 32.17%、33.06% 和 32.28%，能源回弹效应明显。

能源效率反弹效应给生产活动带来影响，污染物排放量必然受到影响。在中国因能源消耗而产生的污染排放中，工业部门的排放占到 80%以上(陈诗一，2009)且高能耗行业的污染排放又占据了工业部门排放的 90%以上(龚健健，沈可挺，2011)。能源效率的变化必然也会对污染物的排放产生影响。

9.1.1 能源税对经济、环境的影响分析

能源在整个经济的发展过程中起着不可替代的作用，面对着日益稀缺的能源资源和环境的恶化，必须采取有效的措施对能源消耗总量进行控制。中国目前的能源税非常低，能源税税率水平还不到德国、法国这样低税率国家的 1/30，客观上能源税还有上调的空间。

在 CGE 模型中，能源在生产函数中出现的形式有两种：第一种是以生产要素的形式出现，第二种是以中间投入的形式出现。在第 5 章 CGE 模型的构建过程中，能源是以中间投入的形式出现。从图 9.3 可以看出，能源税的形式为从价税，能源税增加相当于能源价格上升，对中间投入比例没有影响，只会导致中间投入的价格增加。价格增加后会带来两个方面的效用：第一是替代效用，由于

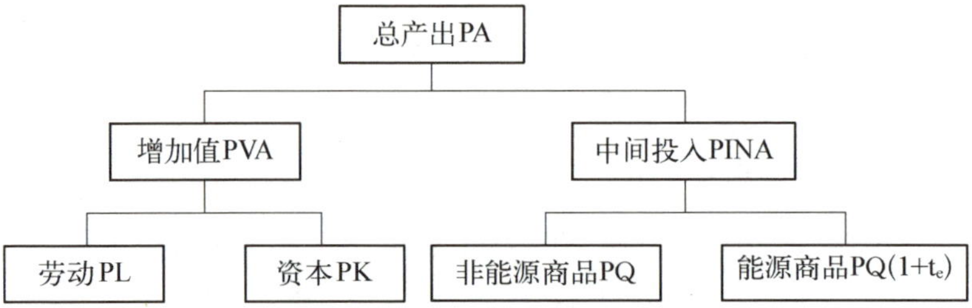

图 9.3 征收能源税后的影响流程

替代效应的作用中间投入减少，对劳动、资本等生产要素需求增加；第二是收入效用，收入效用的存在也会使得中间投入减少，要素投入减少。收入效用和替代效用的综合作用，生产过程中中间投入减少；另一方面由于生产成本的增加必然导致总产量减少。

根据图 9.3 可知：能源税的增加必然导致生产成本的增加，从而对整个生产活动带来负面的影响；相应的生产过程中的能源消耗量、未达标污染物排放也必然受到影响。

9.1.2 能源效率提高对经济、环境影响机制分析

提高能源效率可以使单位产量的能耗量降低，被认为是降低能源使用量的有效政策；但是从宏观的角度看，能源效率的提高未必会导致总的能耗量降低，因为单位能源效率的提高可能导致能源价格降低，价格降低带来的替代效应和收入效应反而可能导致能源总需求增加(Brookes，1990)。能源效率提高的宏观经济目标是降低能耗量，但是却可能带来一个完全相反的结果，即能源效率的回弹效应(rebound effect，RE)。Saunder 在 Khazzooms 和 Brookes 研究的基础上提出了 Khazzoom-Brookes 假说，该假说认为：从宏观角度上看，能源效率提高节约的能源可能被增加的能源需求抵消掉(Saunders，1992)。Khazzoom-Brookes 假说被研究者们普遍引用，在一定程度上达成了共识。

在我们的研究中，能源在 CGE 模型中以中间投入的形式出现，能源效率提高意味着单位产量能源消耗量降低，能源效率提高的影响过程如图 9.4 所示。

通过对图 9.4 的分析，能源效率影响过程如下：能源商品效率提高，单位 QINA 中能源商品含量少；其他条件保持不变的情况下，降低了中间投入复合品的价格，进而中间投入复合品会在一定程度上替代要素复合品，导致生产活动的成本下降，产量发生变化，从而进一步影响环境系统与能源消耗总量。

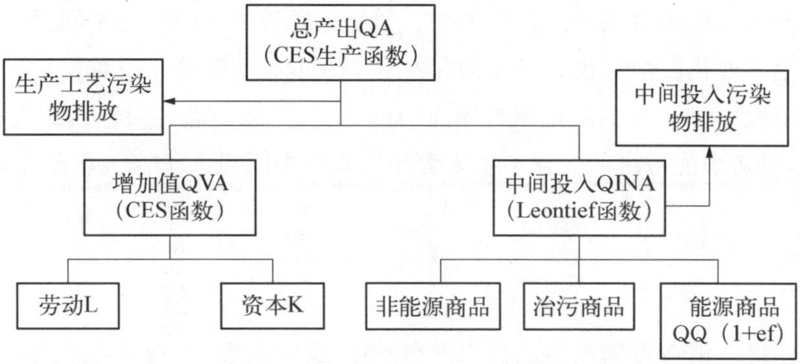

图 9.4　能源效率提高后的影响流程

在各机构商品消费份额保持不变的情况下,能源效率的提高一方面可以使得各机构以相同的支出获得更大的效用;另一方面能源效率的提高会使商品销售价格降低,则相当于提高了各机构的收入。各机构收入的增加又会形成更多的商品需求。最终,能源效率提高对产品生产、商品需求的影响必然给节能减排目标的实现带来一定的困难。

接下来本章将构建能源 CGE 模型,用以分析能源税、能源效率的变化对 GDP、绿色 GDP 等的影响。

9.2　能源 CGE 模型的建立

能源 CGE 模型在形式上与第 6 章环境 CGE 模型的形式差异不大,第 6 章中分析的是环境政策的变化,接下来的分析中不再考虑环境政策的变化,仅仅考虑能源政策的变化。主要分析的能源政策有能源税政策和能源效率政策。

9.2.1　征收能源税的 CGE 模型

能源税是实现能源控制总量目标的有效政策工具,在税收形式上将采用从价税的形式。根据前文中生产函数的设定形式,从价税形式的能源税引入 CGE 模型后不会导致模型发生大的变化,只会导致能源商品的价格形式发生变化。

1. 引入能源税后的中间投入函数

前已提及中间投入函数采用的是里昂惕夫函数,中间投入中的各商品保持固定的比例。即使对能源商品征税,能源商品在中间投入中的比例也不会变动,即中间投入生产函数的形式保持不变。但是能源税的征收使得中间投入的价格函数发生了变化。能源税为外生政策变量，在具体设置过程中对每一种商品都设置一个税率 te。在商品税率具体值的设定上，其他商品的税率设定为 0，且保持不变，仅考虑能源税的变化。引入商品税收后中间投入价格函数形式如下：

$$PINA_a = \sum_c ia_{ca} PQ_c (1 + te_c) \tag{9.1}$$

2. 引入能源税的消费者最优化行为及方程组

前已提及消费者的效用函数为柯布-道格拉斯函数，消费者消费的商品集合为国内销售商品集合。能源税的提高对消费者的效用函数形式不会带来变化，但是会使得消费者在同样的效用水平下支出增加。征收能源税后的消费者行为方程组如下：

$$\max U_h (QH_1, QH_2, \cdots) = \left[\sum_c \eta_c \cdot QH_c^{(\omega_c - 1)/\omega_c} \right]^{\omega_c/(\omega_c - 1)} \tag{9.2}$$

$$\text{s. t.} \quad YH = \sum_c PQ_c (1 + te_c) QH_c \tag{9.3}$$

运用式(9.2)和式(9.3)构造拉格朗日函数，取一阶导数求得最优解，得到消费者的最优需求函数。需求函数与前文中没有引入效率因子时在形式上是一致的。同理可知：在征收能源税后政府的商品需求函数、投资函数在形式上也不会发生变化。

9.2.2 能源效率模型

前面通过图 9.4 分析了能源效率提高对生产和污染物排放的影响机制。另外，通过图 9.4 还可以看到：能源效率的提高使得单位 QINA 的能源含量减少，CGE 模型中相应的中间投入函数形式和中间投入价格形式将发生变化。

1. 引入能源效率因子后中间投入函数的设置

能源效率的提高会使单位产品的能耗量降低，会对生产的投入产生一定的影响。生产函数的形式和结构与前文一样是嵌套 CES 生产函数。引入能源效率因素 ef 之后，CES 函数嵌套结构如图 9.4 所示。

在具体函数设置时对所有的中间投入商品都设置效率因子 ef_c，ef_c设置为外生的政策性变量。为分析问题的需要，其他中间投入商品的效率因子设置为 0，只考虑能源效率因子的变化产生的影响。能源效率提高 ef，一单位能源相当于是原来一单位能源的$(1+ef)$倍。引入效率因子后的中间投入函数变为：

$$(1+ef_c)QINX_{c,a}=ica_{c,a}\cdot QINA_a \tag{9.4}$$

初始时效率因子的值都为0，此时(9.4)式与原中间投入函数一样。对式(9.4)进一步变化可得：

$$QINX_{c,a}/QINA_a=ica_{c,a}/(1+ef_c) \tag{9.5}$$

我们考察分析在其他条件不变的情况下，能源效率变化带来的影响。在其他中间投入 $QINX_{ca}(c\neq a)$ 保持不变的条件下，能源效率提高必然导致单位产出的能源消耗数量 $QINX_{ea}$（e 代表能源商品）下降，从而导致单位产出的中间投入复合品 $QINA_a$ 的成本发生变化，即价格 $PINA_a$ 发生变化。根据各种中间投入之和等于总的中间投入，有下式：

$$PINA_aQINA_a=\sum_c QINX_{ca}PQ_c \tag{9.6}$$

上式左右两边都除以 $QINA_a$，可得

$$PINA_a=\sum_c(QINX_{ca}/QINA_a)PQ_c \tag{9.7}$$

由式(9.5)、式(9.7)可得

$$PINA_a=\sum_c PQ_cica_{ca}/(1+ef_c) \tag{9.8}$$

通过式(9.8)可以知道效率因子的提高会导致中间投入复合品价格下降，价格下降会带来几个方面的效应，如收入效应和替代效应。

2. 引入能源效率因子后消费者最优化行为及方程组

能源效率提高后，单位能源能给消费者带来更大的效用。消费者的效用函数为柯布-道格拉斯函数，给函数中每种商品都设置一个效率因子 ef，其他商品的效率因子都设置为0，能源效率因子不为0。引入效率因子后的居民行为函数如下式：

$$\max U_h(QH_1,QH_2,\cdots)=\prod_c[(1+ef_c)QH_c]^{shrh_c} \tag{9.9}$$

$$\text{s.t.}\quad H=\sum_c PQ_c\cdot QH_c \tag{9.10}$$

对式(9.9)、式(9.10)构造拉格朗日函数，一阶求导可得居民对商品的需求函数。效率因子引入后，在居民的商品消费份额保持不变的情况下，居民的商品需求函数并不会发生变化。同理可知：在引入效率因子后政府的商品需求函数、投资函数在形式上也不会发生变化。

本章的能源税和能源效率CGE模型是在第6章CGE模型的基础上扩展得到的，数学表达形式上与第6章CGE模型基本相同，研究的问题由环境税、污染治理补贴改为能源税和能源效率问题。这显然也是我国研究可持续增长问题的重要组成。

9.3 政策情景分析

由于人口众多，中国的能源稀缺问题可能会比其他国家严重，节能是中国国情的需要。要实现"十二五"规划中能源消耗总量控制、减少污染排放的目标，能源效率、能源税是有效的政策手段。能源税的提高相当于提高能源价格；能源效率的提高会降低单位产量的能源消耗量。在本书社会核算矩阵中包括的能源部门有煤炭开采和选洗业、石油和天然气开采业，石油加工、炼焦及核燃料加工业；电力、热力的生产和供应业、燃气生产和供应业。我们将模拟分析对能源部门产品征收能源税和提高能源效率产生的影响。

9.3.1 基本情景分析

近年来，我国能源使用效率在不断提高，相对5年前单位GDP能耗下降了17.2%；与此同时，随着经济总量跃居世界第二位，能源消耗总量也在不断地增加。实施能源政策控制能源消耗总量是实现经济可持续发展的重要手段，各行业能源消耗状况不一样受到的影响也不一样。2007年投入产出表中反映的各生产活动部门的能源消耗情况如图9.5所示。

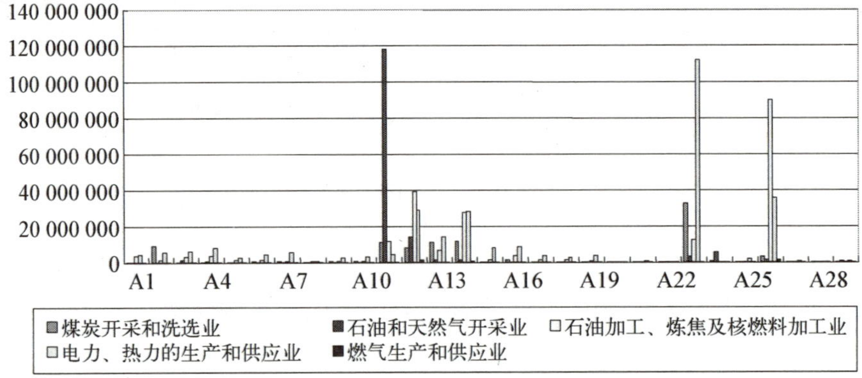

图9.5 各生产活动部门能源消耗情况

能源消耗行业分布状况：能源消耗量大的几个行业分别是A11、A12、A13、A14、A23和A26。能源消耗量大的行业分布主要集中在重工业，其中A26(其他行业)消耗量也很大，主要原因在于我们在研究中将A26综合为建筑业、交通运输及仓储业、邮政业、信息传输等19个行业的集合。对比前文的污染物行业分布图可以发现：能源消耗量大的行业同时也是污染物排放量大的行业。

我们研究中提供能源商品的行业主要有煤炭开采和选洗业、石油和天然气开采业、燃气生产和供应业等5个行业。根据2007年投入产出表的数据，5种能源商品的消耗总量及比例分布如图9.6所示。通过图9.6可以发现电力及石油加工产品消耗最大，其次是煤炭和石油、天然气的开采产品的使用，最后是燃气。

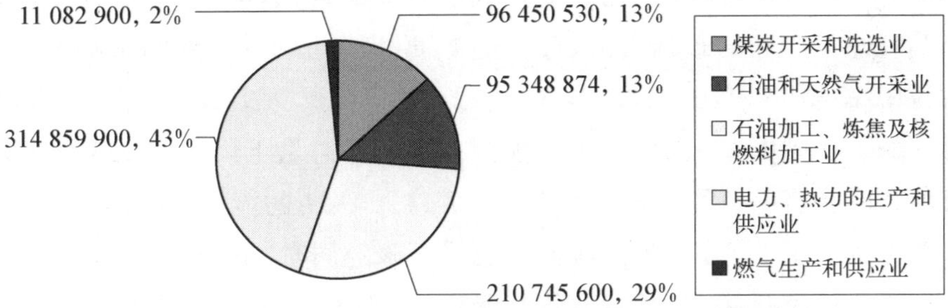

图9.6 能源消耗的基本情况

在一次能源的构成中，中国的煤炭消费总量占比一直较高。2011年，中国煤炭消费总量高达35.7亿吨，是一次能源消费总量的72.8%；石油消费量为4.6亿吨，位居世界第二，石油在一次能源消费中的比重为18%，世界平均水平为33%。虽然我国在大力鼓励发展清洁能源，但是可预计在今后相当长的时期内煤炭和石油在能源消费结构中的主导型地位不会发生根本性的变化。

9.3.2 征收能源税效果分析

发达国家的绿色税收大多以能源税收为主，征收能源税是实现节能减排，促进国民经济可持续发展的重要政策工具。接下来运用CGE模型模拟分析征收能源税对能源消耗总量控制、污染治理效果、宏观经济及产业结构方面的影响。

征收能源税有助于减少能源的消耗，实现能源总量控制；同时能源消耗减少可以减少污染物的排放，达到保护环境的目的。各种能源商品的份额不同，由此可以预期能源税的增加对不同能源商品的影响力度也会不一样。能源税征收对各能源商品消耗总量影响模拟结果如表 9.1 所示。

表 9.1 能源税对各部门能源商品消耗总量影响模拟结果

	A2	A3	A11	A23	A24
10%	−0.016 755 287	−0.016 563 909	−0.036 610 51	−0.054 697 14	−0.001 925 31
20%	−0.028 338 064	−0.028 014 387	−0.061 919 019	−0.092 508 77	−0.003 256 259
30%	−0.042 591 784	−0.042 105 301	−0.093 063 575	−0.139 039 61	−0.004 894 12
40%	−0.070 760 471	−0.069 952 246	−0.154 612 503	−0.230 995 46	−0.008 130 917
50%	−0.092 974 907	−0.091 912 949	−0.203 151 321	−0.303 513 83	−0.010 683 524

表 9.1 反映了能源价格税每增加 10%各种能源消耗总量的变化情况。能源税的不断增加，能源消耗总量得到了有效的控制，其中 A11、A23 的能源商品消耗总量受到的影响最大，A24 能源商品消耗总量受到的影响最小。在能源税税率增加 10%的情况下，A2 能源商品下降了 0.016 755 287%，A3 能源商品下降了 0.016 563 909%，A11 能源商品消耗总量下降了 0.036 610 51%，A23 能源商品消耗总量下降了 0.054 697 14%，A24 的能源商品消耗总量下降了 0.001 925 31%。在各种能源消费总量下降的同时，由于不同能源商品消耗总量下降的幅度不一样必然导致能源消费结构比例发生变化，其中 A24 燃气的降幅最低，其消费比例相对图 9.6 中有所上升。

从理论上讲，能源税的增加必然使得商品市场上能源商品价格上升，企业生产成本增加，从而对整个国民经济带来一定的负面影响，表 9.2 的结果符合初步预期。能源税征收的宏观经济影响模拟结果如表 9.2 所示。

表 9.2 能源税征收的宏观经济影响模拟结果

	GDP	*GGDP*	*YH*	不达标废气	不达标废水	不达标固体废物
0.1	−0.615 2	−0.497 2	−0.275 3	−0.725 1	−0.597 96	−0.342 92
0.2	−1.187 3	−0.975 6	−0.467 2	−1.253 7	−0.811 69	−0.548 56
0.3	−1.735 8	−1.417 3	−0.647 5	−1.769 3	−1.015 96	−0.738 88
0.4	−2.261	−1.825 8	−0.816 9	−2.154 8	−1.202 245	−0.911 24
0.5	−2.758 3	−2.197 5	−0.975 4	−2.587 9	−1.388 585	−1.078 96

通过表 9.2 中的模拟结果我们可以看出，能源税的不断增加，宏观经济受到负面的影响，能源税税率增加 10%的情况下，GDP 下降 0.612 5%，居民收入下

降了 0.275 3%；此外，GGDP 下降了 0.497 2%，下降的幅度明显要小于 GDP 的下降幅度，意味着 GGDP 在 GDP 中所占的比例有所上升；污染物的排放量也有下降，不达标废气的排放量下降了 0.725 1%；废水不达标排放量下降了 0.597 96%，固体废物不达标排放量下降了 0.342 92%。随着能源税征收幅度的上升，表中的宏观经济指标和不达标污染物排放指标都呈现不同程度的下降。

从产业结构层面看，不同的行业能源消耗强度不一样，征收能源税对不同行业的影响程度也不一样。能源税增加 10%之后各行业污染物排放、产值分布如图 9.7 所示。

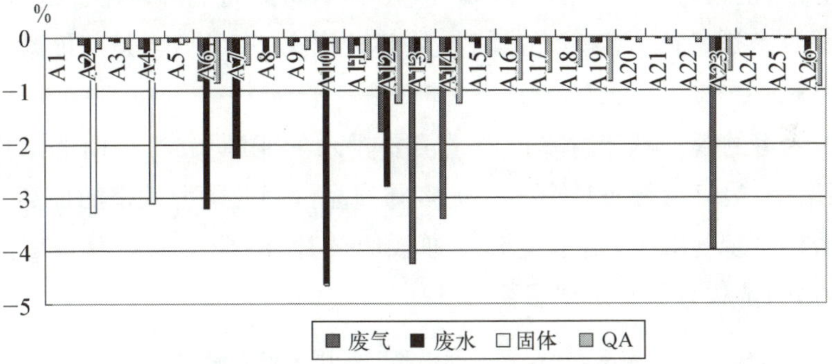

图 9.7 能源税征收对不同部门的污染物排放与产值影响

根据图 9.5，重工业能源消耗量大，轻工业次之，然后是服务业和农业。因此，可以初步判断能源税的增加对重工业的影响将大于对轻工业、服务业和农业的影响。另外，由于重工业是高能耗高污染产业，增加能源税必然能够带来一定的节能减排效果。通过图 9.7 可以发现当对污染物征收 10%的税时，首当其冲的就是重工业生产部门，产值 QA 大部分都有较大幅度的下降，例如 A12、A14、A16、A17、A18、A19 等都有较大的降幅；其次是轻工业生产部门，各行业产值 QA 也有一定程度的下降，例如其中的 A6、A7 等；最后是其他行业 A26、A26 是建筑业、服务业等 19 个行业总和，其产值变动代表的也是 19 个行业的总和变动。各行业产值下降的幅度不一致，负面影响较大的行业产值在总产值中的比例必然有所下降，负面影响较小的行业产值在总产值所占的比例必然上升，整个产业结构比例将发生变化。

能源税增加导致价格上涨，能源投入减少，总产量减少，同时对环境产生了积极的影响。能源投入的减少必然导致中间投入产生的污染物不达标排放减少，总产量的减少会导致与生产工艺相关的污染物排放减少。通过图 9.7 可以发现当对污染物征收10%的税时，重工业中的A12、A13、A14、A23污染不达标排放减少幅度较大；轻工业中的A6、A7、A10减排幅度也较大，另外采掘业中的A2、A4固定废物减排幅度也较大。

9.3.3 能源效率提高影响分析

能源税的提高能够实现节能减排的目的，但同时也会对经济增长带来负面效应。对中国这样一个人口大国来说，经济的负增长会带来很多问题。要实现我国工业节能或解决制约我国经济发展中的能源、环境约束问题，除了要有适当的能源价格、税收等宏观调控手段以外，还要不断提高能源效率。从长远来看，提高能源效率是最优、最有效的途径，从某种意义上来讲，也是节能减排的根本途径。

能源效率的提高意味着单位产量需要投入的能源更少，厂商的生产成本降低、利润增加，最终会导致厂商生产更多的商品。因此能源效率的提高并不意味着能源消耗总量的减少，由于能源反弹效应的存在，能源消耗总量可能出现增加，污染物的排放总量甚至更多。

表9.3 能源效率提高对经济总量的影响

	GDP	*GGDP*	*YH*	不达标废气	不达标废水	不达标固体废物
1%	0.067 35	0.069 24	0.031 75	0.053 84	0.040 83	0.017 94
3%	0.153 48	0.172 15	0.075 19	0.127 3	0.075 94	0.035 72
5%	0.297 36	0.315 72	0.126 4	0.194 7	0.118 4	0.059 71

表9.3反映了能源效率提高1%、3%和5%后对总量经济指标的影响。表9.3中数据显示这些影响都显著为正。例如，在能源效率提高1%后，GDP和GGDP分别增加了0.067 35%、0.069 24%，GGDP的增加幅度要高于GDP增加的幅度，意味着GGDP在GDP中的比重会上升；同时，居民收入也在上升。能源效率提高1%后，对环境带来了负面影响，不达标废气排放量增长幅度为0.053 84%，不达标废水排放量增幅为0.040 83%，不达标固体废物排放量增长幅度是0.017 94%。随着能源效率的不断提高，GDP、GGDP、居民收入和污染物的不达标排放量都在不断地增加；污染物不达标排放增幅明显小于GDP的增幅。

能源效率提高会降低单位产量的能源消耗量；但是随着GDP的增加，能源消耗总量甚至有可能增加。能源效率分别提高 1%、3%和 5%后，各种能源消耗总量情况如表 9.4 所示。

表 9.4 GDP 增加对能源消耗总量的影响

	A2	A3	A11	A23	A24
1%	0.022 839 828	0.022 578 952	0.049 905 306	0.074 559 942	0.002 624 47
3%	0.050 448 268	0.049 872 049	0.110 230 089	0.164 686 877	0.005 796 89
5%	0.107 215 598	0.105 990 984	0.234 267 407	0.350 002 147	0.012 319 888

通过表 9.4 可以看到，能源效率提高后能源商品的消耗总量增加的，随着能源效率的不断增加，能源消耗总量也是在不断增加的。在能源效率提高 1%的情况下，A2 的消耗总量增加了 0.022 839 828%，A3 的消耗总量增加了 0.022 578 952%，A11 的消耗总量增加了 0.049 905 306%，A23 的消耗总量增加了 0.074 559 942%，A24 的消耗总量增加了 0.002 624 47%。对比发现：基本情况下能源消耗量大的能源在效率增加后增加的幅度相对来说较大。

通过前面的基本情形分析我们已经知道：重工业能源消耗量最大，轻工业次之，然后是采掘业、服务业等。能源效率的提高意味着单位产出能源消耗降低，能源消耗量大的行业受惠将最大，其生产规模将进一步扩大，能源等中间投入会进一步增加，对环境的负面影响也可能增加。能源效率提高 1%后，各行业的生产、排污情况如图 9.8 所示。

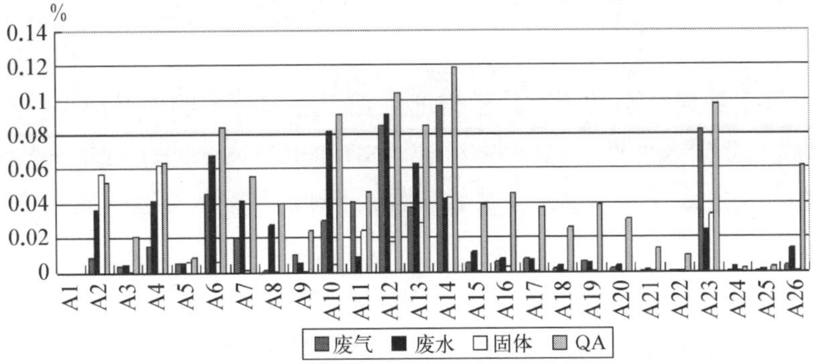

图 9.8 能源效率的提高对各部门排污及产值的影响

根据图 9.8 可以看出，能源效率提高 1%后，各生产部门的产出发生了变化，重工业中的 A10、A12、A13、A14、A16 和 A23 产出明显增加，此外还有 A2、A4、A6、A7 也有较明显的增加，其他行业增加不明显。能源效率提高 1%后，各行业产值影响不一，基本情形中能源消耗量大的行业产值增加幅度相对较大，此外 A26 其他行业也有较大的增加。

与生产活动相关的污染物排放也受到了不同程度的影响，从图 9.8 中还可以发现，能源效率提高 1%后，各行业污染物的排放量也有较明显的变化。A6、A12、A13、A14、A23 都有较明显的增加，其次是 A2、A4、A7、A8 等行业。

第 9 章在第 6 章 CGE 模型的基础上进行了简单的扩展：增加能源税和能源效率因子，模拟分析征收不同能源从价税、不同能源使用效率情境的节能减排效果和宏观经济影响。结论如下：

首先是在能源税政策效果方面。征收能源税影响能源价格，通过价格的提升来反映能源的稀缺性和环境成本，以达到节能减排的目的，是节能减排的一个有效途径。但由于征收资源税的影响范围较广，它也将对宏观经济造成较大的负面影响。

能源税的上涨将推动产业结构变化。能源税的上涨导致各产业的产出下降，程度虽有差异，但总体表现出一种趋势：能源强度越高的产业，其受能源价格上涨的紧缩程度也就越大。重工业属于高能耗产业，能源成本占总投入比重较大，能源价格提高大幅度增加了企业的生产成本，因而产出显著下降。

其次在能源效率变化方面。能源效率变化对能源消费的影响要考虑到价格效应、替代效应和收入效应的传递影响。能源效率提高虽然降低了单位产量的能耗量和成本，但是由于上述三种效应的综合影响，能源消耗总量上升，整个宏观经济受到积极的影响，同时对环境带来了负面影响，不达标污染物排放都有所增加。

能源效率的提升不利于产业结构的优化。能源效率的提升使得各产业产值增加，能源消耗量大的产业受惠最大，产量增加也最大。重工业能源消耗量大，能源成本占总投入比重较大，能源效率提高降低了企业的生产成本，因而产出增加。

9.4 可持续增长角度能源消费对环境的实证研究

关于能源消费对环境的实证研究，对于环境指标的选取，我们以二氧化碳排放为准。对于能源消费对二氧化碳排放的影响，国内外已有一定数量的研究成果。Schipper(1989) 认为居民的能源消费占到总能耗的 45%～55%。Kim

(2002)认为居民的能源性消费和对高碳消费品的需求对二氧化碳的排放有重要影响。陈佳瑛等(2009)分析了1978—2007年家庭模式的变化对中国二氧化碳排放的影响效应,结果表明,家庭规模对二氧化碳的排放具有较为明显的影响效应,其可能更适合作为居民能源消费产生的二氧化碳排放的分析单位。朱勤、彭希哲、陆志明等(2009)的研究发现能源结构的变化对二氧化碳的排放具有较为微弱的负向效应,虽然数量小,但是具有重大意义。杨子晖(2011)发现经济增长会产生大量的能源消费,增加二氧化碳排放。王小斌、邵燕斐(2014)研究中国城镇化进程在全国以及区域层面上对能源消耗的需求变化与二氧化碳排放的影响效应,结果表明城镇化增加了能源需求,进而增加了二氧化碳排放量。

本节的重点是从实证角度验证近年来能源消费对我国环境的影响及压力。为简化问题,同时综合考虑之前章节所做的各种污染物指标中,二氧化碳最具代表性,因而本节在研究重点为能源消费时,对于环境指标仅选取二氧化碳排放量,同时由于我们希望从可持续增长角度讨论问题,因此在模型设定时我们将技术进步作为一个重要控制变量引入模型,并在相关分析中试图发现技术进步能否改善能源消费对环境的压力。为了更全面地分析问题,本节依然分不同区域进行讨论。数据来自2008—2012年全国30个省、市、区。

9.4.1 模型构建与数据说明

1. 模型理论基础

能源消费和技术创新对一个区域的二氧化碳排放量有着重要的影响。中国作为新兴的工业化国家,其经济增长对工业发展的依赖较大。目前中国正处于工业化进程的重要阶段,国家对工业的投资维持在较高水平,对工业的投资进一步加快了重工业的发展,也使得对包括煤炭、石油、天然气等在内的化石能源的需求日益上升。此外,自改革开放以来,中国的经济持续保持高速增长,居民生活水平也得到稳步提高,消费结构也有明显升级。自2003年以来,居民消费开始步入现代型消费阶段。随着收入的大幅度增加,居民消费观念发生重大改变,开始追求享受型消费资料,住房、私家车等重碳消费品成为主要消费资料。这些消费资料的生产和使用会消耗大量的化石能源,进而导致二氧化碳的排放量迅速增加。

理论上,技术创新可以通过三大主要途径影响二氧化碳的排放。第一,技术创新可以实现节能产品的生产和应用,这将减少化石能源的使用量,进而减少二氧化碳的排放量;第二,技术创新可增加对可再生清洁能源的利用,降低对化石能源的依赖程度；第三，随着技术创新的不断深入，人类社会的经济发展模式发生改变，从以能源为要素投入的经济增长方式逐渐过渡到以资本为要素投入的经济发展方式。然而，值得注意的是，技术创新对二氧化碳排放的影响存在一定的路径依赖。如果企业初始的技术是“肮脏”的，那么企业的创新技术研发投入极有可能使技术更为“肮脏”；反之，如果企业一开始的技术就是“清洁”的，那么企业的创新技术研发投入可能会使得新技术更为“清洁”。所以技术创新对二氧化碳排放的影响方向并不确定，不仅不同国家（地区）间存在明显差异，即使在相同的国家（地区）内由于区域经济、技术发展不均衡，技术创新对二氧化碳排放的影响方向也不尽相同。

2. 模型设定

为了探究中国东、中、西部三地区能源消费、技术创新与二氧化碳排放的关系，我们将二氧化碳排放量作为因变量，能源消费和技术创新作为自变量，同时对相关数据进行对数化处理，便于直接获得因变量对自变量的弹性，建立的具体模型如下：

$$\ln CO2_{it} = \beta_0 + \beta_1 \ln CONSUME_{it} + \beta_2 \ln R \& D_{it} + \varepsilon_{it} \qquad (9.11)$$

式中：下标 i 指各省市区；t 指年份；CO_2 指二氧化碳排放量；CONSUME 指能源消费，R&D 指技术创新。

3. 数据来源及基本分析

本节涉及的变量有二氧化碳排放量、能源消费和技术创新 3 个，其对应的单位分别为万吨、万吨和万元。其中，二氧化碳排放量根据中国国家统计局提供的各类能源消费量数据和能源标准煤折算系数，以及 IPCC(1995)发布的各类能源碳排放系数估算而来；能源消费根据中国国家统计局提供的各类能源消费量数据和能源标准煤折算系数折算为标准煤；技术创新为中国国家统计局提供的规模以上工业企业开发新产品经费数据。各类能源标准煤折算系数和各类能源碳排放系数分别如表 9.5 和表 9.6 所示。

表 9.5　能源标准煤折算系数(kg 标准煤)

能源种类	标准煤折算系数	能源种类	标准煤折算系数	能源种类	标准煤折算系数
煤炭/kg	0.714 3	汽油/kg	1.471 4	燃料油/kg	1.428 6
焦炭/kg	0.971 4	煤油/kg	1.471 4	天然气/m^3	1.330 0
原油/kg	1.428 6	柴油/kg	1.457 1	电力/kW·h	0.122 9

来源：《中国统计年鉴 2008》。

表 9.6 各类能源碳排放系数(t 碳/tce)

能源种类	碳排放系数	能源种类	碳排放系数	能源种类	碳排放系数
煤炭	0.747 6	汽油	0.553 2	燃料油	0.617 6
焦炭	0.112 8	煤油	0.341 6	天然气	0.447 9
原油	0.585 4	柴油	0.591 3	电力	2.213 2

来源：IPCC(1995)。

为了更直观地认识中国东、中、西部三大地区[①]存在的差异，我们对各变量进行了描述性统计，样本的描述性统计量如表 9.7 所示。

表 9.7 各变量的描述性统计指标

地　区	变　量	观测数	最大值	最小值	均值	标准差
东部地区	CO_2	50	41 594	4 826	18 755	10 377
	CONSUME	50	53 034	6 323	23 077	13 046
	R&D	50	10 803 107	766 113	3 635 131	2 737 240
中部地区	CO_2	50	26 523	1 589	12 735	6 837
	CONSUME	50	32 417	2 350	15 854	8 362
	R&D	50	2 633 099	8 768	943 423	667 826
西部地区	CO_2	50	14 457	1 884	7 854	3 186
	CONSUME	50	18 858	2 078	9 638	4 238
	R&D	50	1 422 310	25 161	406 601	352 482

9.4.2 实证结果与分析

我们运用 Stata 软件对的东、中、西部的数据进行检验，均拒绝建立混合模型的假设。在固定效应模型和随机效应模型的选择上，采用 Hausman 检验方法，检验结果如表 9.8 所示。

① 注：东部地区包括北京、天津、河北、辽宁、上海、江苏、浙江、福建、山东、广东；中部地区包括山西、吉林、黑龙江、安徽、江西、河南、湖北、湖南、内蒙古、海南；西部地区包括广西、重庆、四川、贵州、云南、陕西、甘肃、青海、宁夏、新疆。其中，西藏、香港、澳门、台湾因数据缺乏并未纳入我们的研究。

表 9.8　中国东、中、西部面板数据的 Hausman 检验结果

地　　区	Chi-Sq. Statistic	Prob>Chi-Sq	结　　论
东部	4.25	0.119 3	随机模型
中部	9.57	0.008 3	固定模型
西部	14.52	0.000 7	固定模型

从检验结果可知，在分析二氧化碳排放与能源消费、技术创新的关系时，东部地区宜采用随机效应模型，而中部和西部地区则宜采用固定效应模型。

利用 Stata 软件对东、中、西部地区的面板数据采用其对应的模型形式进行回归分析，结果如表 9.9 所示。

表 9.9　中国东、中、西部回归结果

地　区	变　量	系　数	$t(z)$统计量	R^2	F(Wald Chi-Sq)值
东部	lnCONSUME	0.890	30.59***	0.987 8	6 289.81***
	lnR&D	0.043	3.87***		
	常数项	0.240	1.52		
中部	lnCONSUME	1.018	58.94***	0.998 0	6 636.47***
	lnR&D	0.016	4.47***		
	常数项	−0.614	−4.82***		
西部	lnCONSUME	0.887	15.99***	0.991 2	544.92***
	lnR&D	0.082	3.52***		
	常数项	−0.190	−0.61		

注：*、**、***分别表示在10%、5%、1%显著性水平下通过检验。

由回归结果可知，无论是东部地区、中部地区还是西部地区，变量 lnCONSUME 和变量 lnR&D 都能通过 1%显著性水平检验。这些检验结果表明，无论是中国的东部、中部还是西部地区，二氧化碳排放量与能源消费和技术创新均有重要联系。从能源消费和技术创新对二氧化碳排放量作用的方向上来看，3 个地区中能源消费和技术创新这两个因素对二氧化碳排放均有正向作用，即二氧化碳排放量会随着地区能源消费和技术创新投入的增长而增加。就能源消费和技术创新这两个要素对二氧化碳排放量的影响作用大小而言，3 个地区二氧化碳排放量对能源消费的弹性接近 1，二氧化碳排放量对技术创新的弹性在 0.016～0.082 区间，这表明能源消费比技术创新更能影响二氧化碳的排放量。

东、中、西部地区二氧化碳排放量对能源消费的弹性系数分别为0.890、1.018和0.887，大致都接近于1，说明在中国三大经济地区能源消费对二氧化碳均具有较为显著的正向作用力。

中国自改革开放以来，经济持续高速增长，2007年GDP总量超过德国，成为全国第三大经济体，2010年GDP总量超越日本，成为仅次于美国的全球第二大经济体，更有专家预计，中国经济总量将在2020年左右超越美国。但是作为新兴的工业化国家，中国的经济增长长期依赖消耗大量化石能源的第二产业，能源消费因此持续增加，这造成包括二氧化碳在内的废气大量排放。

但是，中国东、中、西部地区由于经济发展水平不一，第二产业的发展特点与趋势存在一定差异性。由表9.10可知，中部地区和西部地区第二产业的年平均增长率均在17%左右，明显高于对应地区第一、三产业和地区生产总值增长率。东部地区第二产业的增长率低于中部、西部地区，也稍低于东部的地区生产总值增长率。另外，由图9.9可知，东部地区第一产业所占比例出现明显下降，第二产业比例缓慢下降，并有进一步下降的趋势，第三产业比例出现明显上升。由图9.10和图9.11可知，中国中部和西部地区第一产业所占比例出现明显下降，第二产业比例出现显著上升，第三产业近几年来基本保持不变。

表9.10 1993—2012年东、中、西部三大地区各类年平均增长率

增长率类型	东部地区	中部地区	西部地区
地区生产总值/%	16.01	16.12	15.87
第一产业/%	10.62	11.89	11.64
第二产业/%	15.71	17.18	17.08
第三产业/%	17.81	16.91	16.70

这与目前中国东、中、西部地区经济的发展层次和产业政策密切相关。东部作为中国经济最为发达的地区，产业结构以第二产业和第三产业为主。近几年来，东部地区一方面大力促进产业升级，加快对传统工业的改造。另一方面进行产业结构调整，大力发展以消费、服务为主的第三产业，逐渐降低第二产业，尤其是传统高能耗工业在经济中所占的比重。东部地区传统化石能源的消耗量因此可以逐渐减少，进而减缓二氧化碳排放量的增速。中部地区和西部地区经济发展仍主要依靠第二产业，尤其是传统的高耗能工业，第二产业所占比例在50%左右，而且有进一步上升趋势。由于经济发展的迫切需要和自身发展水平的限

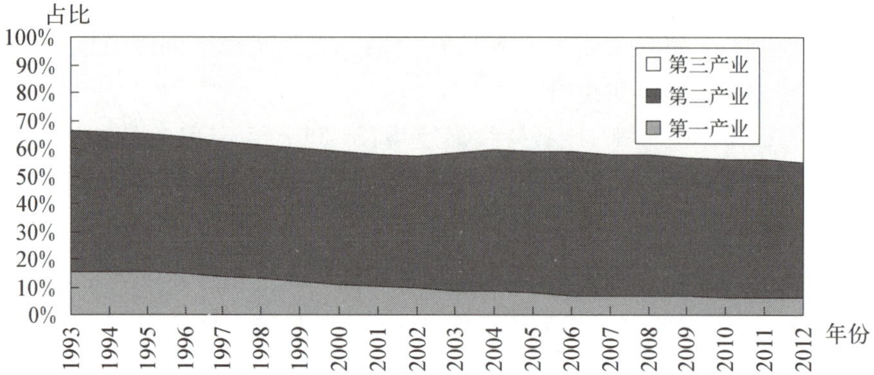

图 9. 9　1993—2012 年东部地区产业结构

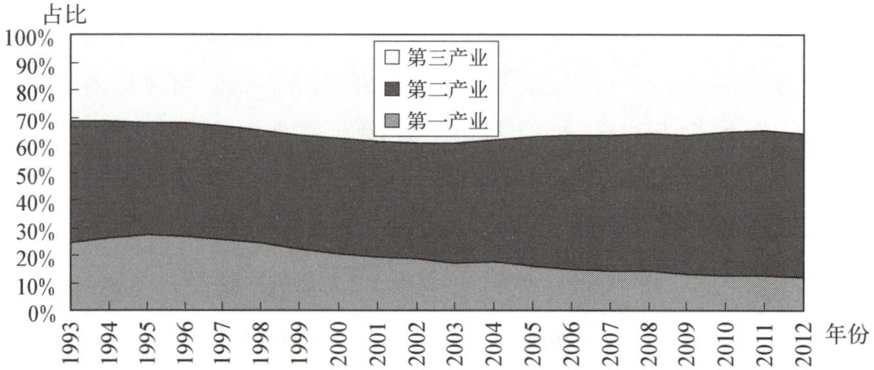

图 9. 10　1993—2012 年中部地区产业结构

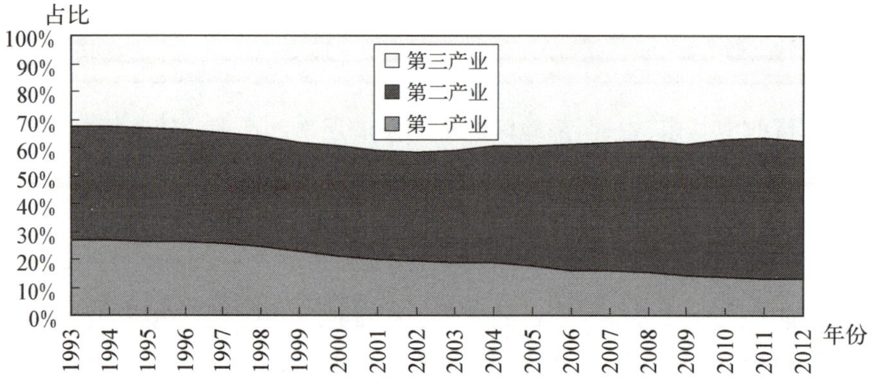

图 9. 11　1993—2012 年西部地区产业结构

制，中部地区和西部地区在未来很长一段时间内仍将依靠传统第二产业来促进经济发展，这将使得传统化石能源消耗量将进一步增加，而传统化石能源消耗量的增加会使得未来这两个地区的二氧化碳排放量仍会大量增长。

东、中、西部地区二氧化碳对技术创新因素的弹性系数分别为 0.043、0.016 和 0.082，均不到 0.09，但在方向上均为正，说明技术创新仍然会在一定程度上促进二氧化碳排放量的增加。我们在前文指出，技术创新对二氧化碳排放的影响存在一定的路径依赖。如果企业初始的技术是"肮脏"的，那么企业的创新技术研发投入极有可使技术更"肮脏"；反之，如果企业一开始的技术就是"清洁"的，那么企业的创新技术研发投入可能会使得新技术更为"清洁"。本节的研究表明，目前三大地区技术创新对二氧化碳排放的影响作用为正向，说明目前中国东、中、西部地区的技术创新活动仍然不是环境友好型的，使用的新技术仍然是"肮脏"的。这一结论与中国目前的现实发展情况一致。中国作为后起的新兴工业化国家，为了迅速改变经济弱国的国际地位，在过去的 30 年来大力发展工业，特别是资源型、污染性工业，工业企业使用的初始技术即为"肮脏"的技术。为了保持经济的持续高速发展，保证能源、物资、社会必需品的供应，企业投入了大量的研发经费来扩大生产活动，这进一步加剧了技术的"肮脏度"。由于惯性的存在，技术创新在短期内将保持对二氧化碳排放的正向影响。

本节我们利用面板数据方法，实证分析了中国东、中、西部 3 个地区二氧化碳排放量与能源消费、技术创新两大因素的关系。结果表明：虽然不同地区的自然条件、经济结构和发展水平存在明显差异，但能源消费和技术创新对二氧化碳排放量影响的作用方向在三大经济地区都为正。基于研究结论，我们大致可得以下相关建议：

1）优化产业结构，降低第二产业比重

产业结构对二氧化碳排放有着重要影响，第二产业，尤其是重工业生产活动会消耗大量的化石能源，进而产生大量二氧化碳。为了降低人类社会的经济发展和生产活动对环境的影响，一方面需要开发和使用清洁、可再生能源，大力发展资源节约型的轻碳工业，降低工业活动产生的二氧化碳排放量；另一方面需要优化产业结构，大力发展第三产业，以此降低对第二产业的依赖程度。这将有助于减少化石能源的消耗，进而降低二氧化碳排放量。

2）大力发展经济，提高社会财富水平

二氧化碳排放量与经济发展存在"倒 U 型"的曲线关系。大力发展经济并提高社会发展水平有助于减少二氧化碳的排放量。此外，经济发展将提高社会富裕程度，这将对人们的消费观念和行为产生巨大影响。社会富裕程度越高，人们会更关注环境，会更关注自身行为对环境的影响，这将使人们在进行日常消费时更倾向于低碳产品，有助于减少二氧化碳排放。

3）加快研发“清洁”技术

经济发展水平较高的东部地区应及早抛弃原来使用的“肮脏”的技术，开展“清洁”技术的研发，同时也可以积极引进国外的先进“清洁”技术，依靠技术的抑制作用降低二氧化碳的排放量。此外，应建立地区间的技术转移机制，促进中、西部地区节能技术的推广和实施。

第 10 章　科研 CGE 模型及政策情景分析

在过去的十多年间，技术进步对三次产业的促进效应显著，是驱动中国经济健康持续增长的核心动力，同时也是中国实现产业升级的方向和必然的路径选择（丁志国等，2012）。随着能源的日渐枯竭、环境的不断恶化这些问题日渐突显，技术进步是解决这些问题的关键。技术进步可以使得各种资源和环境得到更有效率的利用和保护。

在现实经济活动中，研发活动和生产技术的创新都发生在企业的生产过程中。为简化分析，我们将厂商的研发活动和技术创新从生产活动中分离出来，然后加总形成一个单独的虚拟研发机构部门，供给技术专利要素，这种生产要素可以和其他投入之间相互替代。

加大对研发活动和技术创新的投入是促进技术进步的必要条件。我们运用 CGE 模型模拟分析加大研发投入对经济、环境和能源消耗的影响。在构建科研 CGE 模型之前，先构建科研投入产出表和科研社会核算矩阵为 CGE 模型奠定数据基础，然后将技术专利要素引入到第 6 章 CGE 模型的生产函数中，最后运用科研 CGE 模型分析政府扶持科学研究对经济增长和环境的影响。

10.1　CGE 模型的数据库基础

投入产出表和社会核算矩阵是建立 CGE 模型的数据库基础，投入产出表和社会核算矩阵的结构决定了 CGE 模型的结构。要通过 CGE 模型模拟科研投入对经济发展、能源节约、环境污染的影响，先要构建一个虚拟研发机构。

生产部门会从事相应的研发活动，我们接下来将研发活动从生产部门中提取出来，成立一个虚拟的研发部门。在具体的操作过程中，主要是从投入产出表的中间投入部分将各部门的研发投入提取出来。在提取的过程中，有两个问题需要解决：第一，研发投入是隐含在中间投入中的，怎样提取；第二，提取之后怎样保持投入产出表的平衡，从而满足市场出清条件。

关于怎样将隐含在中间投入矩阵中的研发投入提取出来，Terleckyj(1974)曾经提出过一种方法，基本思想是：某个部门的研发总投入 RD_a 对该部门的产品生产产生作用，该部门的部分产品作为中间品 $QINX_{ca}$ 投入到其他部门，相当于该部门的研发产品作为中间投入投入到其他部门，投入的比例与传统投入产出表中间投入比例一致。由于该部门产品作为中间品投入到其他部门的 $QINX_{ca}$ 数据已知，可得中间投入系数。在各生产活动部门的科研投入数据 RD_a①已知的情况下将 RD_a 分配到各生产部门。Sue-Wing(2001)用该方法从传统投入产出表中抽象出 R&D 部门，并建立了美国 CGE 模型。

本书同样采用该方法建立包含科研部门的投入产出表，然后在科研投入产出表的基础上建立社会核算矩阵，具体步骤如下：

第一步，得到隐含在生产活动中的科研经费中间投入。科研经费的中间投入隐含在生产活动部门的中间投入中。传统的投入产出表包括了 3 个部分：中间投入部分、最终消费部分和增加值部分。传统的投入产出表形式如前面表 4.5 所示。通过表 4.5 中的中间投入矩阵可得中间投入系数表达式为

$$ica_{ca} = QINX_{ca} / \sum_{a} QINX_{ca} \tag{10.1}$$

表 10.1 文中新增加符号的意义

$D_{c'h}^{mod}$	变化后投入产出表最终需求部分	$QINX_{ca}^{RD}$	原始投入产出表中间投入部分隐含的科研中间投入	$V_{f'a}^{mod}$	变化后投入产出表增加值部分
RDF_a	部门 a 生产工艺废气产生系数	$QINX_{ca}^{mod}$	扣除隐含科研中间投入后的中间投入	$tc1_a$	生产工艺导致的污染排放成本

① 统计局网站已经公布各生产每年的科研经费投入。

(续表)

$tc2_a$	生产中中间投入导致的污染排放成本	RD_a	各生产部门的总投入	RDI_a	固体废物排污税
$e11_{ca}$	中间投入的废气排放系数	$e12_{ca}$	中间投入的废水排放系数	$e13_{ca}$	中间投入的固体废物排放系数

按照 Terleckyj 方法的基本思想，在各生产活动部门总的科研投入 RD_a 已知的情况下，科研投入的中间投入分配情况如表 10.2。

表 10.2　考虑科研投入的中间投入分配情况

	A1	A2	…	An
C1	中间投入系数矩阵 $\boldsymbol{ica}_{ca}$			
C2				
…				
Cn				

•①

	R&D
A1	… $\boldsymbol{RD}_a$
A2	
…	
An	

=

	A1	A2	…	An
C1	R&D 中间投入矩阵			
C2				
…				
Cn				

通过上述过程我们可以计算得到隐含在各部门中间投入中的具体的科研中间投入，具体表达式为

$$\boldsymbol{QINX}_{ca}^{RD} = \boldsymbol{ica}_{ca} \cdot \boldsymbol{RD}_a \tag{10.2}$$

第二步，将隐含在表 4.5 中的科研中间投入 $\boldsymbol{QINX}_{ca}^{RD}$ 从表 4.5 的中间投入矩阵中扣除掉，扣除过程如表 10.3 所示。

表 10.3　扣除科研投入的中间投入矩阵

	A1	A2	…	An
C1	中间投入矩阵 $\boldsymbol{QINX}_{ca}$			
C2				
…				
Cn				

—②

	A1	A2	…	An
C1	R&D 中间投入矩阵 $\boldsymbol{QINX}_{ca}^{RD}$			
C2				
…				
Cn				

=

	A1	A2	…	An
C1	扣除掉 R&D 后的中间投入矩阵			
C2				
…				
Cn				

通过上述过程我们可以将隐含在各部门中间投入中的科研中间投入扣除掉，扣除掉科研投入之后的中间投入具体表达式为

① 表示产品 i 的 R&D 支出和产品 i 这一行的所有中间投入系数相乘。

② 中间投入矩阵与 R&D 中间投入矩阵相对应的原始数值相减。

$$\boldsymbol{QINX}_{ca}^{\mathrm{mod}} = \boldsymbol{QINX}_{ca} - \boldsymbol{QINX}_{ca}^{RD} \tag{10.3}$$

表 4.5 是一个平衡的投入产出表，即相对应行、列的和是相等的。按照上述方式将隐含的科研中间投入从表 4.5 扣除掉后得到一个新的投入产出表，新投入产出表形式如表 10.4 所示。

表 10.4　扣除科研中间投入后的投入产出表

<table>
<tr><td></td><td>A1</td><td>A2</td><td>…</td><td>A29</td><td>居民消费</td><td>政府消费</td><td>投资</td><td>出口</td><td>总产出</td></tr>
<tr><td>C1</td><td rowspan="4" colspan="4">中间投入矩阵
$\boldsymbol{QINX}_{ca}^{\mathrm{mod}}$</td><td rowspan="4" colspan="4">最终消费矩阵
$\boldsymbol{D}_{ch}$</td><td></td></tr>
<tr><td>C2</td><td></td></tr>
<tr><td>…</td><td>…</td></tr>
<tr><td>C29</td><td></td></tr>
<tr><td>劳动</td><td rowspan="4" colspan="4">增加值矩阵
$\boldsymbol{V}_{fa}$</td><td colspan="5" rowspan="5"></td></tr>
<tr><td>资本</td></tr>
<tr><td>储蓄</td></tr>
<tr><td>进口</td></tr>
<tr><td>总需求</td><td></td><td></td><td>…</td><td></td></tr>
</table>

表 10.4 与表 4.5 相比，只有中间投入模块发生了变化，最终消费模块和增加值模块没有发生变化；此外表 10.4 不是一个平衡的投入产出表，即行之和与相对应的列之和并不相等。

第三步，构造包含科研部门的投入产出表。第二步中形成了一个不平衡的投入产出表，接下来我们将在表 10.4 的增加值模块和最终消费模块分别引入技术专利要素行和研发机构列。技术专利要素行和研发机构列中的元素形成过程如表 10.5 所示。

表 10.5　科研要素引入投入产出表过程

<table>
<tr><td></td><td>A1</td><td>A2</td><td>…</td><td>An</td><td>合计(R&D 机构)</td></tr>
<tr><td>C1</td><td rowspan="4" colspan="4">R&D 中间投入矩阵
$\boldsymbol{QINX}_{ca}^{RD}$</td><td rowspan="4">研发机构列</td></tr>
<tr><td>C2</td></tr>
<tr><td>…</td></tr>
<tr><td>Cn</td></tr>
<tr><td>合计(R&D 要素)</td><td colspan="4">技术专利要素行</td><td></td></tr>
</table>

对科研中间投入矩阵的行进行合计，技术专利要素行元素表达式为

$$\boldsymbol{RDF}_a = \sum_c \boldsymbol{QINX}_{ca}^{RD} \tag{10.4}$$

对科研中间投入矩阵的列进行合计，R&D 机构列元素表达式为

$$\boldsymbol{RDI}_c = \sum_a \boldsymbol{QINX}_{ca}^{RD} \tag{10.5}$$

将提取出来的 R&D 中间投入矩阵的合计(R&D 要素)行与合计(R&D 机构)列分别放入到表 10.4 的增加值矩阵和最终消费矩阵，调整后的平衡投入产出表如表 10.6 所示。

表 10.6　科研要素调整后投入产出表

	A1	…	A*n*	居民消费	政府消费	R&D 投资	投资	出口	总产出
C1	扣除掉 R&D 后的中间投入矩阵 $\boldsymbol{QINX}_{ca}^{\mathrm{mod}}$			最终消费矩阵 $\boldsymbol{D}_{ch}^{\mathrm{mod}}$					
C2									
…									…
C*n*									
劳动	增加值矩阵 $\boldsymbol{V}_{f'a}^{\mathrm{mod}}$								
资本									
技术专利									
储蓄									
进口									
总需求									

表 10.6 是一个包含了技术专利要素和科研机构的科研投入产出表，表中增加值模块元素与 $\boldsymbol{V}_p$、$\boldsymbol{RDF}_a$ 的关系为

$$\sum_{f'} \boldsymbol{V}_{f'a}^{\mathrm{mod}} = \boldsymbol{RDF}_a + \sum_f \boldsymbol{V}_{fa} \tag{10.6}$$

表 10.6 中最终需求模块元素与 RDI_c、D_{ch} 关系为

$$\sum_{h'} \boldsymbol{D}_{ch'}^{\mathrm{mod}} = \boldsymbol{RDI}_a + \sum_h \boldsymbol{D}_{ch} \tag{10.7}$$

原始投入产出表是平衡的投入产出表，因此根据式(10.3)、式(10.4)、式(10.5)、式(10.6)和式(10.7)可得

$$\sum_{c} \boldsymbol{QINX}_{ca}^{\mathrm{mod}} + \sum_{f'} \boldsymbol{V}_{f'a}^{\mathrm{mod}} = \sum_{a} \boldsymbol{QINX}_{ca}^{\mathrm{mod}} + \sum_{h'} D_{ch'}^{\mathrm{mod}} \tag{10.8}$$

根据式(10.8)可知，表10.6为平衡的投入产出表。根据科研投入产出表，可进一步得到科研社会核算矩阵，结构如表10.7。

表10.7 科研社会核算矩阵

	活动	商品	要素	技术专利要素	机构	R&D机构	国外	投资	出口	合计
活动										
商品	扣除R&D后的中间投入矩阵					机构支出				
要素										
技术专利要素	要素投入									
机构										
R&D机构				机构收入						
国外										
投资										
出口										
合计										

根据上述科研投入产出表的编制过程和附录A中的绿色投入产出表的数据编制包含科研和污染治理部门投入产出表，进而编制包含科研和污染治理部门的微观社会核算矩阵①。

10.2 科研CGE模型的建立

社会核算矩阵的结构决定着CGE模型的结构，在编制的科研社会核算矩阵中包括了新的技术专利要素和研发部门，技术专利要素在CES生产函数出现必

① 包含科研、污染治理部门的微观社会核算矩阵见表4。

然导致第 5 章中的函数嵌套结构发生变化，本章包括了技术专利要素的嵌套 CES 生产函数的结构图如下。

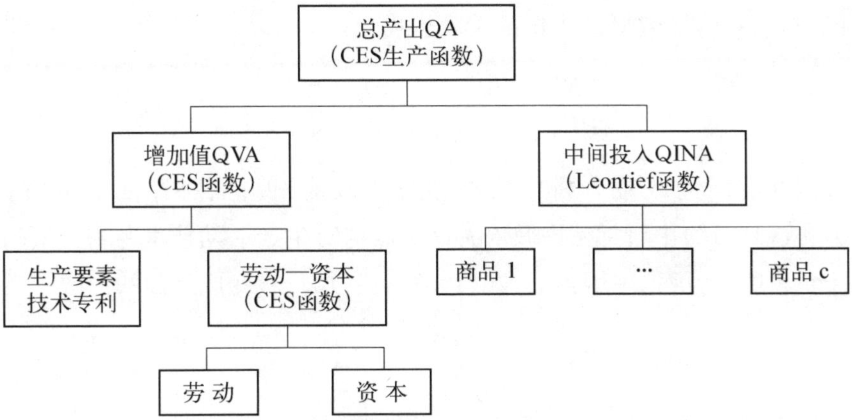

图 10.1　嵌套 CES 生产函数结构图

图 10.1 中的嵌套 CES 生产函数的第一层与图 5.2 嵌套 CES 生产函数的第一层在形式上相同；图 10.1 嵌套 CES 生产函数的第二层和图 10.2 嵌套 CES 生产函数的第二层之间存在着明显的区别，中间投入里昂惕夫函数部分相同，区别主要体现在生产要素的嵌套 CES 函数。根据图 10.1，嵌套 CES 生产函数第二层中的 CES 要素函数如下式：

$$\max \pi_a^F = PVA_a \cdot QVA_a - (PRDF_a \cdot RDF_a + PKL_a \cdot KL_a) \quad (10.9)$$

$$QVA_a = [\alpha_a RDF_a^{(\delta_a - 1)/\delta_a} + (1 - \alpha_a) KL_a^{(\delta_a - 1)/\delta_a}]^{\delta_a/(\delta_a - 1)} \quad (10.10)$$

式中：$PRDF_a$ 表示 RDF_a 的价格；KL_a 表示劳动和资本形成的复合要素；PKL_a 是 KL_a 的价格；其他符号的意义和前文中的一致。在完全竞争、企业利润为零的条件下，运用式(10.9)、式(10.10)构建拉格朗日函数，求一阶导数得最优化条件表达式为

$$\frac{PKL_a}{PRD_a} = \frac{1 - \alpha_a}{\alpha_a} \left(\frac{RDF_a}{KL_a} \right)^{1/(\delta_a - 1)} \quad (10.11)$$

图 10.1 中嵌套 CES 生产函数第三层劳动—资本 CES 函数数学表达形式如下：

$$\max \pi_a^F = PKL_a \cdot QKL_a - (PL_a \cdot L_a + PK_a \cdot K_a) \quad (10.12)$$

$$QKL_a = [\alpha'_a L_a^{(\delta_a - 1)/\delta_a} + (1 - \alpha'_a) K_a^{(\delta_a - 1)/\delta_a}]^{\delta_a/(\delta_a - 1)} \tag{10.13}$$

在完全竞争、企业利润为零的条件下，运用式(10.12)、式(10.13)构建拉格朗日函数，求一阶导数得最优化条件表达式为

$$\frac{PK_a}{PL_a} = \frac{1 - \alpha'_a}{\alpha'_a}\left(\frac{L_a}{K_a}\right)^{1/(\delta_a - 1)} \tag{10.14}$$

我们在后面的政策分析中将模拟分析政府对科研补贴的效果，需在式(10.9)、式(10.10)中增加考虑政府补贴。政府对生产活动技术专利要素的补贴相当于负税收，考虑这一因素后，式(10.9)、式(10.10)变成下面的形式：

$$\max \pi_a^F = PVA_a \cdot QVA_a - [PRD_a(1 - t) \cdot RD_a + PKL_a \cdot KL_a] \tag{10.15}$$

$$QVA_a = [\alpha_a RD_a^{(\delta_a - 1)/\delta_a} + (1 - \alpha_a) KL_a^{(\delta_a - 1)/\delta_a}]^{\delta_a/(\delta_a - 1)} \tag{10.16}$$

在完全竞争、企业利润为零的条件下，构造拉格朗日函数，一阶求导得

$$\frac{PKL_a}{PRD_a(1 - t)} = \frac{1 - \alpha_a}{\alpha_a}\left(\frac{RD_a}{KL_a}\right)^{1/(\delta_a - 1)} \tag{10.17}$$

由于政府对生产活动部门的专利技术投入进行补贴，政府的支出将增加，但政府商品消费函数不会发生变化。研发部门商品需求函数外生给定。科研CGE模型的主体部分相对于第6章CGE模型的主体只有上述部分发生了变化，其他部分与前文基本一致。

10.3 科研财政补贴作用机制分析

每年政府都会对科研项目给予大量资金扶持，政府对各生产活动部门科研投入进行的价格补贴实际上相当于负的价格税。政府对科研的资金扶持会对企业生产活动中的科研投入带来一定的影响，科研补贴对生产活动部门投入价格的影响关系如图10.2所示。

通过图10.2我们可以发现：科研补贴会导致各生产活动部门技术专利要素投入的价格下降为PRD(1−t)，t($0 < t < 1$)为价格补贴率。价格下跌后会导致要素之间的相互替代，科研投入增加，PVA的价格下跌。PVA的价格下跌

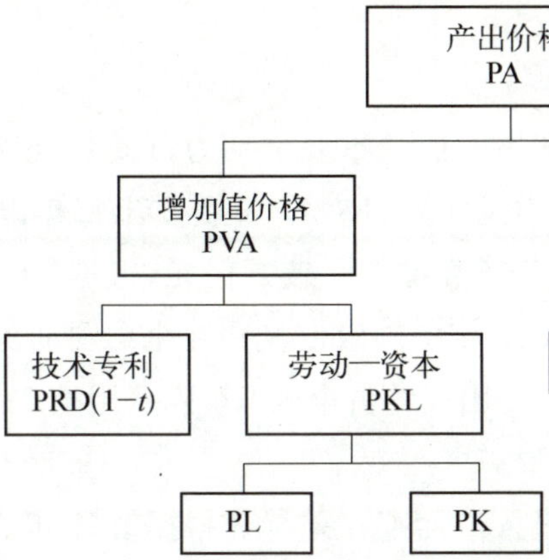

图 10.2　嵌套 CES 生产函数结构

会导致要素投入和中间投入之间的替代：要素投入增加，中间投入减少。要素投入和中间投入之间的替代会带来两个方面的效应：第一，中间投入的减少会导致中间投入产生的污染物减少；第二，要素投入的增加会导致厂商的生产成本降低，利润增加，从而厂商的产量增加，与生产工艺相关的污染物排放也会增加。

10.4　R&D 补贴政策情景分析

技术进步为经济增长作出了很大贡献，其在总产出中的贡献率为 32.96%，仅次于资本投入对经济增长的贡献率，比劳动投入贡献率高（李晓宁，2012）。但是相对于其他国家来说，技术进步在中国经济增长过程中所做的贡献较低，一些国外学者描述这种经济增长方式为“不可持续的增长”（Krugman，1994；Young，2000）。我们在上一章的实证分析中也证实了这种结论，我国的技术进步很多时候并非“清洁技术”，要实现经济的可持续发展，要解决环境、能源问题，必须加快“清洁技术”的进步。

为促进技术进步，国家在“十二五”年规划（2011—2015）重新强调了科学研究对中国经济可持续发展的重要战略意义，提出社会研发经费在 2015 年达到 GDP 的 2.2%。政府加大对科研的补贴是促进技术进步的重要政策手段。我们接下来运用 CGE 模型分析科研补贴政策对经济、环境及能源消费的影响。

10.4.1 基本情景分析

技术进步是促进经济、环境和社会和谐发展的重要推动力，R&D经费投入是促进一个国家技术进步的重要投入。中国研发(R&D)经费支出每年以20%以上的速度递增，2012年全社会科技研发经费首次突破万亿元，根据“十二五”规划，研发经费投入将会进一步上涨。2011年中国研发经费在全球科研经费投入中的比例为13.1%，美国同期的R&D支出大约占全球R&D费用的32%，日本的比例为11.4%。

从产业层面来看，不同行业在科研投入方面存在差异。根据统计局公布的数据，2007年我国各行业科研投入分布情况如图10.3所示。

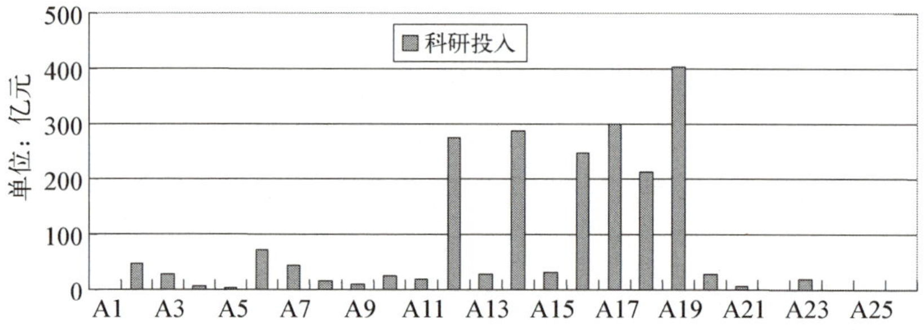

图 10.3 科研投入行业分布

通过图10.3可以知道科研投入行业分布状况：科研投入多的行业有A12、A14、A16、A17、A18、A19，其次是A2、A6、A7等。科研投入较多的行业主要集中在重工业，同时也是对整个国民经济贡献最大的行业。对比前文的污染物排放、能源消耗行业分布图可以发现：这几个行业同时也是污染物排放量大、能源密集型的行业。要对能源消耗总量进行控制，要减少污染物排放，要实现经济的可持续发展必须加大对科学研究的投入。

10.4.2 模拟情景分析

加大对各行业技术专利生产要素投入的补助，相当于对其征收负的税收；负的税收导致技术专利生产要素的价格降低，要素价格的降低会产生替代效应和收入效应，替代效应会导致要素投入的需求增加，中间投入的需求减少，相应的能源消耗量、不达标污染物排放量减少；收入效应会导致对要素和中间投入的增加，从而总产出增加，相应的能源消耗、不达标污染物排放量增加。

提高补贴后，收入效应和替代效应的综合作用决定了污染物的排放量情况。政府对技术专利的价格补贴率分别提高 1%、3%、5%后，主要宏观经济变量的变动情况如表 10.8 所示。

表 10.8　考虑技术补贴的宏观经济变量情况

	GDP	*GGDP*	*YH*	废气	废水	固体
1%	0.462 9	0.505 2	0.397 4	0.214 2	0.114 9	0.065 28
3%	0.853 1	0.947 5	0.648 2	0.436 2	0.237 1	0.127 5
5%	1.215 4	1.314 2	0.973 6	0.652 7	0.351 8	0.193 7

表 10.8 反映了对技术专利要素进行价格补贴后，GDP、GGDP 及污染的不达标排放等指标的变化情况。通过表 10.8 可以看出：随着对技术专利要素价格补贴的不断提高，GDP 出现了较为明显的增加，居民收入状况得以改善，GGDP 增幅较大，大于 GDP 的增加幅度，污染物不达标排放量有较轻微的变动。例如，在技术专利实行 1%的价格补贴时，GDP 增加了 0.462 9%，GGDP 增加了 0.505 2%，废气增加了 0.214 2%，废水增加了 0.114 9%，固体废物增加了 0.065 28%。虽然污染总量有增加，但污染物的增加幅度要小于 GDP 的增加幅度，单位 GDP 的污染物排放量减少。

技术专利要素投入补贴对能源消耗会带来比较明显的影响，生产过程中技术专利要素会对能源投入产生替代，单位产量的能源消耗量会降低。收入效应会使得产量增加，各种能源消耗总量也会增加。二者的综合效应决定的能源消耗总量情况如表 10.9 所示。

表 10.9　考虑技术要素后的能源消耗总量情况

	A2	A3	A11	A23	A24
1%	0.107 5	0.103 8	0.168 3	0.218 6	0.023 75
3%	0.195 7	0.189 5	0.312 7	0.453 1	0.045 28
5%	0.317 1	0.297 3	0.508 3	0.648	0.059 62

表 10.9 反映了对技术专利补贴 1%、3%、5%后，各种能源商品消耗总量情况。在补贴 1%时，A2 增加了 0.107 5%，A3 增加了 0.103 8%，A11 增加了

0.168 3%，A23 增加了 0.218 6%，A24 增加了 0.023 75%。随着补贴的不断提高能源消耗总量的增加相对 GDP 的变化来说较小，单位 GDP 的能源消耗量不断降低。

技术专利要素投入补贴对不同的行业带来不同的影响。技术专利投入多，产品技术含量高的行业受益多，产品技术含量低的行业受益少。补贴后不同行业的产量及污染物排放情况如图 10.4 所示。

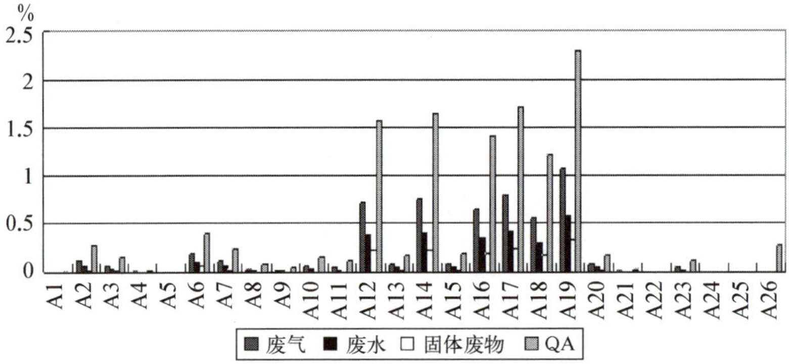

图 10.4　科研补贴后不同部门污染物排放及产值情况

通过图 10.4 可以发现对技术专利补贴 1%后，行业 A12、A14、A16、A17、A18、A19 产值增加较大，其次是 A2、A6、A26，其他行业增加幅度较小。增加幅度大的行业主要集中在重工业，使得重工业在总产值中比重增加。污染物排放较多的行业有 A12、A14、A16、A17、A18、A19，其次是 A2、A6、A7 等。但是相对产值的增加幅度来说，污染物的增加幅度要小得多。

第 10 章在社会核算矩阵中增加了虚拟的科研部门和技术专利生产要素，将技术专利作为生产要素引进 CGE 模型，模拟分析了不同的技术专利投入补贴情景对经济活动的影响，通过模拟的结果可以初步得出以下一些结论。

技术专利投入补贴对宏观经济产生积极的影响，随着补贴的增加，GDP、GGDP、YH 不断增加，GGDP 的增加幅度要明显高于 GDP，GGDP 在 GDP 中的比重大大增加。技术专利投入补贴对各种污染物不达标排放总量控制效果不明显，各种污染物不达标排放总量有轻微的增加，增加幅度要明显低于 GDP 的增加幅度，单位 GDP 的污染物不达标排放量大幅降低。技术专利投入补贴对能源消耗总量控制效果也不明显，能源消耗总量增加，但是单位 GDP 的能耗量有明显的降低。

技术专利投入补贴不利于产业结构的优化，技术专利要素投入多的行业受益较大，投入少的行业则受益少。重工业的技术专利投入相对较大，相应的产出增加大，与生产活动相关的污染物排放也受到了相应影响。

总体上来说，技术专利投入补贴能够起到较好的节能减排的效果，有利于经济的可持续发展。在 GDP 总量保持不变的情况下，技术专利投入补贴能够很好地起到节能减排的效果。但是由于技术专利投入补贴使得生产成本降低，相应的收入效应会使得总产量增加，能源消耗量和污染物不达标排放量也出现了轻微的增加。

由于在第 9 章中考虑能源问题时，已将技术创新作为一个重要的因素代入了环境问题的实证分析中，因而本章不再就科研对环境问题的分析做独立的实证研究。前文所得结论已经对我国技术投入在短期内的环境改善效应及对于我国技术要素是否表现出经济的“可持续性”提出质疑。所以当前我们应该更多地关注技术进步对经济可持续发展的贡献效率及相关政策的实施上。

第 11 章　经济可持续发展的战略措施

11.1　可持续发展的主要内容

可持续发展涉及可持续经济、可持续生态和可持续社会三方面的协调统一，要求在发展中讲究经济效益、关注生态和谐和追求社会公平，最终达到人和环境的协调发展。这表明，可持续发展虽然缘起于环境保护问题，但作为一个指导人类走向 21 世纪的发展理论，它已经超越了单纯的环境保护。它将环境问题与发展问题有机地结合起来，已经成为一个有关社会经济发展的全面性战略。具体地说：

（1）在经济可持续发展方面：可持续发展鼓励经济增长而不是以环境保护为名取消经济增长，因为经济发展是国家实力和社会财富的基础。但可持续发展不仅重视经济增长的数量，更追求经济发展的质量。可持续发展要求改变传统的以“高投入、高消耗、高污染”为特征的生产模式和消费模式，实施清洁生产和文明消费，以提高经济活动中的效益、节约资源和减少废物。从某种角度上，可以说集约型的经济增长方式就是可持续发展在经济方面的体现。

（2）在生态可持续发展方面：可持续发展要求经济建设和社会发展要与自然承载能力相协调。发展的同时必须保护和改善地球生态环境，保证以可持续的方式使用自然资源和环境成本，使人类的发展控制在地球承载能力之内。因此，可持续发展强调了发展是有限制的，没有限制就没有发展的持续。生态可持续发展同样强调环境保护，但不同于以往将环境保护与社会发展对立的做法，可持续发展要求通过转变发展模式，从根本上解决环境问题。

(3) 在社会可持续发展方面：可持续发展强调社会公平是环境保护得以实现的机制和目标。可持续发展指出世界各国的发展阶段可以不同，发展的具体目标也可不同，但发展的本质应包括改善人类生活质量，提高人类健康水平，创造一个保障人们平等、自由、教育、人权和免受暴力的社会环境。这就是说，在人类可持续发展系统中，经济可持续是基础，生态可持续是条件，社会可持续才是目的。下一世纪人类应该共同追求的是以人为本位的自然-经济-社会复合系统的持续、稳定、健康发展。

作为一个具有强大综合性和交叉性的研究领域，本书所做的研究其实也只是冰山一角，可持续发展涉及众多的学科，可以有不同重点的展开。例如，生态学家着重从自然方面把握可持续发展，理解可持续发展是不超越环境系统更新能力的人类社会的发展；经济学家着重从经济方面把握可持续发展，理解可持续发展是在保持自然资源质量和其持久供应能力的前提下，使经济增长的净利益增加到最大限度；社会学家从社会角度把握可持续发展，理解可持续发展是在不超出维持生态系统涵容能力的情况下，尽可能地改善人类的生活品质；科技工作者则更多地从技术角度把握可持续发展，把可持续发展理解为是建立极少产生废料和污染物的绿色工艺或技术系统。

但无论从哪个角度出发研究，可持续发展的基本原则不外乎以下3个：

(1) 公平性原则(fairness)。可持续发展强调发展应该追求两方面的公平：一是本代人的公平即代内平等。可持续发展要满足全体人民的基本需求和给全体人民机会以满足他们要求较好生活的愿望。当今世界的现实是一部分人富足，而占世界1/5的人口处于贫困状态；占全球人口26%的发达国家耗用了占全球80%的能源、钢铁和纸张等。这种贫富悬殊、两极分化的世界不可能实现可持续发展。因此，要给世界以公平的分配和公平的发展权，要把消除贫困作为可持续发展进程特别优先的问题来考虑。二是代际间的公平即世代平等。要认识到人类赖以生存的自然资源是有限的。本代人不能因为自己的发展与需求而损害人类世世代代满足需求的条件——自然资源与环境。要给世世代代以公平利用自然资源的权利。

(2) 持续性原则(sustainability)。持续性原则的核心思想是指人类的经济建设和社会发展不能超越自然资源与生态环境的承载能力。这意味着，可持续发展不仅要求人与人之间的公平，还要顾及人与自然之间的公平。资源和环境是人类生存与发展的基础，离开了资源和环境，就无从谈及人类的生存与发展。可持续发展主张建立在保护地球自然系统基础上的发展，因此发展必须有一定的限制因素。人类发展对自然资源的耗竭速率应充分顾及资源的临界性，应以不损害支持地球生命的大气、水、土壤、生物等自然系统为前提。换句话说，人类需要根据持续性原则调整自己的生活方式、确定自己的消耗标准，而不是过度生产和过度消费。发展一旦破坏了人类生存的物质基础，发展本身也就衰退了。

(3) 共同性原则(common)。鉴于世界各国历史、文化和发展水平的差异，可持续发展的具体目标、政策和实施步骤不可能是唯一的。但是，可持续发展作为全球发展的总目标，所体现的公平性原则和持续性原则，则是应该共同遵从的。要实现可持续发展的总目标，就必须采取全球共同的联合行动，认识到我们的家园——地球的整体性和相互依赖性。从根本上说，贯彻可持续发展就是要促进人类之间及人类与自然之间的和谐。如果每个人都能真诚地按“共同性原则”办事，那么人类内部及人与自然之间就能保持互惠共生的关系，从而实现可持续发展。

11.2 可持续发展的核心要点

如同本书研究所做的工作，在可持续经济发展的研究过程中，以下几个关键账户应始终被关注，这也正是保证经济的可持续性的关键要素。

1. 对于 GNP 的修正

当使用可持续发展概念时，人们已经认识到，传统的国民生产总值(GNP)作为宏观经济增长指标是一种不能保证环境状况良好的增长。在 GNP 的核算中，并未将由于经济增长而带来的对环境资源的消耗和破坏造成的影响及其对生态功能、环境状况的损害考虑在内。环境影响通常没有相应的市场表现形式，但这并不意味着它们没有经济价值。因此，实际上应该将所发生的任何环境损失都进行价值评估，并从 GNP 中扣除。经济学家不断试图在计算国内生产和收入时纳入一系列的自然资源和环境因素，即考虑环境后的净国内产值(EDP)和净国内收入(ENI)。国民生产净值定义为国民生产总值(CNP)减去人造资本的折旧和减去自然资本的存量。

2. 自然资源账户

另一种可行方法是建立另外一套自然资源账户，这套资源账户采用非货币单位的形式,它只是表示：在一个特定的国家里,资源究竟发生了什么样的变化。更简单的修正方法是建立一系列的环境统计报表。这些账户应该显示出环境的不同变化是如何同经济变化联系起来的。这至少可以避免以往那种认为经济好像同环境没有什么关系似的经济管理方式的错误。

3. 可持续收入

对一个国家或一个地区的可持续发展水平和可持续发展能力的衡量,还必须考虑到其全部的资本存量的大小及增加或减少,这样,可持续收入的概念便产生了。可持续收入的基本思想是由希克斯在其 1946 年的著作中提出的。这个概念的基础是：只有当全部的资本存量随时间保持不变或增长时,这种发展途径才是可持续的。可持续收入定义为不会减少总资本水平所必须保证的收入水平。对可持续收入的衡量要求对环境资本所提供的各种服务的流动进行价值评估。可持续收入数量上等于传统意义的 GNP 减去人造资本、自然资本、人力资本和社会资本等各种资本的折旧。衡量可持续收入意味着要调整国民经济核算体系。

4. 产品价格与投资评估

皮尔斯等认为,为了全面反映环境资源的价值,产品价格应当完整地反映 3 部分成本：一是资源开采或获取的成本;二是同资源开采、获取、使用有关的环境成本;三是由于当代人使用了这一部分资源而不可能成为后代人使用的效益损失,即用户成本。

5. 环境资源价值公式

穆拉辛格认为,为建立一个合法的决策框架,对资源进行定价是必需的。从概念或价值评估的角度,可以将环境资源的全部经济价值划分为两大类：使用价值和非使用价值。前者进一步被划分为直接使用价值和间接使用价值以及选择价值。其中,选择价值就是指当代人为了保证后代人对资源的使用而对资源所表示的支付意愿。非使用价值又称存在价值,是指人类的发展将有可能利用的那部分资源的价值,也包括能满足人类精神文化和道德需求的那部分环境资源的价值,如美丽的风景、濒危的物种等。

11.3　研究的主要结论

我们的研究中,以 2007 年相关数据为样本,在宏微观绿色 GDP 社会核算矩阵增加了虚拟的污染治理活动、商品部门，反映了生产活动与污染物排放之间的关系，反映了污染治理活动与污染治理之间的关系，体现了经济系统和环境系统之间的关系，能够反映绿色 GDP。另外还在 2007 年宏微观绿色 GDP 社会核算矩阵的基础上增加了虚拟的科研机构及技术专利要素。

以绿色 GDP 社会核算矩阵为基础的 CGE 模型，能够对经济系统和环境污染之间的关系进行很好的描述，能够对经济冲击进行反馈调整，这些优点使得它成为环境、能源和科研政策影响分析的有效工具。本书的 CGE 模型建立了环境污染和经济活动之间的关系，能反映生产活动和污染不标排放之间的关系，这一思想具有重要理论意义和实际应用价值。

本书在方法学上的第一个贡献是构建出体现经济系统和环境系统相互关联、能反映绿色 GDP 的社会核算矩阵，还在此基础上将科研投入与技术专利也纳入该 SAM 核算框架。其次，在方法学上的第二个贡献是在绿色 GDP 社会核算矩阵的基础上进一步构建了 CGE 模型，该模型能够很好地关联环境污染和经济活动之间的关系，能反映生产活动和污染不达标排放之间的关系。本研究在方法学上的第三个贡献是在经济可持续性的统一框架下考虑环境、能源和科研政策对经济发展可持续性的影响。

在经济可持续发展的统一框架下，我们运用 CGE 模型模拟分析环境、能源和科研政策对经济发展可持续性影响的实证结论如下所述。

第一是实现经济可持续发展的税收政策方面。无论是针对污染物排放的排污税，还是针对能源使用的能源税都会对宏观经济产生负面影响；但由于征收资源税的影响范围较广，它也将对宏观经济造成较大的负面影响。

排污税的征收使得各种污染物的排放总量得到了有效的控制。征收能源税影响能源价格，通过价格的提升来反映能源的稀缺性和环境成本，以达到促进节能减排的效果，是节能减排的一个有效途径。在实现同样的污染控制目标时，对污染物征税能反映污染成本的内部化，能更有效地减少扭曲；将污染排放税全部补贴给居民作为补偿，使得居民收入来源增加、福利改善。

征收污染排放税和能源税都能导致产业结构发生变化，能源消耗量大、污染排放量比较大的行业受到的负面影响会较大，能源消耗量少、污染物排放量少的行业影响则较轻微，各行业产值比例发生变化，产业结构发生变化。相应的各行业生产活动中的能源消耗量和污染物排放减少。

总体上来说污染物排放税的征收将使得整个经济在付出一定的代价的情

况，产业结构得到优化、污染物排放得到控制，有利于经济、环境、社会的可持续发展。在实现了节能减排目标的同时，须在节能减排效果与经济稳定之间做出权衡。

第二是实现经济可持续发展的政府补贴政策方面。政府对厂商生产过程中的污染治理和技术专利投入的补贴促使厂商加大相应的投入；但同时会降低厂商生产成本，促使厂商扩大生产规模。

政府对厂商的补贴政策会对整个宏观经济带来积极的正面影响。在节能减排效果方面，污染治理投入补贴和技术专利要素投入补贴效果存在较大的差异。

对生产过程污染治理商品投入进行补贴会导致生产要素和中间投入之间的替代，生产过程中中间投入比例上升，生产要素投入比例下降。在总产量增加时节能减排效果不明显，能源消耗总量、污染物排放总量增加，单位产量的能源消耗和污染物排放没有明显的变化。技术专利生产要素投入补贴，会导致技术专利生产要素和中间投入之间的替代，生产过程中要素比例增加，中间投入比例减少，在总产量增加时，能源消耗总量、污染物排放总量增加幅度较小，单位产量能源消耗和污染物不达标排放明显减少，节能减排效果明显。

政府补贴对不同行业产生的影响也不一样。从模拟结果可以看出：污染治理投入和技术专利要素投入补贴对污染排放量大、技术专利投入多的行业带来较大好处，污染物排放量大的行业产值所占的比例上升；污染物排放少、技术专利投入少的产业受惠较少，产值比重有所下降，加大了产业结构优化的难度。

第三是实现经济可持续发展的提高能源效率政策方面。能源效率提高降低了单位产量的能耗量和成本，整个宏观经济受到积极的影响，能源消耗总量上升，同时对环境带来了负面影响，不达标污染物排放总量增加，但是单位产量能耗量和污染物排放量明显的降低。

能源效率的提升不利于产业结构的优化。能源效率的提升使得各产业产值增加，能源消耗量大的产业受惠最大。

本书运用 CGE 模型分别分析了环境、能源和科研政策变化对实现经济可持续性发展的影响，模型分析虽然不能提供准确的定量结果，但是可以为决策者了解政策影响的路径和方向提供重要的参考。本书所构建的 CGE 模型除了能分析能源、环境和科研政策变化对经济可持续发展的影响，还能够用于综合评估与之相类似的政策对环境、经济及能源消耗的影响。

11.4 经济可持续发展的战略措施及政策建议

可持续经济发展是一种合理的经济发展形态。通过实施可持续经济发展战略，使社会经济得以形成可持续发展模式。这种模式，本质上是现代生态经济发展模式，它正确地在经济圈、社会圈、生物圈的不同层次中力求达到经济、社会、生态3个子系统相互协调和可持续发展，使生产、消费、流通都符合可持续经济发展要求，在产业发展上建立生态农业和生态工业，在区域发展上建立农村与城市的经济可持续发展模式。

能源税及污染排放税能够起到节能减排的效果，但对经济增长带来负面影响，对中国这样一个发展中的人口大国来说，经济的负增长是不可接受的。污染治理补贴政策节能减排效果不明显，技术专利要素投入补贴效果较明显，在促进经济增长的同时能够降低单位产量的能源量和不达标污染物的排放量，但是在不达标污染物总量控制和能源消耗总量控制上效果不明显，能源效率的提高能够起到与技术专利要素投入补贴政策类似的效果。

单纯某一项政策很难实现环境、经济和能源的协调发展，很难到达经济的可持续发展的目的。必须充分利用各自的优势，例如税收政策在能源消耗和不达标污染排放总量控制上效果明显，技术专利补贴政策和能源效率的提高能够减少单位产量的能源消耗量和不达标污染物排放量。实行组合政策充分利用各自的优势，能够在实现节能减排目标的同时将对经济增长的影响减小。

要实现环境、经济和资源的协调发展，达到经济可持续发展的目的，除了上述政策以外还要其他配套政策措施。

1. 提高自主创新能力，建设创新型国家

这是国家发展战略的核心，是提高综合国力的关键。国家主导政策明确要求坚持走中国特色自主创新道路，把增强自主创新能力贯彻到现代化建设各个方面。提出这项战略任务是确保到2020年实现全面建成小康社会奋斗目标的需要。实现人均国内生产总值到2020年比2000年翻两番，就一定要紧紧依靠科技进步和自主创新的有力支撑，一定要改变我国人均劳动生产率低、附加值低，单位国内生产总值物耗能耗高、生态环境代价高的现状。必须更加注重提高自主创新能力，加快科技进步，创造自主核心知识产权，创造自主世界著名品牌，提高制造产品的附加值、发展增值服务，鼓励发展跨国经营、具有国际竞争力的大企业集团。必须在发展劳动密集产业的同时，加快振兴装备制造业、高技术产业和以知识和创新为基础的现代服务业，加快实现由世界工厂向创造强国的跨越，提高我国经济的整体素质和国际竞争力。

提出这项战略任务是应对世界科技革命和提高我国竞争力的需要。当今世界，新科技革命迅猛发展，不断引发新的创新浪潮，科技成果转化和产业更新换代的周期越来越短，科技作为第一生产力的地位和作用越来越突出，坚持走中国特色自主创新道路、提高自主创新能力是根本出路。

2. 加快转变经济发展方式

在全面部署经济建设时，把加快转变经济发展方式、完善社会主义市场经济体制取得重大进展，作为实现未来经济发展目标的关键。

由转变经济增长方式到转变经济发展方式，不仅仅是两个字的改变，而是包含了更加丰富的内容，在涵盖经济增长方式的同时，体现了对新世纪新阶段我国经济发展理念上的深化，道路上的拓展，国际环境认识上的提升。

转变经济发展方式，在发展理念上要正确处理快与好的关系，不仅要继续保持国民经济快速发展，而且要更加注重推进经济结构战略性调整，努力提高经济发展的质量和效益。在发展道路上要根本改变依靠高投入、高消耗、高污染来支持经济增长，坚持走科技含量高、经济效益好、资源消耗低、环境污染少、人力资源优势得到充分发挥的中国特色新型工业化道路，实现可持续发展。在发展的国际环境上要主动适应经济全球化趋势，拓展对外开放广度和深度，提高开放型经济水平，提高经济整体素质和国际竞争力。

经济发展的理念、道路、环境，都是对经济发展具有根本性全局性的战略问题。对目前的中国而言，确实要紧紧抓住和用好重要战略机遇期，在转变经济发展方式上实现根本性突破。

3. 发展现代产业体系

从一定意义上说，现代化过程就是在科技进步的推动下，经济不断发展、产业结构逐步优化升级的过程。党的很多重要工作报告都对我国经济结构中存在的突出问题，作出了发展现代产业体系的战略部署，为我们推进产业结构优化升级指明了方向，可简要归纳为如下几点。

一是大力推进信息化与工业化融合，促进工业由大变强。信息化对工业化有着极大的带动作用，而且还丰富和拓展了工业化的内涵。因此，必须加快信息技术在各个领域的应用，大力推广以信息技术为代表的高新技术，加快用高新技术和先进适用技术改造提升传统工业产业，提升其技术水平和市场竞争力。

二是从改革体制机制、加大资金投入、完善政策等方面采取措施，发展现代服务业。服务业的兴旺发达是现代化经济的一个显著特征。目前，我国服务业与过去相比虽然有较大发展，但与整个经济发展阶段和人均收入应达到的水平相比，还有相当大的差距。必须加快发展服务业，全面提高服务业特别是现代服务业在国民经济中的比重和水平。要开拓服务业发展新领域，大力发展金融、现代物流、研究与开发、电子商务、法律、咨询、会计等生产性服务业和医疗卫生、社区服务、文化休闲等消费性服务业，扩大企业、公共事业机构和政府的服务外包业务，努力提高服务业社会化和市场化水平。

三是要加大支农惠农政策力度，积极发展现代农业。我国国情决定了今后农业的发展很难再靠增加自然资源的投入，出路只能是依靠科技进步和农民素质的提高。要增强发展现代农业的紧迫感，自觉把它摆在社会主义新农村建设的首要位置。

4. 建设资源节约型、环境友好型社会

科学合理的能源资源利用体系的核心要求是：按照减量化、再利用、资源化的原则，以提高能源资源利用效率为中心，以节能、节水、节地、节材、资源综合利用为重点，通过加快产业结构调整，推进技术进步，加强法制建设，完善政策措施，强化节约意识，建立长效机制，形成节约型增长方式和消费方式，促进经济社会可持续发展。

一是加快调整产业结构。要大力发展服务业，着力做强高技术产业。抓住当前部分行业产能过剩的时机，加快淘汰浪费能源资源、污染环境的落后工艺、技术和设备。加强宏观调控，遏制盲目投资、低水平重复建设，限制高耗能、高耗水、高污染产业的发展。

二是加快发展循环经济。发展循环经济，既是缓解能源资源约束矛盾的根本出路，也是从源头上减少污染、减轻环境压力的治本之策。要加快循环经济立法进程，开展循环经济示范点，探索有效模式，研究建立循环经济指标体系，推动重点行业、园区、城市和农村循环经济发展。

三是加快完善相关政策。要加快建立能够反映资源稀缺程度和环境损害成本的价格形成机制，促进生产要素的高效使用。对发展循环经济、推行清洁生产等成绩显著的企业，要给予税收减免等政策优惠。要切实加大对节约能源资源方面科技创新的支持力度，大力推进节约能源资源技术的原始创新、集成创新和引进消化吸收再创新。

5. 利用外资方式、对外投资和合作方式创新

创新利用外资方式是提高我国开放型经济水平的迫切需要。要着眼于提高利用外资的质量,引导跨国并购向优化产业结构方向发展,放宽中西部地区外资进入的行业限制。完善并购环境,建立跨国并购的法律体系;继续优化软硬件环境建设,切实加强知识产权保护,支持外资研发机构与我国企业和科研院校开展合作,更好地发挥技术共享、合作研究、人才交流等方面的溢出效应;鼓励跨国公司在我国设立外包企业,承接本公司集团和其他企业的外包业务,提高我国承接国际服务外包的水平;有效利用境外资本市场,鼓励具备条件的境外机构参股国内证券公司和基金管理公司,逐步扩大合格境外机构投资者规模。

我国已进入对外投资快速增长的新阶段。创新对外投资和合作方式是构筑我国参与国际经济合作和竞争新优势的重要路径。一是开展跨国并购,有效提高企业在研发、生产、销售等方面的国际化经营水平。二是积极开展国际能源资源互利合作。三是开展境外加工贸易。通过境外加工贸易方式,可以有效释放我国已经形成的充足生产能力,规避贸易壁垒,带动相关产品的出口。四是有序推动对外间接投资。

11.5 研究展望

本研究采用的是静态CGE模型分析了环境、能源和科研政策对经济发展可持续性的影响,我们将在现有基础上在如下方向作进一步拓展:

第一,建立多区域的绿色GDP社会核算矩阵,并在此基础上建立多区域CGE模型分析经济发展的可持续性。我国东、中、西部发展水平差异明显,相应的环境、能源问题也不平衡。东部地区需要调整经济结构、转变经济增长方式;中部地区经济发展主要依靠传统产业;西部地区发展不足,发展是第一要务。多区域模型将多个区域的CGE模型链接在一起,通过多个区域间相互影响的变量进行链接,可以模拟分析区域发展总体战略对促进区域经济协调发展和经济、环境、资源协调发展的效果。

第二,在绿色GDP社会核算矩阵的基础上建立动态CGE模型,分析经济、环境和资源协调发展的长期问题。

第三,发展清洁能源的影响分析。发展清洁能源是实现节能减排,实现经济

可持续发展的重要途径。据中国电力企业联合会信息，2012 年全国可再生能源发电装机达到 3.13 亿千瓦，同比提高 11.22%。全国可再生能源发电中，水电装机 24 890 万千瓦，同比增长 6.8%；风电并网容量 6 083 万千瓦，同比增长 31.6%；太阳能发电并网容量 328 万千瓦，同比增长 47.8%。可再生能源上网电量达到 6 732 亿千瓦时。清洁能源在能源总供给中占的比重将对环境、能源和经济的协调发展产生重要的影响。

第四，模型中与环境有关的数据还不完善，部分数据是在现有统计数据的条件下通过一定程度的合理假设得到的，数据的准确度还有待进一步提高。

中国是一个发展中的大国，2010 年末，中国首次超过日本成为世界第二大经济体，迅速发展的步伐早已引起全球的关注，特别是发达国家对于中国制造表现出的依赖与遏制，渐渐成为目前全球竞争的主旋律。中国经济为了跻身全球前列，也付出了巨大的环境发展代价，全球"污染及肮脏"产业链的大规模渗入，已经对我国环境造成了巨大的破坏。本书在这样一种"迫切需要发展绿色经济"的时代背景下，从理论及实证的角度详细梳理和论证了中国经济的可持续发展问题：建立了绿色社会核算矩阵，基于绿色 GDP 框架的 CGE 模型模拟了环境、能源及科研的不同情景，通过相关实证研究进行了动态的补充分析等。当然，所做的研究仍有不足，但希望能为中国更美好的蓝天做一份应做的努力。

附　录

A　2007 年绿色 GDP 社会核算矩阵

表 A. 1

	A1	A2	A3	A4	A5	A6	A7
A1							
A2							
A3							
A4							
A5							
A6							
A7							
A8							
A9							
A10							
A11							
A12							
A13							
A14							

（续表）

	A1	A2	A3	A4	A5	A6	A7
A15							
A16							
A17							
A18							
A19							
A20							
A21							
A22							
A23							
A24							
A25							
A26							
A27							
A28							
A29							
C1	68 771 565. 47	698 639. 331 1	1 613. 112 699	68 180. 573 95	10 176. 144 71	158 972 045. 2	36 085 910
C2	268 212. 068 2	9 666 663. 179	224 209. 994 5	255 045. 119 5	88 150. 668 22	914 782. 329 7	1 023 121
C3	13 476. 383 52	90 153. 437 41	1 278 441. 868	692 985. 412 2	469 932. 803 8	443 535. 788 4	246 822. 7
C4	0	0	0	6 312 993. 317	0	0	0
C5	49 165. 109 34	39 051. 715 22	48 864. 494 47	63 594. 388 67	2 576 023. 638	136 212. 688 1	0
C6	47 022 865. 06	194 995. 392	187 176. 709 9	149 546. 331 7	111 729. 314 3	79 322 429. 45	1 778 908
C7	69 117. 091 55	30 124. 770 36	78 874. 726 98	37 539. 120 63	22 730. 261 54	214 613. 005 1	96 341 229
C8	202 481. 868 1	387 416. 314 9	366 940. 109 3	268 198. 996 5	168 860. 657 1	532 440. 881 4	4 200 486

（续表）

	A1	A2	A3	A4	A5	A6	A7
C9	492 320. 374 6	818 844. 936 3	390 264. 104 3	198 740. 757 2	72 428. 564 09	442 308. 015 4	205 847. 6
C10	428 354. 307	129 665. 915 6	220 918. 187 8	127 004. 851	87 725. 914 2	8 771 785. 189	2 336 031
C11	3 942 660. 116	1 351 287. 515	3 584 526. 685	3 750 653. 475	1 556 381. 13	1 295 843. 215	879 540. 6
C12	37 291 505. 94	1 707 900. 517	2 488 015. 332	2 866 133. 507	4 080 390. 493	12 265 327. 25	30 246 760
C13	692 876. 994 1	988 778. 562 9	814 595. 562 2	512 451. 511 9	1 482 990. 666	2 819 052. 124	582 355. 4
C14	117 895. 777 8	4 709 691. 985	4 885 424. 865	890 907. 872 8	284 802. 750 5	458 351. 264 3	170 033. 9
C15	1 341 068. 412	2 200 490. 279	786 617. 751 3	1 429 659. 065	353 776. 292 1	1 955 235. 745	464 863. 6
C16	3 119 089. 752	5 769 209. 342	5 701 237. 488	4 327 374. 156	2 212 766. 949	1 425 976. 318	3 087 083
C17	1 806 451. 183	868 090. 630 7	720 420. 691 1	718 012. 317 5	543 851. 766 4	553 395. 095 5	525 529. 2
C18	153 434. 012 6	1 852 484. 757	1 005 128. 875	939 538. 201	425 933. 426 4	647 899. 491	614 074. 5
C19	67 907. 983 91	220 516. 375 7	162 437. 374 8	120 222. 209 9	60 937. 286 48	202 420. 671 9	263 013. 8
C20	163 567. 281 4	662 889. 587	1 336 095. 155	256 360. 888 6	105 526. 785	311 435. 082 5	191 306. 2
C21	520 826. 996 1	388 129. 136 5	135 106. 540 1	274 360. 945	233 934. 600 7	635 371. 941 2	712 709. 3
C22	27 712. 997 55	9 825. 828 74	1 570. 426 768	44 249. 352 28	327 409. 253 5	323 230. 240 1	295 034. 6
C23	4 582 883. 765	6 003 427. 112	6 654 416. 592	8 250 515. 336	2 506 152. 942	4 516 202. 676	5 657 377
C24	18 463. 859 51	42 914. 799 45	118 399. 697 3	315 146. 506 2	204 094. 276	225 938. 431 9	122 457. 4
C25	90 890. 204 79	121 615. 628 7	127 250. 302 6	90 252. 170 1	60 892. 804 67	269 133. 188 9	285 455. 4
C26	31 083 469. 22	13 035 015. 91	6 944 260. 457	6 710 050. 751	5 329 834. 086	37 494 765. 29	15 999 767
C27	0	36 753	8 818. 7	24 275	6 980. 4	98 737. 7	57 179. 5
C28	0	77 161. 2	202 425. 8	154 595. 4	11 660. 4	409 745. 8	334 835. 7
C29	0	205 304. 4	86 735. 6	111 894. 8	34 405. 7	773 416	241 126. 1
LAB	271 816 270	21 179 908. 37	13 009 613. 26	8 124 949. 61	6 158 805. 536	30 812 670. 47	18 411 300
CAP	14 297 447. 67	15 641 172. 37	32 062 424. 4	9 861 461. 266	6 429 775. 476	38 339 710. 58	19 871 148

（续表）

	A1	A2	A3	A4	A5	A6	A7
H							
ENT							
G	478 020	7 322 407.602	11 716 048.93	3 546 566.243	2 497 070.348	32 319 935.54	10 742 204
F							
IS							
K							
TOTAL	488 929 999.9	96 450 529.91	95 348 873.8	61 493 459.45	38 516 131.33	417 903 946.7	2.52×10^8

续表 1

	A8	A9	A10	A11	A12	A13	A14	A15	A16	A17
A1										
A2										
A3										
A4										
A5										
A6										
A7										
A8										
A9										
A10										
A11										
A12										

（续表）

	A8	A9	A10	A11	A12	A13	A14	A15	A16	A17
A13										
A14										
A15										
A16										
A17										
A18										
A19										
A20										
A21										
A22										
A23										
A24										
A25										
A26										
A27										
A28										
A29										
C1	7 910 138	13 192 356	5 476 244	4 890.644	16 601 226	85 395.09	41 304.46	31 050.2	34 147.91	13 995.74
C2	425 612.2	555 985.9	773 221.7	11 118 479	7 935 574	11 191 524	11 661 418	496 607.6	1 317 437	277 923.6
C3	163 920.3	36 666.83	72 063.62	1.18×10^8	14 246 891	1 465 277	1 752 485	260 428.3	367 449.9	244 439.9
C4	0	0	0	0	2 155 006	419 655.5	86 839 708	1 483 629	974 448.9	103 683
C5	0	0	0	24 354.95	10 172 387	15 345 623	1 593 213	556 658.7	227 780.9	58 726.46
C6	9 014 197	529 022.2	547 030.8	1 222 275	9 119 867	755 907.2	1 938 224	530 515.1	1 212 321	966 944.5

（续表）

	A8	A9	A10	A11	A12	A13	A14	A15	A16	A17
C7	59 172 652	1 143 597	2 711 430	13 115.21	4 445 153	486 070.2	60 105.1	256 692	478 894.3	552 724.7
C8	28 092 107	2 135 604	1 102 843	111 202.2	1 417 900	577 033.7	1 314 021	497 790.6	799 720.1	3 240 219
C9	312 230	31 833 265	3 118 540	81 318.34	925 061.1	1 434 099	393 811.8	2 645 009	1 196 147	3 004 854
C10	2 506 259	1 652 959	42 016 360	145 302.1	8 121 429	5 136 886	572 446.6	1 601 454	1 633 136	1 100 011
C11	1 067 307	597 164.3	765 951.3	12 059 092	39 190 076	6 820 404	27 864 930	1 709 681	3 954 240	1 430 513
C12	10 420 521	9 709 259	20 403 500	3 908 485	2.57×10^{8}	17 072 199	7 880 869	6 969 924	13 441 677	17 638 505
C13	228 136.2	994 349.7	405 675.2	855 788.8	4 252 525	37 200 236	8 240 453	1 826 310	2 157 684	2 146 604
C14	245 316.8	2 664 893	1 870 195	170 019.8	5 790 327	5 447 342	2.04×10^{8}	62 897 061	83 827 029	37 799 378
C15	772 990.2	2 748 308	2 236 669	848 374.9	5 110 998	6 277 945	6 269 337	22 138 152	16 679 666	5 393 747
C16	1 190 579	1 635 235	1 981 138	3 431 394	9 397 349	6 460 709	19 175 468	8 364 389	84 844 042	30 616 684
C17	286 780.9	528 892.5	1 209 807	613 651.3	2 025 180	1 260 238	3 666 228	1 593 579	5 987 048	1.09×10^{8}
C18	355 511.7	384 819.4	1 053 959	316 423.2	1 700 666	951 931.4	2 133 705	1 492 201	21 060 399	11 871 909
C19	263 340.9	55 971.65	1 509 542	42 718.04	442 745.6	166 248.2	183 158.1	230 871.3	9 267 571	3 741 603
C20	91 978.62	86 191.14	341 989.1	400 580.3	2 530 694	487 447.2	1 549 486	278 523.3	2 078 894	3 318 227
C21	651 327.1	395 736.5	655 151.1	114 600.1	1 525 655	913 355.4	1 584 858	602 313.8	2 718 175	922 528.5
C22	79 985.05	308 179.7	7 679 546	51 222.55	2 462 576	3 293 638	25 482 638	1 481 552	4 664 448	206 220.3
C23	1 076 426	2 461 715	3 308 558	4 794 385	29 157 635	14 114 063	28 372 191	8 133 914	9 053 684	3 642 731
C24	62 015.19	47 607.75	40 440.86	362 749.7	1 412 735	245 941.6	757 024.8	155 887.2	301 049.8	167 087
C25	118 112.5	109 962.4	463 806.7	125 916.5	977 512.8	323 255.3	642 978.2	210 416.5	195 941	215 638.2
C26	15 810 738	9 931 464	12 384 033	13 118 605	53 714 787	24 672 513	43 338 083	13 457 200	35 097 174	27 888 026
C27	16 653.9	11 462.4	90 001.7	298 853.9	471 201.1	544 010.3	1 651 815	23 107.2	33 806.7	33 909.6
C28	80 282.5	7 982.5	438 655.2	327 907.2	801 568.2	52 529	682 715.1	204 475.2	30 787.9	54 406.1
C29	23 118.4	73 164.7	1 613 169	831 880.9	1 463 622	3 254 997	3 372 293	129 657.5	97 857.3	208 235.6

（续表）

	A8	A9	A10	A11	A12	A13	A14	A15	A16	A17
LAB	18 941 727	10 368 781	12 234 763。	10 879 577	37 639 708	21 584 718	30 925 129	12 473 221	33 571 346	25 264 361
CAP	13 060 517	10 341 353	14 998 012	15 882 515	63 646 345	26 711 360	56 213 285	16 913 434	39 028 722	22 748 715
H										
ENT										
G	8 285 294	5 397 356	7 827 781	10 499 361	24 086 296	13 291 190	31 034 109	7 409 043	18 533 193	16 161 947
F										
IS										
K										
TOTAL	1.81×10^8	1.1×10^8	1.49×10^8	2.11×10^8	6.2×10^8	2.28×10^8	6.11×10^8	1.77×10^8	3.95×10^8	3.3×10^8

续表 2

	A18	A19	A20	A21	A22	A23	A24	A25	A26	A27
A1										
A2										
A3										
A4										
A5										
A6										
A7										
A8										
A9										
A10										

(续表)

	A18	A19	A20	A21	A22	A23	A24	A25	A26	A27
A11										
A12										
A13										
A14										
A15										
A16										
A17										
A18										
A19										
A20										
A21										
A22										
A23										
A24										
A25										
A26										
A27										
A28										
A29										
C1	3 376. 423	0	1 225. 85	6 571 189	10 303. 12	4 350. 664	1 322. 664	0	28 091 751	65 663. 51
C2	147 348. 4	52 524. 04	79 813. 65	347 334. 3	45 921. 56	32 739 643	697 586. 3	12 318. 32	3 121 360	292 436. 5
C3	145 100. 8	136 210. 6	4 462. 598	40 031. 05	2 311. 782	3 563 450	5 533 060	22 299. 19	1 270 720	212 759. 4
C4	245 017. 1	7 480. 069	42 319. 52	10 680. 9	67 082. 85	8 139. 016	0	0	152 321	242 525. 6

(续表)

	A18	A19	A20	A21	A22	A23	A24	A25	A26	A27
C5	88 719. 4	2 249. 7	3 890. 631	151 701. 2	3 971. 01	73 627. 35	340. 061 3	1 154. 508	8 669 504	50 771. 43
C6	933 513. 8	1 321 866	150 524. 8	777 390. 5	42 705. 8	932 463. 7	36 121. 96	32 858. 02	61 439 415	44 824. 23
C7	481 021. 7	94 634. 82	61 205. 62	5 496 854	5 001. 949	15 044. 84	1 083. 162	3 616. 124	7 318 087	34 583. 5
C8	535 859. 3	666 819. 9	135 458. 6	905 221	7 823. 94	1 012 284	108 844. 8	62 403. 34	16 053 216	18 668. 27
C9	629 124. 1	579 013. 5	123 604. 8	1 821 024	5 738. 331	186 668. 3	11 250. 32	18 449. 47	22 763 985	14 055. 05
C10	2 815 637	3 393 608	539 314. 9	1 276 106	9 370. 69	583 414. 5	24 488. 89	33 138. 67	46 352 802	55 690. 06
C11	1 257 380	1 046 921	150 642. 7	446 076. 9	78 520	12 639 577	239 307. 9	100 727. 7	89 793 137	226 941. 5
C12	22 995 485	25 771 851	4 934 473	5 860 228	967 399. 1	927 166. 5	61 222. 54	621 987. 2	96 011 602	310 782. 6
C13	4 367 650	6 571 223	1 605 873	1 235 449	91 434. 75	612 000. 1	21 102. 4	34 818. 85	1.38×10^8	129 770. 1
C14	76 357 971	11 770 217	1 656 724	6 400 954	418 397. 8	285 226. 3	22 994. 8	14 083. 71	1.01×10^8	607 587. 2
C15	12 430 866	10 530 003	1 900 645	3 094 255	47 917. 76	1 426 660	91 254. 97	336 798. 7	31 223 539	58 830. 43
C16	12 543 018	4 590 600	1 327 698	253 505. 2	24 390. 9	3 067 700	78 415. 47	134 666. 5	35 977 348	120 912. 5
C17	723 419	1 388 510	278 437. 3	828 231. 9	10 759. 45	3 480 339	216 804. 4	160 192. 4	47 088 935	53 045. 44
C18	38 853 670	12 771 181	2 863 000	428 434. 7	67 000. 03	16 382 490	23 560. 65	44 535. 49	53 629 858	124 269. 7
C19	16 651 715	2.16×10^8	12 491 863	173 506. 7	3 464. 326	224 656. 6	6 098. 771	12 520. 32	29 994 727	47 294. 32
C20	1 421 099	2 057 080	5 006 017	140 232. 1	3 779. 922	5 864 074	64 331. 39	72 776. 77	14 066 238	47 893. 5
C21	1 314 952	1 202 796	499 960. 2	3 506 709	3 686. 749	195 128. 8	6 857. 371	12 346. 98	5 553 705	11 203. 22
C22	2 341 205	374 214. 7	4 070. 203	188 646. 9	5 420 399	32 010. 43	0	0	0	85 472. 37
C23	2 845 923	4 145 881	396 809. 4	1 098 405	216 255. 5	1.12×10^8	184 401. 1	2 302 918	35 880 014	861 522. 7
C24	136 950. 8	170 575. 8	25 847. 6	57 128. 18	7 736. 871	328 120	490 382. 9	38 131. 83	1 404 139	6 920. 06
C25	144 758. 6	210 157. 9	49 152. 15	70 246. 08	12 746. 96	594 156. 7	8 107. 718	407 226. 8	2 908 382	7 964. 734
C26	24 775 862	39 062 107	4 073 620	5 218 710	757 548	27 677 306	918 548. 7	1 803 130	5×10^8	476 250. 8
C27	9 201. 8	73 860. 1	7 560. 1	988. 1	446. 4	1 965 493	3 162. 1	197. 9	80 430. 9	0

（续表）

	A18	A19	A20	A21	A22	A23	A24	A25	A26	A27
C28	24 888.4	141 298.3	29 924.1	4 921.7	1 558.2	145 570	6 843.4	13 988.1	38 526.9	0
C29	69 112.2	134 484.5	42 620.7	5 078.8	96 690.1	568 076.2	8 710.9	31 674.1	35 327.7	0
LAB	13 619 493	23 472 649	4 002 435	6 834 165	525 292.3	20 802 025	929 388.9	2 433 351	4.43×10^8	374 242.9
CAP	23 031 672	31 690 878	4 297 730	5 288 429	34 478 498	55 210 518	1 130 833	2 281 049	5.99×10^8	710 901.5
H										
ENT										
G	9 609 138	12 855 517	2 009 721	3 302 404	225 618.8	11 336 348	156 468	744 902.7	1.33×10^8	255 122.8
F										
IS										
K										
TOTAL	2.72×10^8	4.12×10^8	48 796 644	61 834 239	43 659 772	3.15×10^8	11 082 895	11 788 262	2.55×10^9	5 548 906

续表 3

	A28	A29	C1	C2	C3	C4	C5	C6	C7	C8
A1			4.82×10^8							
A2				94 112 952						
A3					93 613 226					
A4						60 670 584				
A5							37 011 728			
A6								3.99×10^8		
A7									1.7×10^8	
A8										1.24×10^8

(续表)

	A28	A29	C1	C2	C3	C4	C5	C6	C7	C8
A9										
A10										
A11										
A12										
A13										
A14										
A15										
A16										
A17										
A18										
A19										
A20										
A21										
A22										
A23										
A24										
A25										
A26										
A27										
A28										
A29										
C1	248 582.4	443 037.8								
C2	73 798.84	384 769.6								

（续表）

	A28	A29	C1	C2	C3	C4	C5	C6	C7	C8
C3	217 153.1	550 602								
C4	118 667.3	508 254.6								
C5	20 713.86	259 503.3								
C6	106 134.9	210 606.1								
C7	170 392.8	150 552.7								
C8	29 966.15	48 924.9								
C9	21 164.26	89 975.64								
C10	156 782.9	585 348.1								
C11	137 374	450 573								
C12	515 637.1	1 260 387								
C13	42 879.32	626 881.3								
C14	361 821.5	1 387 556								
C15	68 995.58	216 863.7								
C16	108 263	351 500.2								
C17	40 955.13	145 400.9								
C18	39 835.17	112 883.3								
C19	92 327.47	114 133.4								
C20	19 489.13	50 443.62								
C21	11 745.95	40 849.11								
C22	59 353.72	296 707.2								
C23	212 130.9	763 395.8								
C24	5 842.143	16 093.86								
C25	6 197.639	20 382.75								

（续表）

	A28	A29	C1	C2	C3	C4	C5	C6	C7	C8
C26	356 353.6	1 183 549								
C27	0	0								
C28	0	0								
C29	0	0								
LAB	326 844.2	1 015 031								
CAP	482 194.4	1 513 895								
H										
ENT										
G	227 655.8	714 551.8								
F			23 279 609	1 921 708	57 682 693	40 779 994	3 004 364	15 815 255	8 182 910	6 087 706
IS										
K										
TOTAL	4 279 252	13 512 654	5.06×10^{8}	96 034 660	1.51×10^{8}	1.01×10^{8}	40 016 092	4.15×10^{8}	1.78×10^{8}	1.3×10^{8}

续表 4

	C9	C10	C11	C12	C13	C14	C15	C16	C17	C18
A1										
A2										
A3										
A4										
A5										
A6										

（续表）

	C9	C10	C11	C12	C13	C14	C15	C16	C17	C18
A7										
A8										
A9	85 694 648									
A10		1.27×10^8								
A11			2.03×10^8							
A12				5.48×10^8						
A13					2.13×10^8					
A14						5.59×10^8				
A15							1.41×10^8			
A16								3.37×10^8		
A17									2.97×10^8	
A18										2.03×10^8
A19										
A20										
A21										
A22										
A23										
A24										
A25										
A26										
A27										
A28										
A29										

（续表）

	C9	C10	C11	C12	C13	C14	C15	C16	C17	C18
C1										
C2										
C3										
C4										
C5										
C6										
C7										
C8										
C9										
C10										
C11										
C12										
C13										
C14										
C15										
C16										
C17										
C18										
C19										
C20										
C21										
C22										
C23										

（续表）

	C9	C10	C11	C12	C13	C14	C15	C16	C17	C18
C24										
C25										
C26										
C27										
C28										
C29										
LAB										
CAP										
H										
ENT										
G										
F	2 704 833	8 286 283	14 501 469	91 051 715	3 772 993	43 205 060	5 846 910	70 433 320	30 032 045	34 351 999
IS										
K										
TOTAL	88 399 480	1.35×10^8	2.18×10^8	6.39×10^8	2.17×10^8	6.03×10^8	1.47×10^8	4.08×10^8	3.27×10^8	2.38×10^8

续表 5

	C19	C20	C21	C22	C23	C24	C25	C26	C27	C28
A1										
A2										
A3										
A4										

（续表）

	C19	C20	C21	C22	C23	C24	C25	C26	C27	C28
A5										
A6										
A7										
A8										
A9										
A10										
A11										
A12										
A13										
A14										
A15										
A16										
A17										
A18										
A19	1.98×10^8									
A20		16 422 646								
A21			48 737 066							
A22				43 342 479						
A23					3.14×10^8					
A24						11 082 895				
A25							11 788 262			
A26								2.41×10^9		
A27									5 548 906	

（续表）

	C19	C20	C21	C22	C23	C24	C25	C26	C27	C28
A28										4 279 252
A29										
C1										
C2										
C3										
C4										
C5										
C6										
C7										
C8										
C9										
C10										
C11										
C12										
C13										
C14										
C15										
C16										
C17										
C18										
C19										
C20										
C21										

（续表）

	C19	C20	C21	C22	C23	C24	C25	C26	C27	C28
C22										
C23										
C24										
C25										
C26										
C27										
C28										
C29										
LAB										
CAP										
H										
ENT										
G										
F	1.63×10^{8}	39 298 198	2 218 831	14 085 868	179 856.9	0	0	60 494 558	0	0
IS										
K										
TOTAL	3.61×10^{8}	55 720 844	50 955 897	57 428 347	3.14×10^{8}	11 082 895	11 788 262	2.47×10^{9}	5 548 906	4 279 252

续表 6

	C29	LAB	CAP	H	ENT	G	F	IS	K	TOTAL
A1							6 659 785			4.89×10^{8}
A2							2 337 578			96 450 530

（续表）

	C29	LAB	CAP	H	ENT	G	F	IS	K	TOTAL
A3							1 735 648			95 348 874
A4							822 875.3			61 493 459
A5							1 504 403			38 516 131
A6							19 121 135			4.18×10^{8}
A7							82 158 911			2.52×10^{8}
A8							56 726 409			1.81×10^{8}
A9							24 244 658			1.1×10^{8}
A10							22 644 209			1.49×10^{8}
A11							7 678 378			2.11×10^{8}
A12							72 379 174			6.2×10^{8}
A13							14 836 921			2.28×10^{8}
A14							51 554 905			6.11×10^{8}
A15							35 585 167			1.77×10^{8}
A16							57 368 521			3.95×10^{8}
A17							32 821 566			3.3×10^{8}
A18							68 256 592			2.72×10^{8}
A19							2.14×10^{8}			4.12×10^{8}
A20							32 373 998			48 796 644
A21							13 097 173			61 834 239
A22							317 293.3			43 659 772
A23							651 130.5			3.15×10^{8}
A24							0			11 082 895

（续表）

	C29	LAB	CAP	H	ENT	G	F	IS	K	TOTAL
A25							0			11 788 262
A26							1.37×10^{8}			2.55×10^{9}
A27							0			5 548 906
A28							0			4 279 252
A29	13 512 654						0			13 512 654
C1				1.12×10^{8}		3 416 230		20 416 358	26 717 058	5.06×10^{8}
C2				1 477 905		0		322 179.3	−1 954 247	96 034 660
C3				0		0		780 970	−1 118 784	1.51×10^{8}
C4				0		0		1 339 652	419 315.3	1.01×10^{8}
C5				0		0		48 479.65	−250 189	40 016 092
C6				1.67×10^{8}		0		9 481 045	17 605 576	4.15×10^{8}
C7				4 425 357		0		1 441 899	−7 816 487	1.78×10^{8}
C8				56 712 197		0		1 083 606	7 290 512	1.3×10^{8}
C9				5 172 106		0		12 390 713	−2 992 483	88 399 480
C10				4 212 455		0		870 725.6	−2 524 462	1.35×10^{8}
C11				7 459 960		0		−584 369	−7 694 289	2.18×10^{8}
C12				23 510 406		0		4 922 679	−5 449 044	6.39×10^{8}
C13				2 796 629		0		541 400.8	−5 661 331	2.17×10^{8}
C14				0		0		6 414 101	-2.00×10^{7}	6.03×10^{8}
C15				4 108 599		0		10 923 437	−6 150 073	1.47×10^{8}
C16				648 504.7		0		1.62×10^{8}	−5 944 987	4.08×10^{8}
C17				24 564 891		0		1.03×10^{8}	13 838 487	3.27×10^{8}

（续表）

	C29	LAB	CAP	H	ENT	G	F	IS	K	TOTAL
C18				19 230 783		0		48 783 795	−2 669 760	2.38×10^8
C19				19 378 979		0		44 527 208	4 778 980	3.61×10^8
C20				1 797 102		0		11 395 539	−476 441	55 720 844
C21				13 827 573		0		8 817 385	2 966 858	50 955 897
C22				0		0		0	1 887 229	57 428 347
C23				23 529 606		0		0	−1.2×10^7	3.14×10^8
C24				3 219 925		0		52 736.38	522 410.5	11 082 895
C25				3 221 088		0		0	−301 336	11 788 262
C26				4.68×10^8		3.48×10^8		6.61×10^8	25 575 512	2.47×10^9
C27				0		0		0	0	5 548 906
C28				0		0		0	0	4 279 252
C29				0		0		0	0	13 512 654
LAB										1.1×10^9
CAP										1.17×10^9
H		1.1×10^9	86 599 843.51		2.44×10^8	72 759 669	29 505 666			1.53×10^9
ENT			1 104 398 005							1.1×10^9
G				31 860 000	1.62×10^8	67 010 000	−130 000	5.35×10^8	0	1.18×10^9
F	0		−16 219 970.8			1 240 000				7.25×10^8
IS				5.36×10^8	6.98×10^8	6.88×10^8	−2.6×10^8			1.66×10^9
K								18 604 163		18 604 163
TOTAL	13 512 654	1.1×10^9	1 174 777 878	1.53×10^9	1.1×10^9	1.18×10^9	7.25×10^8	1.66×10^9	18 604 163	

B 不同宏观闭合规则①

B.1 宏观闭合和新古典主义要素市场的宏观闭合

CGE模型的设计要根据研究的问题,依据相应的宏观经济理论,形成特定的结构,包括什么函数,哪些内生变量,哪些外生变量等。这个依据宏观经济理论形成的结构,被称为宏观闭合。对不同的宏观闭合,通常根据相应的经济学理论来命名。但是要了解一个CGE模型宏观闭合的特殊构造,必须参看模型的整个细节内容。不能仅靠宏观闭合命名望文生义。因为同样的命名,如凯恩斯闭合,或者新古典主义闭合,里面的差异可能很大。下面我们介绍要素市场结构的3个典型的宏观闭合。

本书中介绍的CGE模型的在要素市场的结构,被称为新古典主义宏观闭合。它的特征是,所有价格包括要素价格和商品价格都是完全弹性的。由模型内生决定。而要素如劳动和资本的现有实际供应量都充分就业。我们尽量用简单的数学语言介绍如下。

相关变量和等式如下:

劳动和资本价格 WL 和 WK 为内生。劳动总需求 QLD 等于劳动总供应 QLS:

$$QLD(WL, WK, P) = QLS(WL, WK, P) \quad (B.1.1)$$

$$QKD(WL, WK, P) = QKS(WL, WK, P) \quad (B.1.2)$$

要素供应始终等于要素禀赋 $\overline{QLS}$ 和 $\overline{QKS}$,表示充分就业:

$$QLS(WL, WK, P) = \overline{QLS} \quad (B.1.3)$$

$$QKS(WL, WK, P) = \overline{QKS} \quad (B.1.4)$$

第5章中的CGE模型结构,主要就是基于这么一个新古典主义宏观闭合的要素市场结构,这里不再重复。除此之外,还必须考虑价格的基准问题。譬如设商品1的价格PAa为价格基准:

$$PA_a = 1 \quad (B.1.5)$$

① 本附录中的相关内容及程序实现主要来自:张欣,《可计算一般均衡模型的基本原理与编程》,格致出版社,2010。

然后去掉商品 1 的市场均衡条件。这样成为有唯一解的一个完整的新古典主义 CGE 模型。

B.2 凯恩斯宏观闭合

现实经济常常需要考虑其他的宏观经济条件。如果经济处在凯恩斯描述的萧条状况下，用古典主义的模型来模拟政策的结果，就会南辕北辙，得出错误的结论。譬如，新古典主义的结构假设劳动力市场充分就业，因而不能模拟财政刺激政策如何增加就业。

按照凯恩斯理论，在宏观经济萧条的状况下，劳动力大量失业，资本闲置，因此生产要素劳动和资本的供应量不受限制，最后他们的就业是内生的，由需求单方面决定。而要素的价格是固定的。按照这个理论采取的 CGE 模型的系统的闭合，成为凯恩斯闭合。

将第 5 章的模型改变为凯恩斯宏观闭合，要删除原方程中的要素供应等于禀赋的条件等式。因为在凯恩斯条件下，真实要素供应 QLS 和 QKS 不等于要素禀赋。其差距就是经济萧条下存在的失业和资本闲置。因此，应该将要素价格 WL 和 WK 改为外生。这个外生给定量为 $\overline{WL}$。因此，以下方程(B.2.14)和方程(B.2.15)两个要素价格等于固定水平的等式来替代原来的 $QLS=\overline{QLS}$ 和 $QKS=\overline{QKS}$ 的等式。除此之外，模型要有一个数量控制变量，在本模型中，居民消费额 YH 外生给定。

这样，凯恩斯闭合模型有 3 个外生变量：$\overline{WL}$、$\overline{WK}$ 和 $\overline{YH}$。对等式数量的调整为，先去掉两个要素实际供应等于禀赋的等式，再由瓦尔拉斯法则去掉一个商品市场均衡的等式。这样，等式也去掉了 3 个。注意其中固定一个要素价格变量和去除一个市场均衡条件实际上完成了式(B.1)中价格基准的方法的作用，因此，不能再加其他的价格基准，不能再让 GDP 价格指数或者除 $\overline{WL}$ 和 $\overline{WK}$ 的其他某一商品价格固定。

这个凯恩斯宏观闭合的 CGE 模型综述如下，其中消费函数为 LES 函数：

$$QA_a=\alpha_a^q\left[\delta_a^q QVA_a^{\rho_a}+(1-\delta_a^q)QINTA_a^{\rho_a}\right]^{\frac{1}{\rho_a}},\quad a\in A \tag{B.2.1}$$

$$\frac{PINTA}{PVA}=\frac{\delta_a^q}{(1-\delta_a^q)}\left(\frac{VA_i}{INTA_a}\right)^{1-\rho_a},\ a\in A \tag{B.2.2}$$

$$PA_a\cdot QA_a=PVA_a\cdot QVA_a+PINT_a\cdot QINTA_a \tag{B.2.3}$$

$$QVA_a = \alpha_a^{va}[\delta_a^{va} QLD_a^{\rho_a^{va}} + (1-\delta_a^{va}) QKD_a^{\rho_a^{va}}]_a^{\frac{1}{va}}, \quad a \in A \tag{B.2.4}$$

$$\frac{WL}{WK} = \frac{\delta_{La}^{va}}{(1-\delta_{La}^{va})}\left(\frac{QKD_a}{QLD_a}\right)^{1-\rho_a^{va}}, \quad a \in A \tag{B.2.5}$$

$$PVA_a \cdot QVA_a = WL \cdot QLD_a + WK \cdot QKD_a, \quad a \in A \tag{B.2.6}$$

$$QINT_{aa'} = ia_{aa'} \cdot QINTA_{a'}, \quad a \in A, a' \in A \tag{B.2.7}$$

$$PINTA_{a'} = \sum_{a \in A} ia_{aa'} \cdot PA_a, \quad a' \in A \tag{B.2.8}$$

$$YH = WL \cdot QLS + WK \cdot QKS \tag{B.2.9}$$

$$PA_a \cdot QH_a = PA_a \cdot \gamma_a + \beta_a (EH - \sum_{a' \in A} PA_{a'} \cdot \gamma_{a'}), \quad a \in A \tag{B.2.10}$$

$$\sum_{a' \in A} QINT_{aa'} + QH_a = QA_a, \quad a \in A, a \notin 1 \tag{B.2.11}$$

$$\sum_{a \in A} QLD_a = QLS \tag{B.2.12}$$

$$\sum_{a \in A} QKD_a = QKS \tag{B.2.13}$$

$$WL = \overline{WL} \tag{B.2.14}$$

$$WK = \overline{WK} \tag{B.2.15}$$

$$YH = \overline{YH} \tag{B.2.16}$$

虽然有两个要素价格是固定的，但其实一个已被用来作为基准价格。同时居民收入 YH 作为外生。在数学上，这个外生决定的 YH 和新古典主义的要素禀赋起的作用是一样的。凯恩斯状况下经济特点是需求决定，而新古典主义的经济特点是必须具备外生变量是要素禀赋，从这点意义上说，新古典主义是由供给决定的。

B.3　路易斯闭合

诺贝尔经济学奖得主亚瑟·路易斯(Arthur Lewis)描述发展中国家常见的

经济状况是：资本紧缺，但是在劳动市场上，有大量的剩余劳动力。劳动力价格被固定在生存工资水平上，在这个价格上，劳动供应量是无限的。该理论被称为路易斯无限制劳动力供应理论。路易斯理论，相应地 CGE 模型的宏观闭合要改成劳动价格固定，为外生变量 $\overline{WL}$，而劳动供应量不受限制，为内生变量。而资本充分就业，资本供应量等于资本禀赋 $\overline{QKS}$；资本价格弹性，为内生变量。或者说，在劳动市场上，是凯恩斯设置，而在资本市场上，是新古典主义的设置。因此，路易斯宏观闭合下的模型，是将 B. 2 节中的方程式(B. 2. 14)和式(B. 2. 16)改变成下面的式(B. 3. 1)至式(B. 3. 3)3 个等式。

$$WL = \overline{WL} \tag{B. 3. 1}$$

$$QKS = \overline{QKS} \tag{B. 3. 2}$$

除此之外，路易斯闭合的模型还需加一个价格基准等式，不然的话，$WL = \overline{WL}$ 会被模型认作是基准价格，从而得不到路易斯闭合的结果。因为路易斯理论认为实际工资被固定在居民的生存水平，因此应该采用消费者价格指数 CPI 较好，即实际工资 WL/CPI 维持在固定的生存水平上。因此，CPI 价格为价格基准的设置如下：

$$\overline{CPI} \cdot \sum_{a' \in A} QH_{a'} = \sum_{a \in A} PQ_a \cdot QH_a \tag{B. 3. 3}$$

C　GAMS 源程序中不同的闭合规则表

政　府	国　外	储蓄—投资	要素市场
GOV－1： 政府储蓄率内生； 固定的直接税率	ROW－1： 国外储蓄率固定； 实际汇率内生	SI－1： 资本形成固定； 国内非政府机构调整到相同的 MPS	FMOBFE： 要素供给固定且可在部门间流动，要素报酬率使市场出清
GOV－2： 政府储蓄率固定； 以相同的税率对国内非政府结构的税率进行调整	ROW－2： 国外储蓄率内生； 实际汇率固定	SI－2： 资本形成不固定； 国内非政府机构调整到不相同的 MPS	FACTFE： 要素供给固定且是部门特有的

(续表)

政　府	国　外	储蓄—投资	要素市场
GOV-3： 政府储蓄率固定； 以不同的税率对国内非政府结构的税率进行调整		SI-3： 资本形成不固定； 国内非政府机构的储蓄率固定	FMOBUE：要素供给不固定且可在部门间流动，要素的报酬率固定
		SI-4： 投资和政府消费份额固定； 国内非政府机构调整到相同的 MPS	
		SI-5： 投资和政府消费份额固定； 国内非政府机构调整到相同的 MPS	

D　凯恩斯宏观闭合宏观模型 GAMS 程序演示[①]

由于本书中主要用到的是较基础的凯恩斯宏观闭合，所以在此为了和更多的学术同仁共同切磋，现将凯恩斯闭合 CGE 模型编写的 GAMS 程序列示如下。为简要起见，示例中未将所有变量参数列出，仅列出了部分重要参数。对价格基准用虚变量的方法，并且检验虚变量是否归零。建模、校准估算参数，并复制检验。按照凯恩斯理论，最终需求增加引起对就业和资本利用的增加。

列出一个简易的宏观经济模型的 SAM 表，如表 D.1 所示。

表 D.1　宏观经济模型 SAM 表

	农业	工业	服务业	劳动	资本	居民	汇总
商品 1(农业)	260	320	150			635	1 365
商品 2(工业)	345	390	390			600	1 725

① 本附录中的相关内容及程序实现主要来自：张欣，《可计算一般均衡模型的基本原理与编程》，格致出版社。

（续表）

	农业	工业	服务业	劳动	资本	居民	汇总
商品 3(服务业)	400	365	320			385	1 470
要素(劳动)	200	250	400				850
要素(资本)	160	400	210				770
居民				850	770		1 620
汇总	1 365	1 725	1 470	850	770	1 620	

现将 GAMS 语言程序列示如下：

```
$title 凯恩斯价格基准
* 定义集合所有账户 ac,生产活动 a 和要素 f
* 农业：agri;制造业：manu;服务业：serve;
set ac   /agri, manu, serve, lab, cap, hh, total/;
set a(ac)   /agri, manu, serv/;
set f(ac)   /lab, cap/;

alias(ac, acp), (a, ap), (f, fp);

table sam(ac, acp)

          agri    manu    serv    lab     cap     hh      total
   agri   260     320     150                     635     1365
   manu   345     390     390                     600     1725
   serv   400     365     320                     385     1470
   lab    200     250     400                             850
   cap    160     400     210                             770
   hh                             850     770             1620
   total  1365    1725    1470    850     770     1620

Parameter     rhoa(a)   /agri = 2, manu = 0.3, serve = 0.1/
              rhoVA(a)  /agri  0.25,  manu  0.5,  serve  0.8/
              LESelas(a)  /agri  0.5,  manu  1.0,  serve  1.2/

* 定义参数
parameters
```

scaleAq(a)	QA 的 CES 函数参数
deltaq(a)	QA 的 CES 函数份额参数
scaleAVA(a)	VA 的 CES 函数参数
deltaVA(a)	VA 的 CES 函数劳动份额参数
ia(a，ap)	中间投入的投入产出系数
PA0(a)	商品 a 的价格
QA0(a)	商品 a 的数量
PVA0(a)	增值部分汇总价格
QVA0(a)	增值部分会总量
PINTA0(a)	中间投入总价格
QINTA0(a)	中间投入总量
QINT0(a，ap)	中间投入个量
QLD0(a)	劳动需求
QKD0(a)	资本需求
QLS0	劳动量供应
QKS0	资本量供应
WL0	劳动价格
WK0	资本价格
YH0	居民收入
QH0(a)	居民对商品 a 的需求
bgtshr(a)	LES 函数中消费预算商品 a 的份额
bgtshrchk	LES 函数中消费预算商品 a 的份额参数检验
* LESelas(a)	LES 消费弹性,外界给定
LESbeta(a)	LES 边际消费额
LESbetachk	LES 边际消费额参数和检验
LESsub(a)	LES 消费函数基本生存消费量
frisch	Frisch 参数

* 参数(包括外生变量)赋值与精校

Frisch=－3；

```
PA0(a)=1;
PVA0(a)=1;
PINTA0(a)=1;
WK0=1;
WL0=1;
QA0(a)=sam('total', a)/PA0(a);
QVA0(a)=SUM(f, Sam(f, a));
QINT0(a, ap)=sam(a, ap)/PA0(a);
QINTA0(a)=SUM(ap, QINT0(ap, a)));
ia(a, ap)=QINT0(a, ap)? QINTA0(ap);
QLS0=sum(a, sam('lab',a))/WL0;
QKS0=sum(a, sam('cap',a))/WK0;
QLD0(a)=sam('lab', a)/WL0;
QKD0(a)=sam('cap',a)/WK0;
deltaq(a)=PVA0(a) * QVA0(a) ** (1-rhoq(a))/(PVA0(a) * QVA0(a) ** (1-
rhoq(a))+PINTA0(a) * QINTA0(a) ** (1-rhoq(a)));
scaleAq(a)=QA0(a)/(deltaq(a) * QVA0(a) ** rhoq(a)+(1-deltaq(a)) *
QINTA0(a) ** rhoq(a)) ** (1/rhoq(a));
deltaVA(a)=WL0 * QLD0(a) ** (1-rhoVA(a))/(WL0 * QLD0(a) ** (1-
rhoVA(a))+WK0 * QKD0(a) ** (1-rhoVA(a)));
scaleAVA(a) = QVA0(a)/(deltaVA(a) * QLD0(a) ** rhoVA(a) + (1-
deltaVA(a))
* QKD0(a) ** rhoVA(a)) ** (1/rhoVA(a));
YH0=WL0 * QLS0+WK0 * QKS0;
QH0(a)=SAM(a, 'hh')/PA0(a);
* shrh(a)=(PA0(a) * QH0(a))/sum(ap, sam(ap, 'hh'));
* Below is the LES function block, the LES marginal share coefficient is scaled
to satisfy the constraint.
bgtshr(a)=SAM(a, 'hh')/YH0;
bgtshrchk=sum(a, bgtshr(a));
LESbeta(a)=LESelas(a) * bgtshr(a)/(sum(ap, LESelas(ap) * bgtshr(ap)));
```

```
LESbetachk=sum(a, LESbeta(a));
LESsub(a)=sam(a, 'hh')+(LESbeta(a)/PA0(a)) * (YH0/Frisch);

display PA0, PVA0, PINTA0, QA0, QVA0, QINTA0, QINT0, rhoq,
rhoVA, scaleAq,
deltaq, scaleAVA, deltaVA, ia, QLD0, QKD0, QLS0, QKS0, WL0, WK0,
YH0, QH0, bgtshrchk, LESbetachk, LESsub;

variable

PA(a), PVA(a), PINTA(a), WL, WK, QA(a), QVA(a), QINTA(a),
QINT(a, ap), QLD(a), QKD(a), QLS, QKS, YH, QH(a),
* 瓦尔拉斯法则,这里用加一个虚变量 walras 的方法
walras

* 定义等式
equation

QAfn(a), QAFOCeq(a), PAeq(a), QVAfn(a), QVAFOC(a), PVAeq(a),
QINTfn(a, ap), PINTAeq(ap), YHeq, QHeq(a), ComEqui(a), Leq, Keq;

QAfn(a)..

QA(a)=e=scaleAq(a) * (deltaq(a) * QVA(a) * * rhoq(a)+(1-deltaq(a)) *
QINTA(a) * * rhoq(a)) * * (1/rhoq(a));

QAFOCeq(a)..
PVA(a)/PINTA(a)=e=(deltaq(a)/(1-deltaq(a))) * (QINTA(a)/QVA(a)) * *
(1-rhoq(a));

PAeq(a)..
```

```
PA(a) * QA(a)=e=PVA(a) * QVA(a)+PINTA(a) * QINTA(a);

QVAfn(a)..
QVA(a)=e=scaleAVA(a) * (deltaVA(a) * OLD(a) ** rhoVA(a)+(1-
deltaVA(a))
 * QKD(a) ** rhoVA(a)) ** (1/rhoVA(a));

QVAFOC(a)..
WL/WK=e=(deltaVA(a)/(1-deltaVA(a))) * (QKD(a)/OLD(a)) ** (1-
rhoVA(a));

PVAeq(a)..
PVA(a) * QVA(a)=e=WL * QLD(a)+WK * QKD(a);

QINTfn(a, ap)..
QINT(a, ap)=e=ia(a, ap) * QINTA(ap);

PINTAeq(ap)..
PINTA(ap)=e=SUM(a, ia(a, ap) * PA(a));

YHeq..
YH=e=WL * QLS+WK * QKS;

QHeq(a)..
PA(a) * QH(a)=e=PA(a) * LESsub(a)+LESsub(a)+LESbeta(a) * (YH-
sum(ap, PA(ap) * LES-sub(ap)));

ComEqui(a)..
QA(a)=e=sum(ap,QINT(a, ap))+QH(a);

* 瓦尔拉斯法则,这里用加一个虚变量 walras 的方法
```

```
Leq..
Sum(a, QLD(a))=e=QLS+walras;

Keq..
Sum(a,QKD(a))=e=QKS;

*赋予变量的初始值
PA.1(a)=PA0(a);
PVA.1(a)=PVA0(a);
PINTA.1(a)=PINTA0(a);
QA.1(a)=QA0(a);
QVA.1(a)=QVA0(a);
QINTA.1(a)=QINTA0(a);
QINT.1(a, ap)=QINT0(a, ap);
QLD.1(a)=QLD0(a);
QKD.1(a)=QKD0(a);
YH.1=YH0
QH.1(a)=QH0(a);
QLS.1=QLS0;
QKS.1=QKS0;
Walras.1=0;

*凯恩斯闭合条件
WK.fx=1
WL.fx=1
YH.fx=YH0;

*执行优化程序
model cgeKeyn      /all/;
solve cgeKeyn using mcp;
*检验 walras 是否等于零
```

```
display walras.1

*检验凯恩斯模型的乘数
YH.fx=YHO*1.2;

Model checkKeynYHup   /all/;
solve checkKEYnYHup using mcp;
*检验 walras 是否等于零
Display walras.1;

*End
```

E 各省 1995—2012 年实际人均 GDP 计算

E.1 人均 GDP 的算法

计算基本公式为

$$各年人均实际 GDP = \frac{各年人均名义 GDP}{以 2000 年为基期的各年 GDP 平减指数} \times 100$$

式中：

(1) $各年人均名义 GDP = \frac{各年名义 GDP 总额}{各年常住人口总数}$；

(2) 以 2000 年为基期的各年 GDP 平减指数是由 1952 年为基准的 GDP 平减指数换算而来；

(3) 以 1952 年为基期的各年 GDP 平减指数数据来源于中国数据统计局，具体数据如下表所示：

1995	1996	1997	1998	1999	2000	2001	2002	2003
378.15	402.46	408.56	404.93	399.77	407.9	416.27	418.77	429.61
2004	2005	2006	2007	2008	2009	2010	2011	2012
459.37	477.38	495.55	533.4	574.81	571.33	609.25	656.81	669.91

换算过程为：

(1) 先依据数据表中的数据计算相对2000年的各年GDP平减指数的增长率,计算公式为

$$\text{相对 2000 年各年 GDP 平减指数增长率} = \frac{(\text{1952 年为基准各年 }GDP\text{ 平减指数}-\text{1952 年为基准的 2000 年 }GDP\text{ 平减指数})}{\text{1952 年为基准的 2000 年 }GDP\text{ 平减指数}}$$

得到数据如下表所示:

1995	1996	1997	1998	1999
−0.072 934 543	−0.013 336 602	0.001 618 044	−0.007 281 196	−0.019 931 356
2000	2001	2002	2003	2004
0	0.020 519 735	0.026 648 688	0.053 223 829	0.126 182 888
2005	2006	2007	2008	2009
0.170 335 867	0.214 881 098	0.307 673 449	0.409 193 43	0.400 661 927
2010	2011	2012		
0.493 625 889	0.610 223 094	0.642 338 809		

(2) 再以2000年为基准设2000年的平减指数为100计算相对2000年的各年GDP平减指数,计算公式为

$$\text{相对 2000 年的各年 }GDP\text{ 平减指数} = 100\times(1+\text{相对 2000 年各年 }GDP\text{ 平减指数增长率})$$

得到数据如下表所示:

1995	1996	1997	1998	1999
92.706 545 72	98.666 339 79	100.161 804 4	99.271 880 36	98.006 864 43
2000	2001	2002	2003	2004
100	102.051 973 5	102.664 868 8	105.322 382 9	112.618 288 8
2005	2006	2007	2008	2009
117.033 586 7	121.488 109 8	130.767 344 9	140.919 343	140.066 192 7
2010	2011	2012		
149.362 588 9	161.022 309 4	164.233 880 9		

注:各地区各年的GDP总额、各地区各年的常住人口、各地区各年的名义GDP详见附录E.2。

E.2 各地区GDP与人口数统计

表E.2.1 各地区GDP总额(单位：亿元)

GDP	1995	1996	1997	1998	1999	2000	2001	2002	2003
北京	1 394.9	1 615.7	1 810.1	2 011.31	2 174.46	2 478.76	2 845.65	3 212.7	5 023.8
天津	920.1	1 102.4	1 240.4	1 336.38	1 450.06	1 639.36	1 840.10	2 051.2	2 578.0
河北	2 849.5	3 453.0	3 953.8	4 256.01	4 569.19	5 088.96	5 577.78	6 122.5	6 921.3
山西	1 092.5	1 308.0	1 480.1	1 486.08	1 506.78	1 643.81	1 779.97	2 017.5	2 855.2
内蒙古	832.9	984.8	1 094.5	1 192.29	1 268.20	1 401.01	1 545.79	1 734.3	2 388.4
辽宁	2 793.4	3 157.7	3 490.1	3 881.73	4 171.69	4 669.06	5 033.08	5 458.2	6 002.5
吉林	1 129.2	1 337.2	1 446.9	1 557.78	1 660.91	1 821.19	2 032.48	2 246.1	2 662.1
黑龙江	2 014.5	2 402.6	2 708.5	2 798.89	2 897.41	3 253.00	3 561.00	3 882.2	4 057.4
上海	2 462.6	2 902.2	3 360.2	3 688.20	4 034.96	4 551.15	4 950.84	5 408.8	6 694.2
江苏	5 155.3	6 004.2	6 680.3	7 199.95	7 697.82	8 582.73	9 511.91	10 631.8	12 442.9
浙江	3 524.8	4 146.1	4 638.2	4 987.50	5 364.89	6 036.34	6 748.15	7 796.0	9 705.0
安徽	2 003.6	2 339.3	2 670.0	2 805.45	2 908.58	3 038.24	3 290.13	3 569.1	3 923.1
福建	2 160.5	2 583.8	3 000.4	3 286.56	3 550.24	3 920.07	4 253.68	4 682.0	4 983.7
江西	1 205.1	1 517.3	1 715.2	1 851.98	1 853.65	2 003.07	2 175.68	2 450.5	2 807.4
山东	5 002.3	5 960.4	6 650.0	7 162.20	7 662.10	8 542.44	9 438.31	10 552.1	12 078.2
河南	3 002.7	3 661.2	4 079.3	4 356.60	4 576.10	5 137.66	5 640.11	6 168.7	6 867.7
湖北	2 391.4	2 970.2	3 450.2	3 704.21	3 857.99	4 276.32	4 662.28	4 975.6	4 757.5
湖南	2 195.7	2 647.2	2 993.0	3 118.09	3 326.75	3 691.88	3 983.00	4 340.9	4 660.0
广东	5 381.7	6 519.1	7 315.5	7 919.12	8 464.31	9 662.23	10 647.71	11 769.7	15 844.6
广西	1 606.2	1 869.6	2 015.2	1 903.04	1 953.27	2 050.14	2 231.19	2 455.4	2 821.1
海南	364.2	389.5	409.9	438.92	471.23	518.48	545.96	604.1	693.2
四川	3 534.0	4 164.2	4 670.2	5 009.5	5 191.3	5 599.6	6 171.5	6 846.4	7 605.9
贵州	630.1	713.7	793.0	841.88	911.86	993.53	1 084.90	1 185.0	1 426.3
云南	1 206.7	1 491.6	1 644.2	1 793.90	1 855.74	1 955.09	2 074.71	2 232.3	2 556.0
西藏	56.0	64.8	77.0	91.18	105.61	117.46	138.73	161.4	189.1
陕西	1 000.0	1 175.4	1 326.0	1 381.53	1 487.61	1 660.92	1 844.27	2 036.0	2 587.7
甘肃	553.4	714.2	781.3	869.75	931.98	983.36	1 072.51	1 161.4	1 399.8
青海	165.3	183.6	202.1	220.16	238.39	263.59	300.95	341.1	390.2
宁夏	169.8	193.6	210.9	227.46	241.49	265.57	298.38	329.3	445.4
新疆	825.1	912.2	1 050.1	1 116.67	1 168.55	1 364.36	1 485.48	1 598.3	1 886.4

表 E. 2. 1 续表

GDP	2004	2005	2006	2007	2008	2009	2010	2011	2012
北京	6 060.3	6 886.3	7 861.0	9 353.3	11 115.0	12 153.0	14 113.6	16 251.9	17 879.4
天津	3 111.0	3 697.6	4 344.3	5 050.4	6 719.0	7 521.9	9 224.5	11 307.3	12 893.9
河北	8 477.6	10 096.1	11 515.8	13 709.5	16 012.0	17 235.5	20 394.3	24 515.8	26 575.0
山西	3 571.4	4 179.5	4 715.0	5 733.4	7 315.4	7 358.3	9 200.9	11 237.6	12 112.8
内蒙古	3 041.1	3 895.6	4 841.8	6 091.1	8 496.2	9 740.3	11 672.0	14 359.9	15 880.6
辽宁	6 672.0	7 860.9	9 214.2	11 023.5	13 668.6	15 212.5	18 457.3	22 226.7	24 846.4
吉林	3 122.0	3 620.3	4 275.1	5 284.7	6 426.1	7 278.8	8 667.6	10 568.8	11 939.2
黑龙江	4 750.6	5 511.5	6 201.5	7 065.0	8 314.4	8 587.0	10 368.6	12 582.0	13 691.6
上海	8 072.8	9 164.1	10 366.4	12 188.9	14 069.9	15 046.5	17 166.0	19 195.7	20 181.7
江苏	15 003.6	18 305.7	21 645.1	25 741.2	30 982.0	34 457.3	41 425.5	49 110.3	54 058.2
浙江	11 648.7	13 437.9	15 742.5	18 780.4	21 462.7	22 990.4	27 722.3	32 318.9	34 665.3
安徽	4 759.3	5 375.1	6 131.1	7 364.2	8 851.7	10 062.8	12 359.3	15 300.7	17 212.1
福建	5 763.4	6 568.9	7 584.4	9 249.1	10 823.0	12 236.5	14 737.1	17 560.2	19 701.8
江西	3 456.7	4 056.8	4 670.5	5 500.3	6 971.1	7 655.2	9 451.3	11 702.8	12 948.9
山东	15 021.8	18 516.9	22 077.4	25 965.9	30 933.3	33 896.7	39 169.9	45 361.9	50 013.2
河南	8 553.8	10 587.4	12 362.8	15 012.5	18 018.5	19 480.5	23 092.4	26 931.0	29 599.3
湖北	5 633.2	6 520.1	7 581.3	9 230.7	11 328.9	12 961.1	15 967.6	19 632.3	22 250.5
湖南	5 641.9	6 511.3	7 508.9	9 200.0	11 555.0	13 059.7	16 038.0	19 669.6	22 154.2
广东	18 864.6	22 366.5	26 159.5	31 084.4	36 796.7	39 482.6	46 013.1	53 210.3	57 067.9
广西	3 433.5	4 075.8	4 828.5	5 955.7	7 021.0	7 759.2	9 569.9	11 720.9	13 035.1
海南	798.9	894.6	1 031.9	1 223.3	1 503.1	1 654.2	2 064.5	2 522.7	2 855.5
四川	9 072.4	10 452.0	12 090.0	14 627.8	18 394.9	20 681.3	25 111.1	31 038.1	35 282.4
贵州	1 677.8	1 979.1	2 270.9	2 741.9	3 561.6	3 912.7	4 602.2	5 701.8	6 852.2
云南	3 081.9	3 472.9	3 981.3	4 741.3	5 692.1	6 169.8	7 224.2	8 893.1	10 309.5
西藏	220.3	250.2	291.0	342.2	394.9	441.4	507.5	605.8	701.0
陕西	3 175.6	3 772.7	4 520.1	5 465.8	7 314.6	8 169.8	10 123.5	12 512.3	14 453.7
甘肃	1 688.5	1 934.0	2 276.7	2 702.4	3 166.8	3 387.6	4 120.8	5 020.4	5 650.2
青海	466.1	543.3	639.5	783.6	1 018.6	1 081.3	1 350.4	1 670.4	1 893.5
宁夏	537.2	606.3	710.8	889.2	1 203.9	1 353.3	1 689.7	2 102.2	2 341.3
新疆	2 209.1	2 604.2	3 045.3	3 523.2	4 183.2	4 277.1	5 437.5	6 610.1	7 505.3

表 E. 2. 2　各地区人口数统计(单位：万人)

人口	1995	1996	1997	1998	1999	2000	2001	2002	2003
北京	1 251	1 259	1 240	1 246	1 257	1 364	1 385	1 423	1 456
天津	942	948	953	957	959	1 001	1 004	1 007	1 011
河北	6 437	6 484	6 525	6 569	6 614	6 674	6 699	6 735	6 769
山西	3 077	3 109	3 141	3 172	3 204	3 247	3 272	3 294	3 314
内蒙古	2 284	2 307	2 326	2 345	2 362	2 372	2 381	2 384	2 386
辽宁	4 092	4 116	4 138	4 157	4 171	4 184	4 194	4 203	4 210
吉林	2 592	2 610	2 628	2 644	2 658	2 682	2 691	2 699	2 704
黑龙江	3 701	3 728	3 751	3 773	3 792	3 807	3 811	3 813	3 815
上海	1 415	1 419	1 457	1 464	1 474	1 609	1 668	1 713	1 766
江苏	7 066	7 110	7 148	7 182	7 213	7 327	7 359	7 406	7 458
浙江	4 319	4 343	4 435	4 456	4 475	4 680	4 729	4 776	4 857
安徽	6 013	6 070	6 127	6 184	6 237	6 093	6 128	6 144	6 163
福建	3 237	3 261	3 282	3 299	3 316	3 410	3 445	3 476	3 502
江西	4 063	4 105	4 150	4 191	4 231	4 149	4 186	4 222	4 254
山东	8 705	8 738	8 785	8 838	8 883	8 998	9 041	9 082	9 125
河南	9 100	9 172	9 243	9 315	9 387	9 488	9 555	9 613	9 667
湖北	5 772	5 825	5 873	5 907	5 938	5 646	5 658	5 672	5 685
湖南	6 392	6 428	6 465	6 502	6 532	6 562	6 596	6 629	6 663
广东	6 868	6 961	7 051	7 143	7 270	8 650	8 733	8 842	8 963
广西	4 543	4 589	4 633	4 675	4 713	4 751	4 788	4 822	4 857
海南	724	734	743	753	762	789	796	803	811
四川	11 325	11 430	11 472	11 553	11 625	11 178	10 972	10 924	10 979
贵州	3 508	3 555	3 606	3 658	3 710	3 756	3 799	3 837	3 870
云南	3 990	4 042	4 094	4 144	4 192	4 241	4 287	4 333	4 376
西藏	240	244	248	252	256	258	264	268	272
陕西	3 514	3 543	3 570	3 596	3 618	3 644	3 653	3 662	3 672
甘肃	2 438	2 467	2 494	2 519	2 543	2 515	2 523	2 531	2 537
青海	481	488	496	503	510	517	523	529	534
宁夏	513	521	530	538	543	554	563	572	580
新疆	1 661	1 689	1 718	1 747	1 774	1 849	1 876	1 905	1 934

表 E. 2. 2 续表

人口	2004	2005	2006	2007	2008	2009	2010	2011	2012
北京	1 493	1 538	1 601	1 676	1 771	1 860	1 962	2 019	2 069
天津	1 024	1 043	1 075	1 115	1 176	1 228	1 299	1 355	1 413
河北	6 809	6 851	6 898	6 943	6 989	7 034	7 194	7 241	7 288
山西	3 335	3 355	3 375	3 393	3 411	3 427	3 574	3 593	3 611
内蒙古	2 393	2 403	2 415	2 429	2 444	2 458	2 472	2 482	2 490
辽宁	4 217	4 221	4 271	4 298	4 315	4 341	4 375	4 383	4 389
吉林	2 709	2 716	2 723	2 730	2 734	2 740	2 747	2 749	2 750
黑龙江	3 817	3 820	3 823	3 824	3 825	3 826	3 833	3 834	3 834
上海	1 835	1 890	1 964	2 064	2 141	2 210	2 303	2 347	2 380
江苏	7 523	7 588	7 656	7 723	7 762	7 810	7 869	7 899	7 920
浙江	4 925	4 991	5 072	5 155	5 212	5 276	5 447	5 463	5 477
安徽	6 228	6 120	6 110	6 118	6 135	6 131	5 957	5 968	5 988
福建	3 529	3 557	3 585	3 612	3 639	3 666	3 693	3 720	3 748
江西	4 284	4 311	4 339	4 368	4 400	4 432	4 462	4 488	4 504
山东	9 180	9 248	9 309	9 367	9 417	9 470	9 588	9 637	9 685
河南	9 717	9 380	9 392	9 360	9 429	9 487	9 405	9 388	9 406
湖北	5 698	5 710	5 693	5 699	5 711	5 720	5 728	5 758	5 779
湖南	6 698	6 326	6 342	6 355	6 380	6 406	6 570	6 596	6 639
广东	9 111	9 194	9 442	9 660	9 893	10 130	10 441	10 505	10 594
广西	4 889	4 660	4 719	4 768	4 816	4 856	4 610	4 645	4 682
海南	818	828	836	845	854	864	869	877	887
四川	10 883	11 010	10 977	10 943	10 977	11 044	10 930	10 969	11 021
贵州	3 904	3 730	3 690	3 632	3 596	3 537	3 479	3 469	3 484
云南	4 415	4 450	4 483	4 514	4 543	4 571	4 602	4 631	4 659
西藏	276	280	285	289	292	296	300	303	308
陕西	3 681	3 690	3 699	3 708	3 718	3 727	3 735	3 743	3 753
甘肃	2 541	2 545	2 547	2 548	2 551	2 555	2 560	2 564	2 578
青海	539	543	548	552	554	557	563	568	573
宁夏	588	596	604	610	618	625	633	639	647
新疆	1 963	2 010	2 050	2 095	2 131	2 159	2 185	2 209	2 233

E.3 各省1995—2012年实际人均GDP

表E.3.1 各省1995—2012年实际人均GDP(单位：元，2000年为基期)

	1995年	1996年	1997年	1998年	1999年	2000年	2001年	2002年	2003年
北京	13 386.08	14 239.76	16 456.15	19 379.55	22 000.60	24 127.44	26 424.81	29 922.43	33 026.71
天津	10 304.85	11 722.28	13 011.88	14 430.60	15 832.48	17 353.00	18 747.31	20 824.73	24 258.31
河北	4 687.76	5 339.66	6 018.81	6 586.63	7 038.54	7 591.75	8 080.90	8 724.22	9 734.78
山西	3 707.81	4 173.83	4 677.23	5 171.23	5 375.13	5 722.00	6 097.94	6 895.81	8 206.08
内蒙古	3 978.90	4 452.55	4 930.69	5 477.20	6 023.64	6 502.00	7 061.70	7 931.84	9 510.92
辽宁	7 257.38	7 722.28	8 638.61	9 539.01	10 365.88	11 177.00	11 767.87	12 658.23	13 551.76
吉林	4 643.46	5 172.83	5 535.64	6 061.80	6 559.10	7 351.00	7 730.66	8 484.91	9 358.02
黑龙江	5 698.31	6 375.62	7 062.38	7 472.14	7 788.28	8 294.00	8 716.94	9 290.17	10 102.56
上海	18 754.22	20 626.37	23 165.35	25 537.99	27 822.20	30 047.00	31 144.96	33 065.24	36 548.91
江苏	7 720.46	8 462.54	9 278.22	10 181.36	10 991.78	11 765.00	12 614.10	13 991.24	15 900.28
浙江	8 595.99	9 542.46	10 518.81	11 544.07	12 552.93	13 415.00	14 362.39	16 398.25	19 134.85
安徽	3 541.14	3 877.12	4 346.53	4 636.27	4 837.62	4 867.00	5 203.72	5 585.20	6 054.13
福建	6 883.97	7 638.36	8 688.12	9 729.48	10 609.46	11 194.00	11 450.54	12 404.09	13 414.06
江西	3 054.85	3 448.55	3 851.49	4 178.32	4 524.15	4 851.00	5 113.61	5 675.75	6 290.60
山东	6 013.71	6 739.26	7 387.13	8 072.95	8 718.40	9 326.00	9 985.31	11 041.87	12 600.19
河南	3 477.95	3 974.43	4 345.45	4 704.15	4 965.57	5 449.70	5 836.53	6 316.46	7 004.65
湖北	3 872.79	4 306.68	4 835.44	5 356.66	5 603.76	6 293.41	6 725.75	7 241.07	7 956.32
湖南	3 518.59	3 947.72	4 363.59	4 714.52	5 057.78	5 412.17	5 929.48	6 392.41	6 882.24
广东	8 574.45	9 129.75	10 029.39	10 961.62	11 731.71	12 735.66	13 566.69	14 961.31	16 902.37
广西	3 485.23	3 702.30	3 889.11	4 403.24	4 567.32	4 652.00	4 953.97	5 411.88	5 858.50
海南	5 340.72	5 340.66	5 511.88	5 989.87	6 468.65	6 798.00	7 164.54	7 829.60	8 403.61
四川	3 291.70	3 639.61	4 030.66	4 393.23	4 589.57	5 009.55	5 509.00	6 102.31	6 578.89
贵州	1 954.64	2 018.98	2 193.07	2 348.53	2 543.68	2 662.00	2 835.46	3 070.11	3 514.72
云南	3 252.11	3 775.22	4 080.20	4 504.56	4 684.48	4 769.00	4 911.85	5 224.93	5 575.50
西藏	2 487.34	2 685.31	3 112.87	3 714.29	4 295.99	4 572.00	5 214.50	5 956.18	6 546.06
陕西	3 127.64	3 442.56	3 796.04	4 123.61	4 537.51	4 968.00	5 397.65	5 999.03	6 701.80
甘肃	2 443.04	2 943.06	3 167.33	3 587.64	3 882.84	4 129.00	4 295.79	4 642.65	5 155.75
青海	3 706.08	3 795.45	4 081.43	4 483.85	4 859.33	5 138.41	5 655.10	6 307.73	6 975.89
宁夏	3 636.83	3 922.24	4 234.86	4 667.78	5 036.22	5 375.66	5 914.84	6 472.56	7 344.51
新疆	4 958.86	5 096.90	5 790.10	6 255.32	6 621.79	7 372.00	7 781.59	8 234.66	9 333.33

表 E.3.1 续表

	2004 年	2005 年	2006 年	2007 年	2008 年	2009 年	2010 年	2011 年	2012 年
北京	36 337.12	39 310.09	42 569.55	45 944.95	45 770.76	47 780.16	49 435.07	50 719.25	53 273.45
天津	27 153.64	32 304.27	34 683.95	36 674.31	41 629.52	44 663.81	48 858.10	52 927.33	56 743.61
河北	11 089.70	12 529.06	13 730.04	15 032.11	16 313.70	17 545.32	19 188.76	21 098.76	22 280.15
山西	9 539.08	10 809.40	11 931.69	13 612.39	15 263.31	15 361.88	17 592.37	19 238.51	20 479.90
内蒙古	11 303.73	13 918.80	16 891.36	20 275.99	24 747.34	28 361.88	31 691.43	35 723.60	38 907.43
辽宁	14 063.06	16 302.56	18 036.21	19 921.25	22 525.90	25 088.51	28 350.07	31 527.82	34 500.00
吉林	10 246.00	11 408.55	12 938.27	14 818.81	16 693.40	18 982.87	21 150.60	23 888.20	26 440.32
黑龙江	11 055.95	12 341.88	13 378.60	14 204.89	15 429.38	16 022.13	18 123.16	20 384.47	21 748.48
上海	39 821.49	42 434.19	45 150.62	47 431.19	47 503.19	49 368.31	50 919.68	51 279.50	51 993.30
江苏	17 789.52	21 039.32	23 478.19	25 869.27	28 398.86	31 586.72	35 368.14	38 689.44	41 624.24
浙江	21 151.87	23 129.91	25 712.76	28 039.76	29 386.09	31 293.36	34 612.45	36 800.62	38 595.62
安徽	6 821.49	7 376.92	8 227.16	9 204.89	10 254.08	11 711.63	13 981.26	15 937.27	17 534.71
福建	14 418.29	15 686.32	17 370.37	19 558.10	21 117.81	23 866.52	26 790.50	29 426.71	32 133.37
江西	7 190.94	8 068.38	9 172.84	10 185.02	11 284.60	12 373.30	14 225.57	16 242.24	17 539.59
山东	14 576.38	17 037.61	19 426.55	21 104.32	23 375.28	25 619.97	27 514.06	29 400.62	31 527.41
河南	8 171.05	9 697.44	10 841.15	12 241.59	13 613.12	14 701.50	16 362.85	17 801.68	19 183.31
湖北	8 790.09	9 875.21	10 995.88	12 527.52	14 093.68	16 186.30	18 678.71	21 200.00	23 490.86
湖南	8 096.80	8 859.83	9 736.63	11 013.00	12 435.06	14 436.83	16 545.52	18 526.71	20 389.77
广东	18 539.63	21 065.46	23 484.49	25 436.99	26 712.50	28 148.39	29 943.49	31 557.14	32 944.58
广西	6 626.11	7 341.88	8 330.04	9 386.09	10 398.86	11 452.53	13 533.47	15 730.43	17 023.14
海南	8 940.50	9 542.74	10 543.21	11 409.02	12 555.71	13 743.04	15 951.14	17 949.07	19 718.03
四川	7 403.28	8 113.86	9 064.93	10 219.63	11 893.30	13 366.36	15 378.45	17 575.25	19 496.47
贵州	3 833.93	4 317.95	5 189.30	6 022.94	6 994.32	7 830.84	8 781.12	10 194.41	12 003.65
云南	6 227.35	7 631.62	8 731.69	9 610.09	9 608.94	11 243.40	12 894.91	13 786.34	13 517.05
西藏	7 196.27	7 723.08	8 577.78	9 237.77	9 811.21	10 917.20	11 592.37	12 470.19	13 968.33
陕西	7 671.40	9 123.08	10 567.90	11 885.32	13 981.55	15 665.24	18 161.31	20 785.09	23 485.99
甘肃	5 831.26	6 390.60	7 362.14	8 114.68	8 815.47	9 471.09	10 785.14	12 170.81	13 384.90
青海	7 719.94	8 585.25	9 785.19	11 090.98	13 073.81	13 885.80	16 141.23	18 336.65	20 207.67
宁夏	8 169.35	8 845.30	9 958.02	11 576.45	13 916.96	15 543.90	17 978.58	20 523.60	22 164.43
新疆	10 068.38	11 203.42	12 345.68	12 996.18	14 050.39	14 234.12	16 756.36	18 687.58	20 582.22

参考文献

［1］ 彼得·巴特姆斯著，数量生态经济学：如何实现经济的可持续发展[M]. 齐建国，张友国，王红，等译. 北京：社会科学文献出版社，2008.

［2］ 陈东，李琳，王良健. 湖南经济增长与环境质量演进实证研究[J]. 湖南经济管理干部学院学报，2004(10)，15(4)：13－14.

［3］ 陈德湖，张津. 中国碳排放的环境库兹涅茨曲线分析——基于空间面板模型的实证研究[J]. 统计与信息论坛，2012(5)：48－53.

［4］ 陈红蕾，陈秋峰. 经济增长、对外贸易与环境污染：联立方程的估计[J]. 产业经济研究，2009(3)，(40)：29－34.

［5］ 陈佳瑛，朱勤. 家庭模式对碳排放影响的宏观实证分析[J]. 中国人口科学，2009(5)：68－78.

［6］ 陈灵广. 中国社会核算矩阵的编制[D]. 北京：中央财经大学，2003.

［7］ 段志刚，冯珊，岳超源. 北京市社会核算矩阵[J]. 统计研究，2003(12)：35－36.

［8］ 范金，万兴. 投入产出表和社会核算矩阵更新研究评述[J]. 数量经济技术经济研究，2007，5.

［9］ 冯俊，孙东川. 绿色国民经济核算研究述评[J]. 会计之友，2009(11).

［10］ 范金，杨中卫，赵彤. 中国宏观社会核算矩阵的编制[J]. 世界经济文汇，2010(4).

［11］ 符淼. 我国环境库兹涅茨曲线：形态、拐点和影响因素[J]. 数量经济技术经济研究，2008(11)：40－55.

［12］ 方时娇. 绿色经济视野下的低碳经济发展新论[J]. 中国人口·资源与环境，2010(4).

[13] 方行明,刘天伦.中国经济增长与环境污染关系新探[J].经济学家,2011(2).

[14] 高颖,雷明.资源—经济—环境综合框架下的 SAM 构建[J].统计研究,2007(9):19.

[15] 高颖.中国资源—经济—环境 SAM 的编制方法[J].统计研究,2008(5).

[16] 国家统计局国民经济核算司.2007 年中国投入产出表[M].北京:中国统计出版社,2009.

[17] 龚益.中国工业部门生产函数的参数估计[J].数量经济技术经济研究,2010(12).

[18] 韩君.中国区域环境库兹涅茨曲线的稳定性检验——基于省际面板数据[J].统计与信息论坛,2012(8):56-62.

[19] 黄菁,陈霜华.环境污染治理与经济增长——模型与中国的经验研究[J].南开经济研究,2011.

[20] 何洁.国际贸易对环境的影响:中国各省的二氧化硫工业排放[J].经济学(季刊),2010.

[21] 黄茂兴,林寿富.污染损害、环境管理与经济可持续增长[J].经济研究,2013.

[22] 黄速建,余菁.资源与环境约束下的浙江经济增长[J].经济管理·新管理,2006.

[23] 侯瑜.理解变迁的方法:社会核算矩阵及 CGE 模型[M].大连:东北财经大学出版社,2006.

[24] 何正霞,许士春.考虑污染控制、技术进步和人力资本积累下的经济可持续增长[J].数学的实践与认识,2011.

[25] 贾登勋,黄杰.门槛效应、经济增长与碳排放[J].软科学,2015(4):67-71.

[26] 季铸.2009—2010 年中国经济分析展望报告(CEAOR2010)——后危机时代中国绿色经济结构增长[R].中国对外贸易,2010(3).

[27] 季铸,李磊,何燕.中国经济面临从工业文明向绿色文明的重大转变——中国 300 个省市绿色经济指数报告(CCGEI2010)[R].中国对外贸易,2010(12).

[28] 李斌,李拓.中国空气污染库兹涅茨曲线的实证研究——基于动态面板系统 GMM 与门限模型检验[J].经济问题,2014(4):17-20.

[29] 刘纯彬，王晓军.绿色经济发展中政府介入时机与政策选择——基于技术采用均衡时间的比较静态分析[J].经济问题，2010(3).

[30] 李春生.广州市环境库兹涅茨曲线分析[J].生态经济，2006(8)：50-52.

[31] 李国志，李宗植.人口，经济和技术对二氧化碳排放的影响分析[J].人口研究，2010，34(3)：32-39.

[32] 陆根尧，盛龙.基于环境库兹涅茨曲线假说的经济增长与环境污染关系研究——以浙江省为例[J].工业技术经济，2012(4)：28—33.

[33] 李国柱，等.河北省经济发展与环境污染关系研究[J].经济纵横，2005(5)，(189)：94-95.

[34] 罗杰，姜天，范家琦，吕品.浙江省纺织工业发展与水污染的EKC检验[J].经济研究导刊，2010.

[35] 刘坤，刘贤赵，常文静.烟台市经济增长与环境污染关系实证研究——基于VAR计量技术的检验分析[J].环境科学学报，2007(11)，27(1)：1929-1936.

[36] 凌亢，王浣尘，刘涛.城市经济发展与环境污染关系的统计研究——以南京市为例[J].统计研究，2001(10)：46-52.

[37] 李猛.不同汇率机制下石油价格波动的金融CGE模型分析[J].数量经济技术经济研究，2009(4).

[38] 雷明，李方.中国绿色社会核算矩阵研究[J].经济科学，2006(3)：85-86.

[39] 李仕兵，赵定涛.环境污染约束条件下经济可持续发展内生增长模型[J].预测，2008.

[40] 李善同，段志刚，胡枫译.政策建模技术——CGE模型的理论与实现[M].北京：清华大学出版社，2009年1月版.

[41] 李善同，李强，齐舒畅，翟凡.中国经济的社会核算矩阵[J].数量经济技术经济研究，1996(1).

[42] 陆旸，郭路.环境库兹涅兹倒U型曲线和环境支出的S型曲线[J].世界经济，2008.

[43] 毛晖，汪莉.工业污染的环境库兹涅茨曲线检验——基于中国1998—2010年省际面板数据的实证研究[J].宏观经济研究，2013(3)：89-97.

[44] 彭水军，包群.中国经济增长与环境污染——基于时序数据的经验分析

(1985—2003)[J]. 当代财经,2006a(7),(260): 5 - 12.
[45] 彭水军,包群. 中国经济增长与环境污染——基于广义脉冲响应函数法的实证研究[J]. 中国工业经济,2006(5),(215): 15 - 23.
[46] 彭水军,包群. 环境污染、内生经济增长与经济可持续发展[J]. 数量经济技术经济研究,2006.
[47] 邱东,蒋萍,杨仲山. 国民经济核算[M]. 经济科学出版社,2002 年 8 月第 1 版;567 - 571,577 - 588.
[48] 沈满洪,许云华. 一种新型的环境库兹涅茨曲线: 浙江省工业进程中经济增长与环境变迁的关系研究[J]. 浙江社会科学,2000(04): 53 - 57.
[49] 申萌,李凯杰,曲如晓. 技术进步、经济增长与二氧化碳排放: 理论和经验研究[J]. 世界经济,2012(7): 83 - 100.
[50] 宋涛,郑挺国,佟连军. 基于面板协整的环境库茨涅兹曲线的检验与分析[J]. 中国环境科学,2007b,27(4): 572 - 576.
[51] 苏伟,刘景双. 吉林省经济增长与环境污染关系研究[J]. 干旱区资源与环境,2007(2),21(2): 37 - 41.
[52] 苏振峰. 低碳经济、生态经济、循环经济和绿色经济的关系探析[J]. 科技创新与生产力,2010(6).
[53] 童昕,童磊. 碳排放环境库兹涅茨曲线及其影响因素——基于 2008 年中国 103 个地级市的界面分析[J]. 应用基础与工程科学学报,2012,09: 119 - 124.
[54] 王德发,朱建中. 国民经济核算概论[M]. 上海: 上海财经大学出版社,2006 年 7 月第 1 版;287,293 - 295.
[55] 王金南,等. 绿色国民经济核算[M]. 北京: 中国环境科学出版社,2009.
[56] 王佳,杨俊. 基于省际非平稳面板数据的中国碳库兹涅茨曲线实证研究[J]. 统计与信息论坛,2014(4): 37 - 42.
[57] 王敏,黄滢. 中国的环境污染与经济增长[J]. 经济学(季刊),2015,02: 557 - 559.
[58] 王其文,李善同. 社会核算矩阵: 原理、方法和应用[M]. 北京: 清华大学出版社,2008 年 8 月版.
[59] 魏巍贤. 人民币升值的宏观经济影响评价[J]. 经济研究,2006,4.
[60] 魏巍贤,曾建武,原鹏飞. 基于社会核算矩阵的厦门市产出与居民收入乘

数分析[J]. 统计研究，2008(2)：89.

[61] 王小斌，邵燕斐. 城镇化中能源消费与二氧化碳排放研究——基于省级面板数据的实证检验[J]. 技术经济与管理研究，2014(7)：19-23.

[62] 吴优. 绿色国民经济核算的发展及其思考[J]. 统计研究，2005(9).

[63] 王宜虎，崔旭，陈雯. 南京市经济发展与环境污染关系的实证研究[J]. 长江流域资源与环境，2006(3)，15(2)：142-146.

[64] 王永瑜，郭立平. 绿色 GDP 核算理论与方法研究[J]. 统计研究，2010(11).

[65] 吴玉鸣，田斌. 省域环境库兹涅茨曲线的扩展及其决定因素——空间计量经济学模型实证[J]. 地理研究，2012，31(4)：627-640.

[66] 吴振信，万埠磊. 基于环境库兹涅茨曲线的北京市碳排放与经济增长相关性研究[J]. 经济研究导刊，2012(14)：61-64.

[67] 邢秀凤. 经济发展与环境保护关系的计量与实证分析[J]. 中国海洋大学学报(社会科学版)，2005(5)：43-47.

[68] 杨丹辉，李红莉. 基于损害和成本的环境污染损失核算——以山东省为例[J]. 中国工业经济，2010(7).

[69] 杨凯，叶茂，徐启新. 上海城市废弃物增长的环境库兹涅茨特征[J]. 地理研究，2003(1)，22(1)：61-66.

[70] 闫坤如，黄理稳. 环境库兹涅茨曲线引发的思考[J]. 华南理工大学学报，2008.

[71] 杨林，高宏霞. 空间计量模型视角下环境库兹涅茨曲线形成机理研究[J]. 统计与信息论坛，2012(7)：65-68.

[72] 杨龙，胡晓珍. 基于 DEA 的中国绿色经济效率地区差异与收敛分析[J]. 经济学家，2010(2).

[73] 游士兵，刘志杰，黄炳南，杨涛. 3G-GDP 国民经济核算理论初探[J]. 中国工业经济，2010(6).

[74] 杨子晖. 能源消费与二氧化碳排放的动态关系研究[J]. 世界经济，2011(6)：100-125.

[75] 张兵兵，徐康宁，陈庭强. 技术进步对二氧化碳排放强度的影响研究[J]. 资源科学，2014(3)：567-576.

[76] 郑恒，董波. 环境库兹涅茨曲线与“十一五”约束性指标——基于中国省际

面板数据的实证研究[J]. 统计科学与实践,2012(6): 28-30.
[77] 张立,陶应发. 基于环境管理的经济增长模型[J]. 中国地质大学学报,2006.
[78] 朱勤,彭希哲,陆志明,等. 中国能源消费碳排放变化的因素分解及实证分析[J]. 资源科学,2009, 12.
[79] 周茜,胡慧源. 中国经济增长对环境质量的影响[J]. 统计与决策,2014(1): 120-125.
[80] 张晓. 中国环境政策的总体评价[J]. 中国社会科学,1999(3): 88-99.
[81] 张欣. 可计算一般均衡模型的基本原理与编程[M]. 格致出版社出版,2010 年 5 月第 1 版.
[82] 张晓芳,石柱鲜. 中国经济收入分配和再分配结构分析——基于社会核算矩阵的[J]. 数量经济技术经济研究,2011(2): 81.
[83] 赵细康,等. 环境库兹涅茨曲线及在中国的检验[J]. 南开经济研究,2005(3): 48-54.
[84] 张晓峒. 应用数量经济学[M]. 北京: 机械工业出版社,2009.
[85] 赵永,王劲峰. 经济分析——CGE 模型与应用[M]. 北京: 中国经济出版社,2008 年 6 月版.
[86] Adriaanse, A. Environmental policy performance indicators [M]. Koninginnegracht, the Netherlands: Sdu Uitgeverij 1993.
[87] Aldy, Josephe. 2004, An Environmental Kuznets Curve Analysis of U.S. State-Level Carbon Dioxide Emissions [C]. Repsol YPF-Harvard Kennedy School Fellows 2003-2004 Research Papers, Cambridge, MA APril2005: 149-174.
[88] Anielski, M. The economics of happiness: Building genuine wealth. Gabriola Island[J]. BC, Canada: New Society, 2007.
[89] Barbier, E. B. Introduction to the environmental Kuznets curve special issue [J]. Environment and Development Economics, 1997, 2: 357-381.
[90] Beckerman, W. Economic growth and the environment: Whose growth? Whose environment? [J]. World Development, 1992, 20(4): 481-496.

[91] Bhagwati, J. In Defense of Globalization[M]. Oxford: Oxford University Press, 2004, 2007.

[92] Bimonte, Salvatore. Model of Growth and Environmental Quality: New Evidence of the Environmental Kuznets Curve[J]. University degli study Siena, 2001, No. 321.

[93] Bossel, H. Indicators for sustainable development: Theory, method, applications. Winnipeg: International Institute for Sustainable Development, 1999.

[94] Bradford, D. F., Schlieckert, R., Shore, S. H. The Environmental Kuznets Curve: Exploring a Fresh Specification[J]. NBER Working Paper, 2000, No. 8001.

[95] Bruvoll, Annegete, Medin, Hege, Factors Behind the Environmental Kuznets Curve-A Decomposition of the Changes in Air Pollution[J]. Environmental And Resource Economics, 2003, vol. 24, PP. 27 - 48.

[96] Chen, Wen, Economic Growth and the Environment in China-An Empirical Test of the Environmental Kuznets Curve Using Provincial Panel Data[C]. Annual Conference on Development and Change, Cape Town, 2007.

[97] Common, M., Stagl, S., Ecological economics, An introduction[M]. New York: Cambridge University Press, 2005.

[98] Conrad, K., Computable general equilibrium models for environmental economics and policy analysis[M]. In J. van den Bergh (Ed.), Handbook of environmental and resource economics. Cheltenham, UK: Edward Elgar, 1999.

[99] Cooper, C. Economic evaluation and the environment[M]. London: Hodder & Stoughton, 1981.

[100] Dasgupta, Susmita, Hamilton, et al., 2006, Environment During Growth: Accounting for Governance and Vulnerability[J]. World Development, 34, 9, September, PP. 1597 - 1611.

[101] Dayly, H. E., 1991, Sustainable growth: A bad oxymoron. Grassroots Development, 15(3). Boutros-Ghali, B., 1995, Agenda for

development [M]. New York: United Nations sales publication (E. 95. V. 16).

[102] De Haan, M., A structural decomposition analysis of pollution in the Netherlands [J]. Economic Systems Research, 2001, 13 (2), 181-196.

[103] Deacon, Robert T. and Norman, Catherine, 2006, Does the Environmental Kuznets Curve Describe How individual Countries Behave[J]. Land Economics, 1982, 2, 291-315.

[104] Dietzenbacher, E., Los, B., Structural decomposition techniques: Sense and sensitivity[J]. Economic Systems Research, 1988, 10(4), 307-323.

[105] Dixon, J. A., Fallon Scura, L., Carpenter, R. A., et al. Economic analysis of environmental impacts[M]. London: Earthscan, 1994.

[106] Drewnowsky, J., 1970, Studies in the measurement of levels of living and welfare[R]. Geneva: UNRISD.

[107] Drewnowsky, J., 1974, On measuring and planning the quality of life [R]. The Hague: Mounton.

[108] Ehrlich, P. R., Holdren, J. P., Impact of population growth[J]. Science, 1971, 171(3977), 1212-1217.

[109] Egli, H., "Are Cross-Country Studies of the Environmental Kuznets Curve Misleading? New Evidence from Time Series Data for Germany" [J]. FEEM Working Paper, 2002, No. 25.

[110] Egli, H. The Environmental Kuznets Curve: Theory and Evidence [M]. Dissertation, Zurich University, 2005.

[111] Fergany, N. Quality of life indicators for Arab countries in an international context[J]. International Statistical Review, 1994, 62 (2): 187-202.

[112] Galeotti, Marzio, Manera, Matteo, Lanza, Alessandro. On the Robustness of Robustness Checks of the Environmental Kuznets Curve Hypothesis[J]. Environ Resource Econ., 2009, 42: 551-574.

[113] Gergel, Sarah E., et al. A Test of the Environmental Kuznets Curve

Using Long-Term Watershed Inputs [J]. Ecological Applications, 2004, 14(2): 555 - 570.

[114] Grossman G, Krueger A. Economic Growth and the Environment[J]. Quarterly Joumal of Economics, 1995.

[115] Grossman, GeneM. , Krueger, Alan B. Environmental Impacts of a North American Free Trade Agreement[J]. NBER working Paper, 1991, 3914.

[116] Grossman, Gene M. , Krueger, Alan B. , Economic Growth and the Environment. The Quarterly Journal of Economics, 1995, Vol. 110, No. 2, May, PP. 353 - 377.

[117] Guinomet, I. et al. Approaches to indicators of sustainable development in the European Commission. In B. Moldan, S. Billharz, & R. Matravers (Eds.), Sustainability indicators. Chichester, UK: Wiley, 1997.

[118] Hankiss, E. Cross-cultural quality of life research: An outline for conceptual framework. In UNESCO (Ed.), Quality of life: Problems of assessment and measurement. Paris: UNESCO, 1983.

[119] Hardin, G. The tragedy of the commons[J]. Science, 1968, 162: 1243 - 1248.

[120] Hankiss, E. Cross-cultural quality of life research: An outline for conceptual framework [M]. In UNESCO (Ed.), Quality of life: Problems of assessment and measurement. Paris: UNESCO, 1983.

[121] Hansen, B. E. Sample Splitting and Threshold Estimation [J] . Economitrica, 2000(3) : 575 - 603.

[122] Hardin, G. The tragedy of the commons[J]. Science, 1968, 162: 1243 - 1248.

[123] Hartwick, J. M. Intergenerational equity and the investing of rents from exhaustible resources[J]. American Economic Review, 1997, 67 (3): 972 - 974.

[124] Harrison, P. , Pearce, F. AAAS atlas of population & environment [M]. Berkeley, CA: University of California Press, 2000.

[125] Henderson, D. Anti-liberalism in 2000, The rise of new millennium collectivism[J]. London: The Wincott Foundation, 2001.

[126] Hilton F G H, Levinson A. Factoring the Environmental Kuznets Curve: Evidence from Automotive Emissions [J]. Journal of Environmental Economics and Management, 1998.

[127] Jaffe A B, Newell R G, Stavins R N. Environmental policy and technological change [J]. Environmental and resource economics, 2002, 22(1-2): 41-70.

[128] Jorgenson, D. W., Wilcoxen, P. J. Intertemporal general equilibrium modeling of U. S. environmental regulation[J]. Journal of Policy Modeling, 1990, 12(4): 715-744.

[129] Jiang, Yi, Lin, Tun, and Zhuang, Juzhong. Environmental Kuznets Curves In the People's Republic of China: Turning Points and Regional Differences[J]. Asian Development Bank, Economics Working Paper Series, 2008, 141.

[130] Kerr, A., 1997, Box4A: The development of indicators of sustainability in Canada [M]. In B. Moldan, S. Billharz, & R. Matravers (Eds.), Sustainability indicators. Chichester, UK: Wiley.

[131] Kim J H. Changes in consumption patterns and environmental degradation in Korea[J]. Structural Change and Economic Dynamics, 2002, 13(1): 1-48.

[132] Kuznets, S. Economic growth and income inequality[J]. American Economic Review, 1955, 45: 1-28.

[133] Lahr, M. L., Dietzenbacher, E. (Eds). Input-output analysis: frontiers and extension[J]. Palgrave Macmillan, 2001.

[134] Leontief, W. The structure of American economy 1919 - 1939, An empirical application of equilibrium analysis[M]. New York: Oxford University Press, 1995.

[135] Lipsey, R. G., Lancaster, R. K. The general theory of second best [J]. The Review of Economic Studies, 1956-1957, 24(1): 11-32.

[136] Lüdeke, M. K. B., Petschel-Held, G., 1997, Syndromes of global

change: An information structure for sustainable development[M]. In B. Moldan, S. Billharz, & R. Matravers (Eds.), Sustainability indicators. Chichester, UK: Wiley.

[137] Markandya, Anil. , Golub, Alexander. , Pedros-Galinato, Suzette. Empirical Analysis of National Income and SO_2 Emissions in Selected European Countries[J]. Environmental & Resource Economies, 2006, vol. 35: 221 - 257.

[138] Martinez-Alier, J. Ecological economics, Energy, environment and society[M]. Oxford and Cambridge: Blackwell, 1987.

[139] Martinez-Zarzoso, Inmaculada, Bengochea-Morancho, Aurelia. Testing for an Environmental Kuznets Curve in Latin-American Countries[J]. Revista de Analysis Economic, 2003, Vol. 18, No. 1: 3 - 26.

[140] Mazzanti, Massimiliano, Montini, Anna, Zoboli, Roberto, 2007, "Eeonomie Dynamies, Emission Trends and the EKC HyPothesis: New Evidence Using NAMEA and Provincial Panel Data for Italy", Nota Di Lavoro, 24. 2007, http://ssrn.com/abstract=970270.

[141] Moldan, B. , Billharz, S. , Matravers, R. 1997, Sustainability indicators: A report on indicators of sustainable development[M]. Chichester, UK: Wiley 1997.

[142] Muansinghe, M. (Ed.). Macroeconomics and the environment[M]. Cheltenham, UK: Edward Elgar, 2002.

[143] Mukher, Sacchidananda, Kathuria, Vinish. Is Economic Growth Sustainable? Environmental Quality of Indian States Post1991[J]. Madras School of Economies, Working Paper, 2006, 6.

[144] Nordhaus, W. D. , Boyer, J. Warming the world, Economic models of global warming[M]. Cambridge, MA: MIT Press, 2000.

[145] Nordhaus, W. D. (ed.). Economics and policy issues in climate change[M]. Washington, DC: Resources for the Future, 1998.

[146] O'Connor, M. Estimating a "greened GDP" in line with the GREEN STAMP methodology: An analytical overview. In European

Commission (1999), from research to implementation: Policy-driven methods for evaluating macroeconomic environmental performance [R]. Luxembourg: European Communities, 1999.

[147] Panayotou, Theodore. Demystifying the Environmental Kuznets Curve: Tuming a Black Box into a Policy Tool[J]. Environment and Development Economics 2, 1997, Special issue: 465 - 484.

[148] Panayotou, Theodore. Globalization and Environment[J]. Center for International Development at Harvard University, working Paper, 2000, No. 53, July.

[149] Panayotou, Theodore. Economic growth and the environment [J]. Center for International Development at Harvard University, working Paper, 2000, No. 56.

[150] Panayotou, Theodore. Population and Environment [J]. Center for International Development at Harvard University, working Paper, 2000, No. 54.

[151] Paraskevopoulos, Dimitrios. An Empirical Analysis of the Environmental Kuznets Curve Hypothesis Over Two Centuries: Evidence from the UK and US [D]. University of Macedonia Thessaloniki, Master Thesis, 2009.

[152] Paudel, Krishna P., Schafer, Mark J. The Environmental Kuznets Curve under a New Frame work: The Role of Social Capital in Water Pollution[J]. Environ Resource Econ, 2009, 42: 265 - 278.

[153] Pearce, D., Ulph, D., 1995, A social discount rate for the United Kingdom[J]. CSERGE Working Paper GEC 95 - 01. Retrieved May 17, 2007, from http: //www. uea. ac. uk/env/cserge/pub/wp/gec/gec_1995_01. pdf.

[154] Pearce, D. W., Markandya, A., Barbier, E. B. Blueprint for a green economy[M]. London: Earthscan, 1990.

[155] Perrings, C. Income, consumption and human development. Environmental linkages [M]. In UNDP (Ed.), Consumption for human development. New York: UNDP, 1998.

[156] Pezzey, J. Economic analysis of sustainable growth and sustainable development[J]. Environment Department Working Paper No. 15. Washington, DC: The World Bank, 1989.

[157] Rormose, P. , Olsen, T. , 2005. , Structural decomposition analysis of air emissions in Denmark 1980 - 2002[C]. (Paper submitted to the 15th International Conference on Input-output Techniques, Beijing, 27 June to 1 July 2005). Retrieved May 17, 2007, from http: //www. iioa. at/pdf/15th%/20 Conf/roermose_olsen. pdf.

[158] Rose, A. , Casler, S. Input-output structural decomposition analysis: A critical appraisal[J]. Economic Systems Research, 1996, 8(1): 33 - 63.

[159] Rupasingha, Anil. , Goetz, StePhan J. , Debertin, David L. , Pagoulatos, Angelos. , 2004, The environmental Kuznets curve for US counties: As Patial econometric Analysis with extensions[J]. PaPers Reg. Sci. , vol. 83, 407 - 424.

[160] Russel, C. S. Applying economics to the environment[M]. Oxford: Oxford University Press, 2001.

[161] Schipper L, Bartlett S, Hawk D, et al. Linking life-styles and energy use: a matter of time? [J]. Annual review of energy, 1989, 14(1): 273 - 320.

[162] Selden, T and D. Song. Environmental Quality and Development: Is there a Kuznets Curve for Air Pollution Emission[J]. Journal of Environmental Economics and Management, 1994.

[163] Selden, Thomas M. , Forrest, Anne, Loekhart, James E. , 1999, Analyzing the Reductions in U. S. Air Pollution Emissions: 1970to1990[J]. Land Economics, Vol. 75, No. 1, Feb. : 1 - 21.

[164] Shafik, N, Bandyo Padhyay, 5. Eeonomic Growth and Environmental Quality: Time Series and Cross-country Evidence, Background Paper for world Development Report, 1992.

[165] Solow, R. An almost practical step toward sustainability. Washington [J]. DC: Resources for the Future, 1992.

[166] Stern, N. The economics of climate change: The Stern review[M]. New York: Cambridge University Press. Retrieved May 20, 2007, from http://www.hm-treasury.gov.uk/independent_reviews/stern_review_economics_climate_change/stern_review_report.cfm.

[167] Upadhyay, S., 2004, Tribal self-rule law and common property resources in scheduled areas of India: A new paradigm shift or another ineffective sop? [C]. (Presented at "The Commons in an Age of Global Transition: Challenges, Risks and Opportunities", the Tenth Conference of the International Association for the Study of Common Property, Oaxaca, Mexico, August 9 - 13). Retrieved from http://dlc.dlib.indiana.edu/archive /00001553/.

[168] Uzawa, H. Optimum Technical Change in an Aggregative Model of Economic Growth[J]. International Economic Review, 1965.

[169] Waggoner, P. E., Ausubel, J. H. A framework for sustainability science: A renovated IPAT identity [J]. Proceedings of National Academy of Science, 2002, 99(12): 7860 - 7865.

[170] Wang, Hua, Wheeler, David. Endogenous Enforcement and Effectiveness Of China's Pollution Levy System [J]. World Bank Development Research Group Working Paper, 2000: 2336.

[171] Xie Jian, Sidney Saltzman. Environmental policy analysis: an environmental computable general equilibrium approach for developing countries[J]. Journal of Policy Modeling, 2000, 22(4): 471 - 472, 476 - 477.

索　引